日本における
キリスト教フェミニスト
運動史

1970年から2022年まで

富坂キリスト教センター[編]

山下明子、山口里子、大嶋果織、堀江有里、
水島祥子、工藤万里江、藤原佐和子[著]

新教出版社

目次

第3部　課題を掘る

まえがき

本書の性格と趣旨

　本書は、富坂キリスト教センター研究プロジェクト「日本におけるキリスト教フェミニズム運動史研究——70 年代から現在まで」研究会の 3 年半にわたる共同研究の成果物である。

　研究会は、1970 年以降の日本のキリスト教界における女性運動の主張と活動を、運動が残してきた各種発行物ならびに運動を担った女たちへのインタビュー記録等を資料としてたどり、この運動がどのようにキリスト教界における性差別に抗ってきたか、あるいはどのようにそれを阻まれてきたか、さらに今どのような課題があるのかを明らかにすることを目的として、7 名の研究員で 2019 年 4 月に発足した。

　研究対象となる時代を「70 年代から現在まで」としたのは、日本のキリスト教界では 70 年代のウーマンリブと連動して既存のキリスト教神学や実践の性差別を問うキリスト者女性たちの運動が生まれ、その後さまざまに展開して今日に至っているからである。

　現在も課題が山積しているとはいえ、この期間、神学面においてはフェミニスト視点からの聖書の読み直しやキリスト教史の再検討などが行われるようになり、実践面においては性別役割分業の見直しやハラスメント防止の取り組みが推し進められるようになった。こうした目に見える変化の背後には、それまでの男性中心的な神学や教会組織の在り方に対する女たちの失望や怒り、そこから生じた葛藤やさまざまな試行錯誤、そして既存の組織を越えてつながり合いながら進められた学びや探求の積み重ねがある。

　しかしこうした草の根の運動を推進したグループの多くが自発的に形成され、自発的に解散することを繰り返してきたために、その時々に作成された記録や報告書の類は散逸しがちで、終了した活動に関しては忘却のかなたに追いやられつつある。また、運動に参加した女たちの報告文などはそれぞれが属する教派教会あるいは団体の記録に残されているとはいえ、運動全体を見渡せるような資料集はどこにも存在しない。

　もとよりこうした運動の全体像を把握しようとすることは、それが自由に活き活きと展開されればされるほど困難であり、形にしようとすればするほど零れ落ちていくものも多いに違いない。しかし、少し気を許せば女たちの息の根を止めようとする力が働く家父長制社会／教会にあっては、女たちがどんな問いを持ち、何を議論し、どの

ようにつながり、何をめざし試行錯誤してきたか、その一部であっても言葉化し記録しておくことは、ようやく確保できた「息のできる場所」を次の世代につなげていくために必要なことだとも考えられる。いやむしろ、どんなに不完全であっても、そこを土台に議論を展開できる足がかりを作っておくことは運動を担ってきた者たちの歴史的な責任であろう。

　こうした考えのもとに提案された研究会提案書を——その一部を冒頭で紹介したわけだが——富坂キリスト教センター運営委員会は承認し、研究会が発足した。この経過が本書の性格を形作っているし、また本書の趣旨でもある。

共同研究の手順と本書の構成

　本書は、時代解説・年表・コラムおよび座談会記録からなる第1部、インタビューと講演録を収録した第2部、研究員の論考をまとめた第3部の三つの部分から成っている。ここでは共同研究の過程を簡単に紹介して、本書の構成の意図を説明しておきたい。

　研究会が最初に手をつけたのは第1部の年表部分である。ジェンダー／セクシュアリティの課題に関連して、いつどこでどのような出来事があったかを確認する必要があると考えたからだ。使用した資料は巻末にリストアップしたが、それらは既刊の年鑑や年表類、キリスト教出版社や諸教派の出版物、運動を担ったグループの通信誌等、多岐に亘っている。研究員は分担してこうした資料にあたり、重要と思われる項目を抜き出してリスト化し、それを持ち寄って、何をどのような表現で記載するか検討しながら作業を進めた。

　年表の形がある程度整ってきたところで取りかかったのが時代解説とコラムだ。年代ごとの解説も、その年代を象徴する出来事をテーマにしたコラムも、担当者による原案を研究会で読み合って意見交換し改訂を重ねるという形で執筆を進めた。意見が分かれる部分については担当者の判断を尊重した。そのため、解説やコラムには執筆担当者名を記載している。

　これらの作業と並行して取り組んだのが、初期の段階から運動を担ってきた女たちへのインタビューである。文字に残された記録だけではつかみきれない運動の息吹やそれぞれの運動の背景にあった日本社会の状況をインタビューを通して明らかにしたいと考えたのだ。ところが、計画を練っている間に新型コロナウイルス感染症が広がり始め、実施できたのは横田幸子さんと申英子さんのお二人のみだった。けれども、新しい企画としてオンラインによる講演を高里鈴代さんと呉寿恵さんにお願いすることができた。これらの記録は、第1部とは異なるアプローチから運動の諸相を照らし出すものとして

第 2 部に置いた。

第 3 部は個別のテーマを追究したものである。研究員は第 1 部と第 2 部の執筆や編集に取り組みながらそれぞれのテーマを見つけ、研究会での発表と討論を経て論考を完成させた。これらの論考は、女たちの試行錯誤や抵抗運動がキリスト教のあらゆる分野でいかに粘り強く続けられてきたか、その一端を明らかにしている。

さて、研究会 3 年目の終わりに挑戦したのが、研究員による座談会である。研究会は 3 か月に 1 度の割合で開かれたが、一つの言葉をめぐって議論が沸騰するなど、経験も専門も問題意識も異なる 7 人の「異なり」が回を追うごとに明らかになってきた。もちろんお互いに学び合い、教えられ、一致したこともたくさんある。しかし、研究員のあいだの「異なり」もどこかで示したい。また、成果物が出版される頃には 2020 年代も 3 年が過ぎることになる。2020 年代という「今」をどう理解するか、またこれからの課題は何かを考える必要があるだろう。こうして実施した座談会の記録は第 1 部の第 2 章に置いて、50 年を振り返り、未来を展望するものとした。

研究会の構成と今後の課題

以上の共同研究に 2019 年 4 月から 2022 年 9 月まで、3 年半にわたって取り組んできた研究員は次の 7 名である。あえて年齢の高い順に、生年を添えて紹介する。というのは、この研究会には世代をつなぐというもう一つの目的があったからである。

山下明子 (1944 年)、山口里子 (1945 年)、大嶋果織 (1957 年)、堀江有里 (1968 年)、水島祥子 (1977 年)、工藤万里江 (1979 年)、藤原佐和子 (1984 年)

このうち、工藤さんには研究会主事としてさまざまな実務も担当していただいた。それぞれのプロフィールは第 1 部第 2 章座談会や巻末の執筆者紹介をご覧いただきたい。ここでは、全員がプロテスタントである上に、藤原さん（日本福音ルーテル教会所属）を除く全員が日本基督教団の所属であったこと、また、第 2 部から明らかなように、運動初期から在日コリアンや沖縄の女たちが参加していたのに、研究会メンバーは全員が「日本／ヤマト」の女たちであったことを記しておきたい。というのは、こうした偏りが研究成果の偏りにつながったと考えるからである。この偏りの責任は研究会の提案者であり座長を務めた私、大嶋にある。本書の標題は「日本におけるキリスト教フェミニスト運動史」であるが、それはあくまでこのようなメンバーから見た運動史であるということをまえがきで断っておかねばならない。

もちろん、7人はできるだけ広くキリスト教界全体を見渡しながら運動に関わる資料を集め、それらを検討し、歴史記述に反映させようと努力した。その際、研究会の取り組みを知って資料を提供してくださった方々、問い合わせに快く応じ、わからないところを丁寧に教えてくださった方々に大いに助けられた。カトリックからプロテスタント諸教派教会に至るまで、実に大勢の方々が協力してくださったのである。この場を借りて感謝を申し上げたい。

　しかし、本書はあくまでも文字化された資料を元に、限られた視点から編纂されたものである。カトリックの女性やバプテストの女性、在日コリアン女性、沖縄女性、さらに別の伝統や歴史に連なる女性から見れば、この50年余りの運動史はまた異なる様相をもって立ち上がってくるに違いない。それは「障害」を負う女たちにとっても、また「地方」で地道に活動してきた女たちの小さなグループにとっても同様であろう。

　その意味で本書は「たたき台」であり「未完」である。そしてだからこそ、未来を拓く可能性に満ちた書物でもある。なぜなら本書はたとえ限定的であっても「女たちの今」が「女たちの過去」の積み重ねの上にあることを示すことができたからだ。たった50年という短い期間であっても女たちの活動は動的で多岐にわたり、その思想は深くて広くて多様性に満ちている。残された今後の課題は、この豊かな歩みをさらに多くの女たちが寄ってたかってさまざまな視点から照らし出していくことであろう。だから遠慮なく批判してほしいし、どんどん改訂していってほしい。

　この3年半の間に開催した研究会は全16回。その内顔を合わせて開催できたのは最初の4回で、あとはすべてオンライン開催であった。直接会うことができなくてもオンラインでつながり、共同作業を続けられたことはありがたいことではあったが、同時に互いの息遣いを感じられない中で議論をすることの難しさも経験した。

　今後、世界はどうなっていくのだろうか。人と人との直接的なつながりが希薄になっていく中で痛みや苦しみ、怒りや悲しみの共有も希薄になっていくとすれば、私たちは意識して出会いの場と時を作っていかなければならない。本書が女たちのあいだにそうした出会いを作り出し、互いに学び合い、議論を深め、たとえ合意形成できない時があってもつながりを断ち切らず共に未来を展望する、そうした一筋縄ではいかないネットワークを作っていく一助になればさいわいである。

　2023年3月

研究会を代表して

大嶋果織

第1部

それぞれの時代

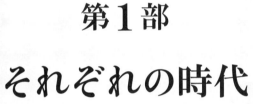

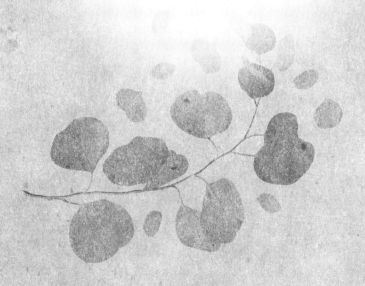

凡　例

・年表は、左側を「キリスト教界の動き」、右側を「社会の動き」とし、それぞれ「性をめぐる主な出来事」を記した。
・●は国内の動き、○は国外の動き、★は書籍を指す。
・事項の記述は月日順とし、それぞれの末尾に（　）で月または月日を記した。月日不明のものについてはその年の最後に置いた。
・複数回行われた集会等については原則として第１回のものを記載した。

略　記

ACT Alliance：	Action By Churches Together Alliance, ACT アライアンス
ACWC：	Asian Church Women's Conference, アジア教会婦人会議
ACWCJ：	Asian Church Women's Conference Japan, アジア教会婦人会議日本委員会
AJWRC：	Asia-Japan Women's Resource Center, アジア女性資料センター
AWRC：	Asian Women's Resource Centre for Culture and Theology, 文化と神学のためのアジア女性資料センター
CCA：	Christian Conference of Asia, アジア・キリスト教協議会
EATWOT：	Ecumenical Association of Third World Theologians, 第三世界神学者エキュメニカル協会
ECQA：	Ecumenical Community for Queer Activism, 信仰とセクシュアリティを考えるキリスト者の会
EWA：	Ecclesia of Women in Asia, アジアの女性たちのエクレシア
ICAN：	International Christian AIDS Network, 国際キリスト者エイズ・ネットワーク
LWF：	Lutheran World Federation, ルーテル世界連盟
NCC：	National Christian Council in Japan, 日本キリスト教協議会
YWCA：	Young Women's Christian Conference, キリスト教女子青年会
wam：	Women's Active Museum on War and Peace, アクティブ・ミュージアム「女たちの戦争と平和資料館」
WCC：	World Council of Churches, 世界教会協議会
WCRC：	World Communion of Reformed Churches, 世界改革派教会共同体

第1章　解説・年表・コラム

1. 1970年代

1970年代解説

　1970年代は日本でウーマンリブが始まった時代である。この時期、各地でさまざまなグループ・個人が女性の解放を求めて声をあげ始めた。『資料　日本ウーマンリブ史Ｉ』（溝口明代・佐伯洋子・三木草子編、ウイメンズブックストア松香堂、1992年）のまえがきによると、「リブ運動」とは「女のトータルな解放をめざすもの」だったという。しかし同時に「この運動が『生きること』で表現し、『個々人によって組み上げる』ことを第一にしていた」ために「女たちの『統一見解』というものを提示することはできない」とその多様性が確認され、その上で「それぞれが『異議申立て』を主張した点においては、どれもが同等の重み、価値がある」とされている。つまりウーマンリブは多様な論点・方法を含みつつ、それまで「当たり前」とされていた「女」のあり方に対して生身の女性たちがさまざまな方法で「異議申立て」（既存の性別役割に対する疑問や抗議）をし、女性の「トータルな解放」を目指した運動と定義できるだろう。

　ではこうした大きなうねりの中にあって、キリスト者女性たちはどのような動きをしたのだろうか。70年代前半までの年表からは、ウーマンリブに呼応した「異議申立て」がキリスト教界内部で公になされた形跡はほとんど見ることができない。むしろ目を引くのは、「純潔」「性のモラル」「結婚のモラル」の遵守と強化に向けた動きである。

　たとえば1968年6月の第58回日本キリスト教婦人矯風会（以下、矯風会）全国大会のテーマは「人権を尊び純潔を守ろう」というものだった。また同年9月には日本キリスト教協議会（NCC）家庭生活委員会が京都で「結婚家庭セミナー」を開催し、70年1月には矯風会を含む諸団体とともに「性と結婚のモラルについての声明書」を発表している。この声明書は性をめぐる社会風俗の「健全化」を目指すもので、婚前性交や婚外性交の否定とともに、性をめぐるマスコミ報道の自粛を促している。

　こうした事例からは、60年代末から70年代にかけて矯風会やNCCなどの諸団体があくまでも一夫一妻の婚姻制度に基づく性モラルの確立を目指していたことがわかる。その背景には、女性が「貞節」に縛られる一方で男性の婚姻外での性関係は「男らしさ」の証しとして正当化されるなど著しい女性差別の状況があった。つまり婚姻制度内での性モラルの確立は、ある面で女性たちが置かれていた差別構造への抵抗であったとも解釈できる。し

かしこのような闘いは、結果的には家父長制構造のもとでの一夫一妻の婚姻制度を守り固めることにつながり、また婚姻制度の内側にいる女性と外側にいる女性との切り分けを生んでしまった。このことは、今日批判的に捉える必要があるだろう。

70年代にキリスト者女性たちが取り組んだもう一つの課題は、日本人男性たちが買春を目的に韓国やフィリピンなどアジア諸国に旅行をする、いわゆる「買春観光」への反対・抗議であった。73年11月、矯風会純潔部担当幹事の高橋喜久江とNCC幹事の山口明子は韓国における日本人旅行者（いわゆる「キーセン・パーティ」）の実態を知るべく1週間ソウルに滞在し、翌74年2月には日本で「妓生_{キーセン}観光に反対する集会」を開催。さらに79年5月に開かれた矯風会の大会ではこの問題が議論され、「海外観光買春はわが国への信頼を傷つけ、婦人の人権を侵害する故、各方面にやめさせるよう要望する」との文言が決議された。

80年代にも活発に続けられたこうした買春への反対・抗議運動もまた、一方では一夫一妻制に基づく性モラルの強化をめざすものと位置付けることができる。しかし他方でこうした「買春観光」への抗議は、日本に根深く巣食っていたアジアに対する植民地主義的なまなざし、それと不可避に絡み合う人種差別的、女性差別的な価値観への抵抗運動であったとも評価できるだろう。

しかしいずれにせよ、こうした性モラルをめぐる運動それ自体は、同時代に展開された一般社会でのウーマンリブとはかなり方向性を異にしているように見える。というのは、ウーマンリブにおいては女性たちに当然のように期待され、課されていた「妻」「母」という役割からの解放が強く訴えられており、また同時に女性を「子産み機械」とする国家や社会構造そのものの変革が必要であるとの認識が共有されていたからだ。つまり、一夫一妻制に基づく性モラルを追求するのではなく、むしろそうした既存の構造自体が女性解放の障壁であることが認識されていたのである。

それに対して年表に記された70年代のキリスト者女性たちの動きには、一見するとそうした視座からのものはほとんど見られない。しかし年表には残されていない個人の証言や回想からは、この時代すでにキリスト者女性たちの幾人かがウーマンリブに強い共感を覚え、こうした声に積極的に耳を傾けたり、個人的に集会に参加したりしていたことがわかっている。

さらに75年の「国連国際婦人年」の前後からキリスト教界内でも「婦人解放」「性差別」という課題が認識され始めた様子が見える。たとえば74年12月に発行されたNCCの機関紙『オイクメネ』には、一色義子が「婦人解放の年」というタイトルで文章を寄せている。一色はその中で、日本の女性解放の度合いが低いこと、教会内での性別役割意識がなお根強いことを論じた上で、「国際婦人年にあたって、今こそ、日本の婦人は、婦人への偏見、差別をのぞき、婦人解放の実をあげてほしい」と訴えている。

さらに76年5月には日本基督教団神奈川教区婦人委員会婦人問題小委員会が「婦人問題の集い」を開催した（この会は93年に「女性と男性の共生をめざす集い」と改称されて現在まで続いて

いる）。この集いのテーマを追っていくと、発足当初は女性が職を持つ意味や労働（家事労働を含む）が主たる関心だったのに対して、第7回を迎えた79年度には「女性の現実と自立の可能性」といったテーマを取り上げるようになっている。ここにも、キリスト者女性たちの認識や課題が少しずつ既存の役割からの「解放」へと向かった足跡が見られる。

そして80年代に入ると、ウーマンリブと同じように「異議申立て」の姿勢を強く持ったキリスト者女性たちのグループが各地で立ち上がっていくのである。　　　　　（工藤）

本書作成にあたって使用した運動関係の資料の一部

'70年代年表

年	キリスト教界の動き	社会の動き
1970	●日本キリスト教協議会(NCC)家庭生活委員会「性と結婚のモラルについての声明書」発表(1月) ●NCC婦人委員会、世界祈祷日を開催(3.6)。世界祈祷日は1887年から始まり、日本では1932年から開催されている(1949年からはNCC婦人委員会が責任をもって呼びかけている) ●NCC家庭生活委員会、9回目を迎える「春の結婚準備コース」開催(4月)。結婚準備コースは1966年から春と秋の2回開催され、9回目で終了 ●沖縄・琉球立法院議会の本会議で売春防止法が成立。本法案成立に尽力したのは日本キリスト教婦人矯風会(6.8) ●NCC靖国問題委員会「歩みは小さくとも主婦と子どものデモ」が行われたことを報告(12月) ○ルーテル世界連盟(LWF)、女性デスクを設置 ●日本福音ルーテル教会において初めて女性按手(門脇聖子)。2人目の女性牧師按手は1991年(内藤文子)	●田中美津「便所からの解放」発表。性処理の「便所」かやさしさの「母」を求める男とそれを受容する女への挑戦だった(8月) ●沖縄の基地内での婦女暴行未遂事件に軍法廷で無罪判決(8月)。1945年以降、沖縄では米軍による性暴力事件が多発してきた ●日本で初のウーマン・リブ大会、解放のための討論会「性差別への告発」(亜紀書房主催、11.14)
1971	●アバコ・ブライダルホールがオープン(2.1)。ブライダル宣教伝道への関心が高まる ○世界教会協議会(WCC)議長団に武田清子が日本から初めて選出される(2月) ●日本キリスト教婦人矯風会、沖縄返還協定批准に反対の声明書を発表。「日本が非武装中立によって沖縄の返還を進めるよう日米両政府に求める」(11.9)	●東南アジア女性を密入国させていた国際人身売買組織が警視庁の捜査で明らかに(沖縄に10か所、フィリピンに4か所の組織。7月) ●俳優の加賀まりこが「未婚の母」宣言(12月) ★シュラミス・ファイアーストーン、アン・コート編『女から女たちへ——アメリカ女性解放運動レポート』ウルフの会訳、合同出版、原著1969年
1972	●日本キリスト教婦人矯風会「沖縄の売春問題と取り組む会」の一団体として「沖縄の売春に関する声明」を発表(5.12) ●日本YWCA、米国の北ベトナム爆撃再開に抗議する書簡をニクソン米大統領と田中角栄首相に送る(12.26)	●市川房枝ら、沖縄の売春ととりくむ会結成(4.11) ●第1回ウーマン・リブ大会。3日間で約1900人が参加(5.5-7) ●米軍基地は撤去されないまま、沖縄が「本土復帰」(5.15)。沖縄に売春防止法が全面施行される(7.1)

年	キリスト教界の動き	社会の動き
1972		●「中絶禁止法に反対し、ピル解禁を要求する女性解放連合」(中ピ連)結成(6.4) ●「ぐるうぷ闘う女」が軸となり、新宿に「リブセンター」開設(9月) ●リブ・グループ、優生保護法改正に反対する全国同時デモ(10月) ○第27回国連総会、1975年を国際婦人年とする決議を採択(12.18) ●三淵嘉子、女性初の家庭裁判所長に就任(三淵は1938年に女性初の弁護士、1949年に女性初の裁判官になっていた) ★田中美津『いのちの女たちへ──とり乱しウーマン・リブ論』田畑書店
1973	●NCC「買春行為に関する声明」発表(9.22) ●日本キリスト教婦人矯風会純潔部担当幹事の高橋喜久江とNCC幹事の山口明子、日本人旅行者の韓国での実態(「妓生パーティ」)を知るために1週間ソウルに滞在(11.21-28) ●韓国キリスト教会女性連合会からの訴えに応え、日本キリスト教婦人矯風会を中心に多くの婦人運動やリブ・グループが参加し結成された「キーセン観光に反対する女たちの会」が羽田空港でビラ撒き(12月)	●売春対策国民協会・沖縄の売春ととりくむ会が合同改組し、「売春問題ととりくむ会」結成(代表：市川房枝、藤原道子、山高しげり、1.22)。1983年に「売買春問題ととりくむ会」となる ○全米女性連盟のよびかけにより、米国で第1回国際フェミニスト会議開催、樋口恵子ら参加(6.1) ★千田夏光『従軍慰安婦──"声なき女"八万人の告発』双葉社
1974	●売春問題に取り組む会(高橋喜久江事務局長)が「妓生観光に反対する集会」を開催(2.21) ○西ベルリンでWCCの「女性差別に抗する世界女性会議」が開催され、50カ国から約170名が参加。調整役は南アフリカ聖公会のブリガリア・バム。日本からはアジア教会婦人会議(ACWC)を代表して一色義子が参加。ただし、レズビアンの権利を求める声は勧告文に盛り込まれず(6.15-24)	●「家庭科の男女共修をすすめる会」(市川房枝ら)結成(1月) ●最高裁、妻の家事労働の価値を認める新判断を示す(7月) ●運輸省、キーセン観光反対の声の高まりの中で、韓国への不要な旅行の自粛令を出す(9月)
1975	●NCC「教会婦人の意識アンケート」実施。「教会の中に男女差別があると思う」(56.1%)、「社会には女性差別があると思う」(70%)、「キリスト教は婦人の向上に貢献していると思う」(80%)(4月)	●国際婦人年をきっかけにして行動を起こす女たちの会結成(市川房枝、田中寿美子ら、1.13)。1986年に「行動する女たちの会」に

年	キリスト教界の動き	社会の動き
1975	○アジア・キリスト教協議会(CCA)「観光問題セミナー」マレーシア・ペナンで開催(4月) ○WCC第5回世界大会(ナイロビ)開催。本会議において女性代議員の数が前回の7.2%から22%に急増(11.23-12.10)	○国連、国際婦人年世界会議(メキシコ)、133カ国3,000人が参加、世界行動計画などを採択(6.19-7.2) ○国際民主婦人連盟(現・国際民主女性連盟)など主催、国際婦人年世界大会(東ベルリン)(10.20-24) ●ハウス食品の即席ラーメンのTVコマーシャル「ぼく食べる人・わたし作る人」に、男女の役割分担を固定させるものとして抗議があり、放映中止となる(10月) ●沖縄在住・裴奉奇、朝鮮総連の女性活動家との出会いのなかで元日本軍「慰安婦」としての被害体験を語り、共同通信などをつうじて被害者であることを名乗り出る(10月) ●政府主催の国際婦人年記念日本婦人問題会議開催(11.5-6)。開会式に天皇が臨席し、女性による反天皇制デモが起こる ○国連総会、1976〜85年を「国連婦人の10年」とする。「婦人の地位向上に関する世界行動計画」等を承認(12.15)
1976	○バチカン、性倫理に関する教理聖者(長官：フランジュ・シェペル枢機卿)の宣言を発表。婚前交渉、同性愛、自慰を糾弾(1.15) ●「性倫理に関するプロテスタント五人委員会」が「ポルノ風俗に関して訴える」と題するアピールを発表(1.24) ●日本基督教団神奈川教区婦人問題の集いが始まる(5.5)。1993年から「女性と男性の共生をめざす集い」として現在まで続く ●御殿場にて日本基督教団第1回全国牧師夫人会が開催され、100人が集う。テーマは「人間関係を考える」(8.30-31) ○米国聖公会、教会会議で女性の司祭、主教への叙階を正式に承認(9.16) ○「アジアにおけるキリスト者女性の役割」をテーマにACWC北東地区指導者セミナーが韓国で行われる(9.22-25) ○ニュージーランド聖公会初の女性司祭誕生(12.3)	●民法等の一部改正案(離婚後も婚姻中の姓を名乗ることが認められるなど。1月)、政府提案で国会提出(5.21成立、8.15公布) ○緒方貞子、女性で初めての国連日本政府代表部公使に(4.1) ●「民法」改正・施行、離婚後における婚氏続称制度の新設、離婚後の姓が自由に(6.15)

年	キリスト教界の動き	社会の動き
1976	●NCC教育部、1976年から1981年まで毎年「男女交際・結婚・家庭生活セミナー」を開催（1回目は「結婚・家庭教育セミナー」）	
1977	○マレーシアのペナンで開かれたCCA第6回総会で初めての女性フォーラムがもたれる（5.31-6.9） ●第2回キリスト教婦人講演会開催（カトリック婦人団体連盟、NCC婦人委員会、ロシア正教会婦人会共催、7月）	●『思想の科学』（思想の科学社）で「女性と天皇制」の連載（〜78年6月）。女たちの間に天皇制を問題にする動きが盛んになる（1月） ●「児童福祉法施行令」改正。男性も保育職員に（3.15） ●文部省、国立婦人教育会館設置（7.1） ●国際女性学会設立。2003年に国際ジェンダー学会に改称 ●「家」や「戸籍」制度に疑問をもつ女性たちが関西で「グループせきらん」を結成。1982年に「婚外子差別と闘う会」に改称 ●「アジアの女性たちの会」（Asian Women's Association, AWA）がアジアへの軍事的・経済的侵略に加担しない女性解放の運動をめざして発足。1995年に「アジア女性資料センター」（AJWRC）に組織改変 ★シェア・ハイト『ハイト・リポート』石川弘義訳、パシフィカ、原著1976年
1978	●在日大韓基督教会婦人会全国連合会が創立30周年を記念して日韓教会婦人合同研修会を京都で開催。22名の在日女性と22名の日本人女性が出席（5.16-18） ○聖公会ランベス会議開催。大きな課題は「婦人叙階の是非」（7.23-8.13） ●在日大韓基督教会第34回総会にて憲法改定が採択され、女性牧師および女性長老の按手が認められる（10.11-12） ○英国聖公会総会、女性聖職を認める提案を否決（11.8）。1992年11月11日に公認 ○WCC「教会における女性と男性のコミュニティ」に関する調査研究（「コミュニティ・スタディ」）が始まる（1982年まで）	●女性学研究会が発足（3月）。84年から『女性学講座』全4巻刊行 ○第1回国際女子マラソン（アトランタ）開催（3.19） ●国連婦人の10年推進議員連盟結成。会長は山口シヅエ（4.11） ●日本初の女性のみのフルマラソン大会（4.16） ○英国で世界初の体外受精児（「試験管ベビー」）が誕生（7月） ●岐阜県で「口裂け女」騒動が起こる。翌年全国へ拡大する（12月）

年	キリスト教界の動き	社会の動き
1979	●日本キリスト教婦人矯風会が「あなた方は地の塩である」を主題に大会を開催。大会議事では「少年少女の性モラル低下を憂え、具体的に配慮する」「海外観光買春はわが国への信頼を傷つけ、婦人の人権を侵害する故、各方面にやめさせるよう要望する」等が決定される(5.24-25) ●アジア教会婦人会議日本委員会(ACWCJ)発足。アジア教会婦人会議(ACWC)は1958年に発足、当初から日本の女性たちも参加してきた	●最高裁、夫の異性関係の相手方が妻の権利を侵害しているとして、妻からの(夫の相手方への)慰謝料請求を認める。また、別のケースで、妻の異性関係の相手方が夫の権利を侵害しているとする夫からの(妻の相手方への)慰謝料請求を認める。なお2件とも、子の慰謝料請求は認められず(3月) ●日本女性学会発足(6.18) ○「国連婦人の10年」アジア太平洋経済社会委員会(ESCAP)地域会議がインドのニューデリーで開催(11.5-9) ○第34回国連総会「女性に対するあらゆる形態の差別撤廃条約」(女性差別撤廃条約)の採択(12.18) ★加納実紀代編『女性と天皇制』思想の科学社

既存の構造を問い始めた女たち── 依田康子の場合

日本基督教団神奈川教区を中心に、キリスト教会の性差別問題に取り組んだ一人に依田康子（1927-）がいる。依田は戦後60年を特集した雑誌の論考（「キリスト教フェミニスト運動の戦後60年　キリスト教と教会の成熟を求めて～『わたしのフェミニズム』の軌跡から」『福音と世界』2005年9月号、新教出版社）で、自分のフェミニズムの出発点について次のように回想している。

一九五二年に牧師と結婚し、十五年間地方の教会での生活を体験する間に、私の中に次第に芽生え、成長して行った問題意識があった。それは、「牧師夫人」と呼ばれる存在への疑問である。牧師の妻が特殊な立場にあることを知らなかったわけではないが、実際の体験は想像を超えていた。第一には何といっても経済的な困窮がある。しかし、それ以上に、さまざまな現実の問題を暗渠に追いやっているのは、「牧師夫人」に対する教会の独特の期待である。「牧師夫人」とは牧師と一体の献身者であり、教会と牧師に奉仕すべきもの、何よりも伝道の使命を「牧師の妻の光栄ある務め」として召命を受けたものとされており、こうした「牧師夫人イデオロギー」によって、生活上の不合理が一切覆い隠されてしまう。地方教会の大部分は、「牧師夫人」たちの有償無償の労働によって、漸く自立しているにもかかわらず、当然のように教会の働きに組み込まれ、人並みの信徒としてさえ扱われない。これではまるで奴隷ではないだろうか。

このように依田のフェミニズムは、「女性の母性を私的な領域に押し込めて、夫の使命である『伝道』に従属させる教会」という既存の構造に疑問を持つところから始まった。

依田はこうした疑問をプライベートで終わらせまいと決心し、1967年に行われた日本基督教団全国婦人集会の中で牧師夫人たちと話し合い、同意を得て「牧師夫人生活実態調査」を提案・実施。その結果を踏まえて問題を提起した。それによってすぐに変化が起こったわけではないが、「牧師夫人問題」という言葉ができることで問題が可視化されたことに意味があったと依田は振り返っている。

そんな依田はウーマンリブに強い共感を覚えた。「自己放棄や献身を賞賛し、自己主張や自己愛を否定することで、教会はどれほど女性の主体性を奪ってきたことか。自分の生き方に責任を持てないで、他者に尽くすことは、ただ男性社会のエゴに尽くすことになってしまう。女性自身の視点で新しい言葉を発していかなければならない」と。こうした意識から依田は神奈川教区婦人委員会の中に発足した婦人問題小委員会の委員を引き受け、女性（性差別）問題をテーマに活動を開始。同委員会が1976年に始めた「婦人問題の集い」は、その後「女性と男性の共生をめざす集い」と改称し、現在も性差別問題特別委員会と婦人委員会の共催で続けられている。　　　　（大嶋）

'70年代コラム ❷

「買春」という言葉—— 松井やよりの証言

女たちの運動は新しい言葉を生み出していった。ジャーナリストの松井やより（1934-2002）は「買春」という70年代に登場した言葉について、次のように証言している。

日本の男性たちのセックス・ツアーが日本国内で初めて社会問題に浮上したのは一九七三年春、韓国女性たちがキーセン観光反対の声を上げたことがきっかけだった。ソウルの金浦空港に女子学生たちが「売春観光反対」のプラカードを掲げて小さなデモをしたという記事が日本でも報じられたことから、日本の女性たちが初めてこの問題に気付き、「キーセン観光に反対する女たちの会」を作って呼応したのだった。（『グローバル化と女性への暴力　市場から戦場まで』インパクト出版会、2000年、135-136頁）

実態を調べたところ、年間50万人もの日本の男たちが旅行会社のパッケージツアーや企業の慰安旅行等で「キーセンと呼ばれた女性たちの性を買う」ために渡韓しているという。そこで、女たちは「そのような男性たちの行動に抗議しようと、羽田空港でソウル行きの飛行機に列をなす男性たちに『恥を知れ！　買春めあての観光団』などと書いたチラシを配った」のだった。

上記「女たちの会」の結成に参加した松井は続ける。

このチラシに初めて「売春」ではなく「買春」という新しい日本語を書いたのだった。それは、伝統的に売る側の女性が非難の目で見られるのに、買う側の男性が何ら批判されない二重基準に挑戦し、男性の加害性を示すための新語だった。それは新聞などでも少しずつ使われて定着し、今は国語の辞典にも掲載されるようになった。この言葉を作ることによって買売春についての見方の転換がはかられ、買売春はまず女性差別であるととらえたのである。（同上、136頁）

こうしたセックス目的のツアーは60年代後半から台湾、フィリピン、タイ、韓国へと行先を広げ、各地で問題になっていた。キリスト教界ではアジア・キリスト教協議会が1980年にマニラで「観光問題ワークショップ」を開催し、「北の先進国」の観光ツアーが「南の途上国」に性的搾取はもちろん、環境破壊、資源浪費、伝統文化の商業化等、深刻な被害をもたらしていることを問題にし、キリスト者の課題について話し合っている。松井はこのワークショップの重要な参加者のひとりだった。

牧師である両親から大きな影響を受けた松井は、一般社会はもちろんキリスト教界においても「不平等な南北関係」の中で起こる搾取の問題の解決に向けて国境を超えて人々をつなぎ、重要なリソースパーソンとして活躍した。

（大嶋）

'70年代コラム ③

初めての WCC 世界女性会議 ── 一色義子の経験

1974年6月、ドイツ西ベルリンで開催された世界教会協議会（WCC）主催「女性差別に抗する世界女性会議」（当時の翻訳「『70年代における性による婦人差別』の国際会議」）に、アジア教会婦人会議の代表として一色義子（1928-）が参加した。一色はその会議で日本における女性の地位の低さを思い知らされたという。基調講演者が「世界で女性の地位の一番低いのは日本だ」と指摘し、会場が肯定の雰囲気に包まれたからだ。一色は、「私が心を高くもってどんなに女性として主体的に生きてきたつもりでも、社会で、さらに教会でそれが滔滔と大河のごとく認められていなければ、これは大変な問題であり、聖書の本質にもとる」と思ったのだった（『水がめを置いて　イエスと出会った女性たち』キリスト新聞社、1996年、250-251頁）。

帰国後、一色は日本キリスト教協議会（NCC）のニュースレター『オイクメネ』No.1（1974年12月）に次のように書いて、女性の意識変革を訴えている。

戦後、婦人の権利がやかましく言われ、憲法をはじめ、参政権の確保、諸法律の改正と一応の位置づけをした。これでもうすんだと思っている人は多いのではなかろうか。しかし、実情はどうであろう。たとえば、アフリカ・マダガスカルの女性工学博士は例のベルリン会議の講演で、工業国日本の女性解放度の低さを、管理指導職の女性進出1％、男性の1/2の平均賃金、工学部学生4千名に対してたった一人の女子学生という数字をあげて、新興の第三世界以下であると指摘した。〔…〕教会も必ずしも例外ではないのではなかろうか。長老をはじめ主要な役割は、まず男性でしめられれば、バザーや茶菓の応接になるとはりきる婦人会員。意見はひとにきめてもらい、大方の動くところに忠実に従う。「靖国」や人種に関する裁判や社会問題に対する婦人のかかわり方は低い。

一色はNCC婦人委員会のメンバーを励まし、同委員会主催で「婦人問題」についての勉強会を開催したり、教会でアンケート調査をしたりする。それは、女性たちに自分たちの生き方を見直すきっかけをつくった。

その後一色は、アジアの女性たちとの出会いの中で「アジアや日本には独自の女性の視点がある」という信念を持つようになり、「女性神学」に取り組むようになる。

なお、NCC婦人委員会が、「女性委員会」に名称変更するのは1991年である。その後2000年代にかけて、多くの教派教会で「婦人会」が「女性会」と言い換えられていった。　　　（大嶋）

'70年代コラム　❹

劇的な出会い── 岩田澄江の証言

1968年に米国で出版され、大胆な教会批判の書として注目を浴びたメアリー・デイリー著 *The Church and the Second Sex* を、日本にいる岩田澄江（1937-）が手にしたのは1978年冬のことだった。岩田は3年後の1981年に、その翻訳を『教会と第二の性』として未来社から出版する。それは 英語で書かれたフェミニスト神学書日本語訳の嚆矢となった。

「訳者あとがき」によると、岩田がこの書を知ったきっかけは、*Radical Feminism*（edited by Anne Koedt, Ellen Levine and Anita Rapone, 1973）という書物に収録されていたデイリーの小論だった。そこで言及されていた本書を注文した岩田は、忘れたころに届いたそれを夢中になって読んだという。なぜなら、「キリスト教思想の中にある二つの相矛盾した視点、すなわち、すべての人間を神の前に平等の存在としてみることと、女性を男性に従属した存在としてみること」をどう考えるのか、「それまで抱いていた、いろいろなしこりがほぐれていく喜びを味わった」からだ。また、「日本の封建的な男尊女卑の考え方」と「キリスト教の父権制的女性観」とが、「日本のキリスト教においてはぴたりと一致して、女性の真の目覚めを妨げる一助となってきた」（207頁）ことにも気づかされた。

こうして岩田は、キリスト教の女性抑圧が「キリスト教の本質に根ざしたものであるのか、あるいは単なる歴史的状況に由来するのか」（208頁）、自分の問題として考え続けていこうと思うようになる。そして翌年には、奥田暁子との共訳でキャロル・クライスト、ジュディス・プラスカウ編『女性解放とキリスト教』（原題 *Womanspirit Rising: A Feminist Reader in Religion,* 1979）を新教出版社から刊行。また、「宗教・フェミニズム・平和の会」の発足にも関わっていく。

後に岩田は、『教会と第二の性』を未来社から刊行したことについて、「こんな『異端的』な本の出版を、キリスト教出版社に願いでるなど恐ろしくて考えることもできないような頃のことだった」と振り返り、次のように述べている。

この書との出会いに私の新しい歩みのスタートがあり、原点がある。多くの女性が個人的に劇的な経験をもったからこそ、フェミニズムは六〇年代後半から八〇年代にかけて、燎原の火のように広がったのだ。（「『救い』としてのフェミニスト神学」『福音と世界』1990年7月号、新教出版社）

（大嶋）

2. 1980年代

1980年代解説

1980年代に入ると、日本社会の女性解放運動から約10年遅れてだが、その影響も受けてキリスト教界でも女性たちが性差別を問題視するようになり、次々に新しい活動を立ち上げていく。

だがそれは簡単ではなかった。70年代に始まった女性解放運動も、一般的には否定的に見られ続けていた。その上、学問は圧倒的に男中心で、男と女は本質的に違うとされ、女性解放運動の中でも「学問は男の世界」と見る面があった。こうして二元論的な父権制（男中心タテ構造）社会を根本から分析・変革する考察もごく一部に留まり、進展しにくい状況があった。そうした中で、80年代には日本のキリスト教界でも、世界の動きと日本社会の闘いに刺激されながら、新しい動きが起きていった。

世界では、80年の「国連婦人の10年中間年世界会議」、81年の国連「女性差別撤廃条約」発効（日本は85年に批准）をはじめ、労働・家庭における女性差別撤廃、女性の地位向上に関わる大きな変化が続いた。

日本社会では、男尊女卑・性別役割分業制の只中で女性が圧倒的に家庭責任を担いつつも、70年代後半からの動きが80年代に進められ、職場進出・差別撤廃に向けて闘いが展開された。

80年に日本初のフェミニスト・セラピー「なかま」が開設。職場・家庭で女性の服従が常識とされる中で、女性の自尊心・自立を促すカウンセリングが行われるようになった。そして81年、男女別定年制は違法と最高裁判決。84年、国籍法・戸籍法改正で父母両系血統主義採用。「寝たきり老人」介護者の90％が女性でありつつ働く既婚女性が過半数に。こうした中で、日本全国の種々の分野・役職で「女性初」が次々に誕生（党首・管理職等と、種々の受賞）。88年の「21世紀を目指す子育て国際会議」で日本家庭の父親不在が顕在化されたような状況の中で女性の職場進出と性差別への闘いが強められていったのである。

キリスト教界では、社会の変化につながって新しい動きが展開されていく。まず世界では、81年CCA総会で初の「女性デスク」設置。85年、性差別語を包含的言語に変換した英語訳聖書出版。88年WCCが「教会女性10年」のプログラム開始など。

日本のキリスト教界でも変化が起きる。それまで女性差別に疑問を持つ少数のキリスト者女性たちは、社会の女性解放運動で思いを共有して闘うことはできても、教会ではほとんど言葉が通じなかった。そして、聖書正典や教義を批判することはさらに困難だった。これは、一般社会とキリスト教の父権制が二重に内面化されており、それを「神の教え」とする伝統的キリスト教を批判・変革するための神学的知識・情報がほぼなかったからでもある。

このような状況で、81年にメアリ・デイリー『教会と第二の性』、82年にキャロル・クライスト、ジュディス・プラスカウ編『女性解放とキリスト教』など、フェミニスト神学の翻訳書が次々と出版される。そして83年にレティ・ラッセルの来日講演。こうしてフェミニスト神学の視点からキリスト教を見直す学問的知識と運動が探求されるようになった。

1980年代解説

　これと連携して、キリスト者女性たちが活動を起こしていく。84年に「フェミニズムと宗教を語る会」（関西）、「女性と神学の会」（関東）、86年に「フェミニズム・宗教・平和の会」（関西と関東）発足など、それまで個々人バラバラだった女性たちが、宗教・教派・地域・民族・国籍・出自など背景の違いを越えて集まり、つながりを作り出した。宗教の性差別や女性間の分断・差別も語り合い、宗教・社会・政治における複合的な多重構造を批判的に学び合い闘っていく「場」を作ったのである。

　また、キリスト教誌にも女性の執筆者たちが登場していき、新しい意識と連帯の道が開かれていく。そして80年代中頃から、（女性が神学する）「女性神学」という言葉と共に、（父権制に抵抗して道を開く）「フェミニスト神学」という言葉も使われ出して、父権制構造への意識向上も進んだ。

　こうした動きの中で、70年代から継承された買春観光問題の取り組みに変化が起きる。買春問題は性モラルの観点から取り組みが始められたが、80年代には複数の団体に取り組みが広がり、女性差別と民族差別の重なりに注意が向けられていく。86年に日本キリスト教婦人矯風会は「女性の家 HELP」（シェルター）を開設。国籍・在留資格を問わず、日本に出稼ぎに来た女性たちをはじめ性暴力・家庭内暴力に苦しむ女性たちの保護・自立支援を行った。こうした活動は、日本男性たちに根強く残るアジアへの植民地主義・民族差別・女性差別の絡まり合った買春問題への抗議と、90年代に焦点を当てられる日本軍「慰安婦」問題などにも密接につながる。

　88年には「韓日合同女性神学会議」が発足。当時、韓国女性たちの間で日本への憎悪・不信感が激しく、日本女性との会など考えられない時代状況だった。そんな中で初めての合同会議が実現され、その後の在日・韓国・日本のキリスト者女性たちの交流の大事なきっかけになる。

　同年の「関西・女性と神学の会」、「教会女性会議」発足により、上記のように種々の背景の違いを越えたネットワークが作られていく。これらは、「神学は男性のもの」「女性は聞き従う者」という「常識」に抵抗して、「女性たちはそれぞれの経験・視点から、神学も、発言も、行動もする」という、生活経験と学問と運動を切り離さない基本姿勢を作っていくことでもあった。

　このように、80年代はキリスト教フェミニスト運動の動きが国際的なつながりの中で新しく活発に形成されていった。この中で教会の教え・慣習・組織などに抵抗したくても言葉化が困難な女性たちが声を出して共感し合い、新しい情報や問題意識が共有された。そして世代・教派・民族的背景など色々な境界線を越えた多様なネットワークが広がっていった。

　しかしこれらの動きは、日本のキリスト教界全体の中ではまさに少数派であり不可視化されていた。このことを意識して、できる限り包含的な歴史情報の共有と「歴史的想像力」を育てていくことが重要である。現代の私たちは、自分たちの歴史状況において、先達女性たちの時代背景と経験・活動から、何をどのように学び、継承・変革・展開させていくのかが問われているだろう。　　　　　（山口）

'80年代年表

年	キリスト教界の動き	社会の動き
1980	●在日大韓基督教会、女性初の長老として芮戌糞 に按手(6.8)	●労働省、男女平等問題専門会議(1.4)
	○CCA「観光問題ワークショップ」フィリピン・ マニラで開催。18カ国から30人参加。日本 から高里鈴代と松井やよりが出席(9.12-25)	●日本航空、女性客室乗務員の妊娠・出産後の 乗務制限を廃止、定年は男女共58歳に(1.10)
	●日本基督教団第21回総会、集団観光買春に 反対する決議(11.5-7)	●河野貴代美、日本初のフェミニストセラピー「な かま」開設(2.1)。その後「日本フェミニストカウ ンセリング学会」の名称で継続
	○CCA主催により、神学的訓練を受けた女性た ちの会議がインドネシアで開催	●高橋展子、女性初の大使(デンマーク)就任 (3.29)
		●公営住宅法改正公布、中高年独身女性の入 居可(4.15)。12月に女性単身者(50歳以上) の都営住宅入居可
		○経済協力開発機構(OECD)、初めて「婦人の 雇用に関するハイレベル会議」をフランス・パ リで開催(4.16-17)
		●「民法」及び「家事審判法」一部改正、配偶者 相続分3分の1から2分の1へ(5.17。施行 1981年)
		●産婦人科学会で胎児の性別超音波診断法発 表(5月)
		●「行動を起こす女たちの会」等主催「80年女 の集会」(Part I 6.14, Part II 10.4)
		●「男も女も育児時間を!連絡会」(育児連)発足 (6月)
		○「国連婦人の10年中間年世界会議」(第2回 女性会議)がデンマーク・コペンハーゲンで開 催、国連婦人の10年後半期行動プログラム採 択(7.14-30)
		●国際女性学会主催、ベティ・フリーダン来日 講演会「女性と社会」(10.7)
		●山川菊栄(女性解放思想家)死去(11.2)
		●国連婦人の10年中間年日本大会実行委員会「国 連婦人の10年中間年日本大会」開催(11.22)
		●「戦争への道を許さない女たちの連絡会」結 成。代表:吉武輝子など(12.7)
		★井上輝子『女性学とその周辺』勁草書房
		★渡辺悦次・鈴木裕子編『運動にかけた女たち ——戦前婦人運動への証言』ドメス出版

年	キリスト教界の動き	社会の動き
1981	●京都市内の教師会と牧師夫人会主催で「牧師家庭セミナー」が京都の関西セミナーハウスで開催。「牧師夫人」のイメージ、「らしさ」を求められる負担、苦しみ、恐怖が話題となる（1.6-7） ○WCC「教会における女性と男性のコミュニティ」イングランド・シェフィールドで開催。WCC職員の50%を女性にするように求める勧告文を発表するが「過激である」等の猛烈な反対を受ける。スローガンは「私たちは参加する。それゆえに、私たちは存在する」（"We are because we participate"） ○CCA第7回総会インド・バンガロールで開催。「女性の関心事のためのデスク」設定。最初の担当幹事は松田瑞穂（1988年まで） ★メアリ・デイリー『教会と第二の性』岩田澄江訳、未来社、原著1968年	●最高裁、日産自動車裁判で、男女別定年制は差別で違法と判決（3.24） ●那覇家裁、トートーメー（位牌）を女が継げない慣習は違憲と審判（3.24） ●東京地裁、父系優先血統主義の国籍法は二重国籍防止のためと合憲判決（3.30） ●「母子福祉法」改正。母子及び寡婦福祉法と改称など（6.11。施行1982.4.1） ○国際労働機関（ILO）第156条約（家族的責任を有する男女労働者の機会及び待遇の均等に関する条約）採択（6.23） ●神戸商船大学、82年度入試から女子の受験認める決定。それにより国立大学のすべてが女子に門戸開放（7.9） ○国連「CEDAW」（女子差別撤廃条約）発効（9.1。日本批准1985年） ●国立婦人教育会館で女性学講座開始（9.9-11）。 ●最高裁、交通事故で死亡した8歳の女子についての損害賠償請求訴訟で、男女の逸失利益の格差をならした二審判決追認（10.8） ★児玉勝子『婦人参政権運動小史』ドメス出版 ★女性学研究会編『女性学をつくる』勁草書房 ★『日本婦人問題資料集成』全10巻、ドメス出版
1982	●植村環（日本基督教会牧師）死去（5.26） ●日本基督教団「韓国・台湾・フィリピンその他東南アジア諸国における日本人の買春観光に関する声明」発表（7.20） ●日本基督教団買春観光問題委員会が発足（8.28） ○李朴善愛（Sun Ai Lee Park）が中心になって *In God's Image* 創刊。 ★キャロル・クライスト、ジュディス・プラスカウ編『女性解放とキリスト教』奥田暁子・岩田澄江共訳、新教出版社、原著1979年 ★E・モルトマン＝ヴェンデル『イエスをめぐる女性たち──女性が自分自身になるために』大島かおり訳、新教出版社、原著1980年	○第38回国連人権委員会、緒方貞子を首席代表に任命（2.1） ●広島高裁、殉職自衛官合祀拒否訴訟で地裁判決を支持、国の控訴棄却（6.1-10）、防衛庁上告（6.14）。最高裁で一審・二審の違憲判決を破棄し合憲判決（1988.6.22） ●「中絶禁止法と堕胎罪に反対する女性連合」主催、優生保護法改悪反対集会（7.1） ●「行動を起こす女たちの会」等「82優生保護法改悪阻止連絡会」結成（8.29） ●「家族計画連盟」等「優生保護法"改正"阻止連絡協議会」結成（8.30） ●第1回女性による老人問題シンポ「女の自立と老い」。発起人代表：樋口恵子（9.10）

年	キリスト教界の動き	社会の動き
1982		●「戦争を許さない女たちの会」主催「ストップ軍事費」等で集会とデモ(12.4)、「武器はいらない核もいらない12.8平和を守る母親集会」(12.8) ●超党派の女性議員懇談会、全員一致で優生保護法「改正」反対決議(12.28) ★上野千鶴子『セクシィ・ギャルの大研究 —— 女の読み方・読まれ方・読ませ方』光文社 ★草の実会他編『女にとっての戦争』全2巻、田畑書店 ★女性史総合研究会編『日本女性史』全5巻、東京大学出版会
1983	●NCC婦人委員会主催で神学者レティ・ラッセルの来日講演会「人間となること」が東京で開催(4.19) ●在日大韓基督教会、女性初の牧師として慶恵重（きょんへじゅん）に按手(9.15) ●「婦人牧師誕生50周年を記念する会」東京で開催。1933年に女性で初めて按手を受けた日本基督教会高橋久野を記念し、女性教職73人が参加(12.5) ○WCC第6回総会、カナダ・バンクーバーで開催。「30%条項」が受け入れられ、WCC全出版物に包含的言語(inclusive language)使用が義務づけられる。同総会は「女性のセクシュアリティ」についての研究を勧告。これを受けて1985年に東京で行われたマリー・B・アサドによる研究発表は、1990年の研究成果の基礎となる ○第三世界神学者エキュメニカル協会(EATWOT)が女性委員会設置 ○CCA女性デスク、前年の会議レポートを出版。包含的言語の使用を始める ●日本基督教団買春観光問題委員会パンフレット『買春観光問題を考える』発行 ★レティ・M・ラッセル『自由への旅 —— 女性からみた人間の解放』秋田聖子・奥田暁子・横山杉子訳、新教出版社、原著1974年	●東北大学医学部で日本初の体外受精児誕生(3.13) ●優生保護法改悪阻止集会。80団体(3.13)、73団体(6.17) ●「高齢化社会をよくする女性の会」設立総会、代表：樋口恵子(3.18)。94年に「高齢社会をよくする女性の会」に改称 ●アジア女子労働者交流センター発足、所長：塩沢美代子(5.20) ○国連国際人道問題独立委員会副議長に緒方貞子就任(7.7) ●労働省調査によれば働く既婚女性50.8%、パートアルバイトは女性労働者の26.0%(7.10) ●日本初「東京強姦救援センター」設立(9.1) ★女性史総合研究会編『日本女性史研究文献目録』東京大学出版会 ★もろさわようこ『解放の光と影 —— おんなたちの歩んだ戦後』ドメス出版

年	キリスト教界の動き	社会の動き
1984	●「フェミニズムと宗教を語る会」京都で開催。主催は「女性と宗教を語る会」。仏教、プロテスタント、カトリック、ユダヤ教関係の女性ら約70人がフェミニズムの視点から宗教の女性差別・抑圧を語り合う。前年に仏教女性中心に開催されたのに続き、宗教の枠を越えて開かれた(2.26) ●「女性と神学の会」発足(代表：カーター愛子、河瀬伊勢子)。日本基督教団、救世軍、無教会、聖公会、カトリック、沖縄を含む日本、在日コリアン、在日台湾人、在日アメリカ人などが参加(6.25) ●第1回女性教職神学研究会(8.27-28) ○ルーテル世界連盟(LWF)が総会参加者の40%を女性とする決定	●外務省国連局「婦人差別撤廃条約批准準備室」発足(2.1)。1985年2月5日に「女性差別撤廃条約批准準備室」に改称 ●婦人問題企画推進本部、アジア・太平洋地域婦人国際シンポジウム開催(3.22) ●女性弁護士373人が連名で女性差別撤廃条約に適う男女雇用平等法を求める声明発表(3.26) ○国連ESCAP、国連婦人の10年世界会議のための地域政府会議開催(3.26-30) ●国籍法・戸籍法改正公布、父母両系血統主義採用(5月。施行1985.1.1)
1985	○CCA第8回総会準備会がタイ・チェンマイで開催(4.9-12)、初めて参加者の3分の1が女性となる。会終了翌日(4.13)女性だけの会を持ち(日本から相原美智子、山口里子参加)、後に「教会女性プログラム」となる ○性差別語を置き換えた『エルサレム聖書』の英語新訳がロンドンで出版。「マン」を「ヒューマンビーイング」に、「メン」は「ピープル」に変更など(10.4) ○CCA第8回総会、韓国ソウルにて開催(6.26-7.2)。フィリピン・マニラにおいてアジアの女性たちの会議が開かれ「アジアの女性たちの視点から見る全体的な解放」がテーマとなる(11.21-30) ★ケビン・ハリス『性と宗教──フェミニズムから見た聖書』奥田暁子訳、コンパニオン出版、原著1984年	●厚生省調査によれば「寝たきり老人」(在宅・入院)36万6,000人、介護者の90%が女性(1.8) ●「効力ある平等法を！女も男も連帯委員会」主催、「通してたまるか均等法・労基法改悪、怒りの春の3.24全国大集会」(3.24) ●総評主催「実効ある男女雇用平等法を実現させる3.27全国総決起大集会」(3.27) ●厚生省、生活保護基準額の男女格差解消し、男女同一扶助基準に改定・実施(4.1) ●男女雇用機会均等法(均等法)公布(6.1。施行1986.4.1) ●第2回国際フェミニスト会議(国立婦人教育会館)、12か国から119人参加(6.1-2) ○ILO総会「雇用における男女の均等な機会及び待遇に関する決議」採択(6.7-27) ●厚生省、共働き家庭の被扶養者認定基準改訂、収入が多い方を扶養者とする原則(6.13) ●「女性差別撤廃条約」批准(6.26。7.25発効) ○「国連婦人の10年世界会議」(第3回世界女性会議)がケニア・ナイロビで開催、「西暦2000年に向けて女性の地位向上をめざす将来戦略」採択。開会式157か国約5,000人参加、フォーラム全体では1万3,000人参加、日本人参加者は約800人(7.15-26)

年	キリスト教界の動き	社会の動き
1985		●朝日新聞社主催の国際シンポ「女は世界をどう変えるか」パネラーに外国人招聘(10.23-25) ●厚生省調査によれば母子世帯50万6,000、うち生活保護世帯15%。父子世帯7万9,000(12.19) ★武田清子『婦人解放の道標——日本思想史にみるその系譜』ドメス出版
1986	●「フェミニズム・宗教・平和の会・関東」「フェミニズム・宗教・平和の会・関西」発足(1月)。仏教・キリスト教など宗教者女性たちが、フェミニズムの視点から既成の宗教や政治を批判的に見ていこうとする。『Womanspirit』刊行(2月。2002年まで継続) ●日本キリスト教婦人矯風会が「女性の家・HELP」開設。国籍・民族の違いを越えて女性と子どものための緊急一時保護シェルター(3.20) ○WCC常議員会「エイズと教会」声明文発表(8.19) ★日本キリスト教婦人矯風会編『日本キリスト教婦人矯風会百年史』ドメス出版 ★L・ショットロフ、E・S・フィオレンツァ編『聖書に見る女性差別と解放』大島衣訳、新教出版社、原著1980年	●「女子労働基準規則」制定(1.27。施行4.1) ●「売春問題ととりくむ会」主催の「売春防止法30周年記念シンポジウム」開催(5.24) ●第1回男女雇用機会均等月間実施(6.1-20)。以後、毎年実施 ●土井たか子、日本憲政史上女性初の党首(社会党)就任(9.8) ●中曽根首相発言(「女性は私のネクタイしか憶えていない」等9.22)に共産党女性議員等抗議(9.27)、婦団連等51女性団体抗議(9.29) ○国連アジア太平洋経済社会委員会(ESCAP)、地域婦人情報ネットワークシステム開発に関するセミナー開催(12.1-6) ●鳥取地裁、夫が友人と共に暴力で妻に性関係を強要した事件で、夫婦間にも強姦罪を初めて適用(12.17) 1987年6月16日、広島高裁一審判決支持
1987	○ローマ教皇庁教理庁「人命の始まりの尊重と生殖の尊厳に関する教書」公布。人工授精、代理母、中絶、男女産み分けなどは倫理に反していると表明(3.10) ★絹川久子『聖書のフェミニズム——女性の自立をめざして』ヨルダン社	●「行動を起こす女たちの会」第1回アンチ・ポルノ集会。スポーツ紙等のポルノ記事を批判(1.31) ●アグネス・チャン、出産間もない子連れ出勤(2月)、是非論議が起きる ●雑誌『婦人之友』(1903年発刊、婦人之友社)が1,000号を記録(6.11) ●女性の参入困難であった音楽ジャンルであるハードロックの分野で、日本で初めて女性だけのイベント「NAONのYAON」(日比谷野外音楽堂)がSHOW-YA主導で開始(9.20)

年	キリスト教界の動き	社会の動き
1988	○第1回「韓日合同女性神学会議」韓国ソウルで開催(1.15-17)。コーディネーター：カーター愛子(日本側)、鄭淑子(韓国側)。日本側7名を含めて参加者合計31名。開始時には、指紋押捺拒否のため在日女性は参加できなかった。その後参加可能になり、名称が「在日・日・韓 女性神学フォーラム」に(在日・日・韓の順序は毎回自由に変更)	●日弁連女性の権利に関する委員会主催、パート・派遣・コース別雇用問題シンポ(2.27)
		●農林省、農山漁村婦人の日設定(3.10)
		●フィリピン資料センター主催、アジア出稼ぎ労働者・「花嫁問題」全国会議(4.30-5.1)
	○「女性と観光文化」国際セミナー（主催：韓国教会女性連合会）にて尹貞玉「挺身隊に関する調査」を報告(4.21-23)	●住民票記載に関する婚外子差別撤廃を求める訴訟が始まる
	●「関西・女性と神学の会」発足(4月)	★大羽綾子『男女雇用機会均等法前史 —— 戦後婦人労働史ノート』未来社
	●第2回「日本聖公会婦人会全国大会」東京で開催。「女性が教会を考える会」発足(6.3)	★川田文子『赤瓦の家 —— 朝鮮から来た従軍慰安婦』筑摩書房
	●「女性と神学の会」「フェミニズム・宗教・平和の会」主催で、ローズマリー・ラドフォード・リューサー講演会が東京で開催(8.17)	★家庭科教育研究者連盟編『家教連二十年のあゆみ——家庭科の男女共学ひとすじ』ドメス出版
	●第1回「教会女性会議」埼玉で開催。主題は「教会は活きる、女性によって —— わたしは教会のどこを変えたいか」(9.22-23)。2003年まで継続	
	●第25回日本基督教団総会で「性差別問題特別委員会」設置決議(2002年に廃止)。他の教派でも同様の委員会が設置され始める	
	○WCCが「教会が女性と連帯するエキュメニカルな10年」(「教会女性10年」)開始(1998年まで)。「教会女性10年」を通して、国際キャンペーン「サーズデー・イン・ブラック」(Thursdays in Black)始まる。これはアルゼンチン・ブエノスアイレスの5月広場の母たちの抗議運動(1977年)や、イスラエル・エルサレムにおける女性たちの反戦運動(1988年)などからインスピレーションを受けたもので、レイプと暴力のない世界を目指して、木曜日に黒い服を着る。これを機にNCCが国内でもプログラムを展開	
	○「文化と神学のためのアジア女性資料センター」(AWRC)設立	
	●『日本福音ルーテル教会 教会員ハンドブック』発行。「性生活」の項目に「同性愛」を非難する文言を掲載	

年	キリスト教界の動き	社会の動き
1988	★荒井献『新約聖書の女性観』岩波書店 ★E・モルトマン＝ヴェンデル『乳と蜜の流れる国 —— フェミニズム神学の展望』大島かおり訳、新教出版社、原著1985年	
1989	●日本キリスト教婦人矯風会など10女性団体、大喪の礼での政教分離、弔意表明を強制しないよう申し入れ(2.7) ●在日大韓基督教会婦人会全国連合会、大阪教会で40周年記念集会(7.27-28)	●昭和天皇裕仁死去(1.7) ●高校家庭科は男女必修、保健体育は男女同一履修科目に(文部省発表2.10.告示3.15) ●「過労死を考える家族の会」結成、全国初(3.5) ●出生差別の法改正を求める女たちの会「非嫡出子差別は許さない」発足記念集会(4.23) ●故美空ひばり、女性初の国民栄誉賞(7.6) ●短大を含む大学進学率、女子が男子を初めて上回る(8.3) ●元出版社社員がセクハラで訴訟、全国初(8.5。判決1992.4.16) ●森山眞弓、女性初の内閣官房長官就任(8.25) ○ベルリンの壁撤去開始(11.9) ○国連「子どもの権利条約」採択(11.20。日本批准1994.4.22) ○国連、死刑廃止条約採択(12.15。日本は反対) ★鈴木裕子・近藤和子編『女・天皇制・戦争』オリジン出版センター

'80年代コラム ①

「フェミニズム・宗教・平和の会」

現代の一つの大きな思想の潮流であるフェミニズムは、単に女性の解放を主張するだけでなく、すべての人間の自己解放をめざすものです。人間の解放となると、当然その問題は宗教に関係してくると言わざるをえません。ところで、一方宗教の側に目を向けると、宗教はその問題に十分応えてきたといえるでしょうか。今回は特に女性の問題にテーマをしぼって、宗教における人間の自己解放について話し合いたいと思います。

このような呼びかけで、1984年2月、京都で「フェミニズムと宗教を語る会」が開催され、74人が参加した。呼びかけ人は「女性と宗教を語る会」（大越愛子・中村苑子・源淳子）。プログラムは仏教、キリスト教、ユダヤ教の立場からの発題並びに参加者によるディスカッションであった（『フェミニズムと宗教をめざして』女性と宗教を語る会、1984年6月発行）。

翌年5月には第2回が再び京都で開催され、それが発展して1986年1月に関東と関西両方に拠点を持つ「フェミニズム・宗教・平和の会」が発足した。関東での運営を中心的に担った奥田暁子（1938-2012）は、この数年の活動で「仏教、キリスト教を問わず体制的宗教はすべて女性の抑圧に加担してきた」ことがわかったが、それにもかかわらず、この会を発足させるの

には二つの理由があると機関誌『Womanspirit』No.1（1986年2月発行）で述べている。それらは「女性の視点を入れることによって、新しい宗教の可能性を探りたい」ということと、「人間の解放にとって、宗教を含めた精神の働きが大きな意味を持つことを信じるから」であった。

また奥田は「日本のフェミニズムは、あまりにも経済的な平等だけを強調してきたのではないか」と問い、「日本の女性にとっての『自立』と『平等』は、アジアの貧しい女性たちにとっての『抑圧』でしかない」と指摘する。それは人権意識を欠いたまま国や企業の論理に絡めとられた結果である。奥田は、このままではアジアに対して抑圧者である女性が国内では少数のエリート女性とそうでない多数の女面に二極化されていくだろうと述べ、だから「他人の人権を抑圧しない解放を目ざそう」と呼びかけて会の方向性を示した。

仏教者とキリスト者を中心に、宗教に対してさまざまなスタンスをもつ人々が集まったこの会は、1990年に関西のメンバーが離脱して「フェミローグの会」として活動することになったため、その後は関東を中心に例会や機関誌発行が続けられ、2002年に解散した。

（大嶋）

'80年代コラム ②

「女性と神学の会」

1984年に東京で始まった「女性と神学の会」には、プロテスタントからカトリックまで、さまざまな背景の女性たちが集まった。記録が残る3年間の例会テーマを見ると、1年目は個人史を語りあう活動が中心で、2年目は国際会議の報告や研究発表を聞く回が多く、3年目には身近な課題に目を向けて意見表明するようになったことがわかる。主な会場は、日本キリスト教会館(新宿区)にあるNCCの会議室だった。1984〜86年の例会の概要は以下の通り。

・1984年 例会3回開催。いずれも「それぞれの経験から」というテーマで、毎回2名の女性が発題を担当。
・1985年 例会4回開催。毎回1〜3人の女性が発題担当。テーマ「スコットランドの女性の活動を聞く」「CCA総会準備会に出席して」「研究報告−性差の諸側面について」「原始教会の女性たち」「ナイロビ国連女性の10年NGOフォーラムに参加して」「アジア基督教協議会女性フォーラム報告」「USA合同長老教会婦人会及びカナダ女性平和会議報告」「第三世界女性神学協議会における発表について」「西欧における中世からルネサンスに至る時代の女性の発言」
・1986年 例会4回開催。1〜2人の女性が発題担当。テーマ「結婚式式文について」「女のからだ−私自身との出会い」「協議 日本基督教団結婚式式文に関する要望書提出の件」「宗教改革時代の女性の発言」「協議 『信徒の友』8月号掲載論文『女性差別に関する聖句 徳田美智子』に対する反論意見書提出の件」「19世紀以後の女性解放の流れ」「第3回研修会計画」

例会の他に毎年1泊2日の研修会が開催された。1985年は発題(「釜ヶ崎から」「在日台湾人の視点から」「沖縄から」)と聖書研究(「創世記1〜3章における女と男の問題」)、1986年は「アジアに生きるわたし」というテーマのもと、発題(「アジア学院から」「アジアに生きる私の解放とは」「在日韓国人女性の恨と断」)と発表(「女性神学研究──わたし達の女性神学」)、1987年は「女性神学のきのう・きょう」というテーマのもと、米国のフェミニスト神学ならびに韓国女性神学についての発題が主なプログラムだった。

会の運営に携わった河瀬伊勢子は、会の活き活きとした様子を次のように伝えている。「固定化し、対象化し、観念とされてしまったものには、もはや生命はありません。生きて、変化し、流動する中で、女性としての私たちの営みをどんなにたどたどしくても大切にしたいとの実感を、この会をとおして新たにしました」(第3回研修会報告書より)。また、1988年には「関西・女性と神学の会」も始まった。　　　(大嶋)

「教会女性会議」

1988年9月に開催された「教会女性会議」は、その後、毎回ボランタリーに組織された実行委員会によって、下表のように16年にわたって計16回開催された。参加者は毎回80名前後で、教派的背景はプロテスタント各派からカトリックまでさまざまである。第1回会議では実行委員会から提案された「新しい教会の未来をめざして」という提言が承認され、その後の会の基調となった。

「いまわたしたちは、キリスト者女性として、それぞれの場所から声を挙げようとしている」という言葉で始まる提言は、「イエスに従った女性たちが、イエスによって福音を告知する業を委ねられていたことの意味を問い直し」、「女性を制約する教会の聖書解釈に異議を申し立て、『聖書』そのものを問い直し、伝統的な教会制度を改革することを望んでいる」と述べ、次のように締めくくられている。「一切の分断の壁を壊し、共に生きる喜びの日をめざして、いま各自が住んでいるこの地で、隣人のいるこのアジアの一隅で、神の恵みに応えてしっかりと歩み始めよう」。

この提言は、2001年の第13回会議で議論となり、その結果、提言はもちろん、会議の名称やテーマもその都度、時代の課題を反映できるように見直していくべきであることが確認された。　　　　　　　　　　　　（大嶋）

回数	開催年	主題	開催地
1	1988	教会は活きる、女性によって―わたしは教会のどこを変えたいか	埼 玉
2	1989	教会は活きる、女性によって―「わたしと天皇制」	埼 玉
3	1990	教会は動く、女性によって―「大嘗祭問題」を機に信仰を問う	埼 玉
4	1991	教会は活きる、女性によって―聖書の読み直し	埼 玉
5	1992	教会は活きる、女性によって―わたしは、本気で聖書を読んでいるか	愛 知
6	1993	教会は変わる、女性によって―あなたは教会で、自分らしく生きていますか？	兵 庫
7	1994	教会は活きる、女性によって―あなたは教会の中で、「イヤなことはいや！」と言えていますか？	埼 玉
8	1995	教会ってなんだろう―戦後50年女たちは何をしてきたか、そしてこれから	栃 木
9	1996	教会を活かす、女性によって―女性が平和の造り手に	大 阪
10	1997	教会は活きる、女性によって―いのちを選び、わたしを生きる―おんなの宣教	福 岡
11	1998	教会は活きる、女性によって―いのちを選び、いのちをつなぐ	愛 知
12	1999	教会は活きる、女性によって―いのちを選び、平和をつくる―基地・戦争・女性	神奈川
13	2000	教会は活きる、わたしによって―めざめよ、こころよ―性・教会・国家	東 京
14	2001	教会は動く、わたしによって―あたらしいかたちを求めて―脱家族	滋 賀
15	2002	教会は動く、おんなたちによって―国家　教会　わたし―今こそ家父長制に抗う	兵 庫
16	2003	「女性」をとらえ直す	東 京

'80年代コラム ④

「女性と神学の会」から「在日・日・韓 女性神学フォーラム」へ

「女性と神学の会」は1984年に発足（80年代コラム②「女性と神学の会」参照）。教派・背景はさまざまでも教会で疑問と孤立感を持っていた女性たちが、率直に話し合える仲間と場所を持ち勇気を与えられた。さらに北米など出身の女性たちが、米国で出版され始めたフェミニスト神学論文を次々に紹介。女性たちは多様な生活経験・教会活動・フェミニスト神学などの情報共有で視野を広げ意識を高めていった。

特に呼びかけ人の一人カーター愛子は合同教会世界宣教委員会（UCBWM）派遣の宣教師でNCC幹事でもあったので、運動と学問、カトリックとプロテスタント、在日と日本人などのさまざまなネットワークを作っていた。さらに彼女は、70年代から韓国教会女性連合と連帯して、軍事政権下での民主主義・人権運動、日本男性の買春旅行、在日コリアン指紋押捺問題などにも関わり続けた。それと共に、韓国長老教会と韓国教会女性連合代表の一人である鄭淑子（ちょんすっちゃ）と連帯・共闘を続けたことが、「在日・日・韓 女性神学フォーラム」発足につながっていく。

カーターはまず1983年レティ・ラッセル来日講演会の担当者として働き、ラッセルの韓国訪問計画を聞いて、鄭と共に「女性と神学の会」と「韓国女神学者協議会」の合同フォーラム開催を企画した。こうして1988年ソウルで「韓日合同女性神学セミナー」が実現（後に「在日・日・韓 女性神学フォーラム」として継続）。当時、在日コリアンを含め日本国籍を持たない女性たちは指紋押捺拒否のゆえに参加できず、参加者は日本から7名で、韓国側と海外ゲストを含んで合計31名だった。

そこで持たれたのは「霊性とフェミニズム」を主題として、レティ・ラッセルの話、韓国女性たちや日本女性たちのさまざまな発題、リタジー、学習ツアーなど。

実は、筆者を含む日本女性たちは、韓国に対する日本の暴力差別の歴史が未解決であることに重い責任感を持ち覚悟して行き、会場で韓国女性たちから笑顔で歓迎され感謝した。けれど、プログラムが終了した最後の晩に、彼女たちが次々と涙ながらに本音を語り出した。「日本の女たちとの会をするなんてトンデモナイ。売国奴だ。やめろ！と非難された。自分だって本当は嫌だと思いつつ、葛藤して来た」、「どんな鬼の顔だと思っていたら、私たちと同じ人間だった」など。そして家族・友人が日本軍によってどれほど酷いことをされて生命や生活を奪われたかを語った。私たちは一緒に涙ながらに抱き合った。

このように韓国女性たちが日本女性たちと会を持つなど考えられない状況で交流の道を開いたのは、カーター愛子と鄭淑子の尽力のゆえである。これをきっかけに、この会は継続されることになった（2010年代コラム①「在日・日・韓 女性神学フォーラム」参照）。（山口）

'80年代コラム ⑤

アジアの教会と女性

アジアにおけるフェミニスト神学運動の歴史は、インドネシアのマリアンネ・カトッポが1979年に英語で著した *Compassionate and Free: An Asian Woman's Theology*（『憐み深くて自由な——アジア女性の神学』）に始まる。1980年代におけるアジア・キリスト教協議会（CCA）女性デスクや第三世界神学者エキュメニカル協議会（EATWOT）女性委員会の設置、*In God's Image* 誌（『神の像に』、以下 *IGI*）の創刊、文化と神学のためのアジア女性資料センター（AWRC）の発足が運動の基盤を形成した。以下に説明しよう。

CCA では1977年の第6回総会（マレーシア・ペナン）におけるエリザベス・タピア（フィリピン）の起用を経て、1981年の第7回総会（インド・バンガロール）において松田瑞穂を担当幹事とする女性デスクが新設され、「神学的訓練を受けた女性たち」の会議開催や、1986年の *Reading the Bible as Asian Women*（『アジアの女性として聖書を読む』）などの刊行を通して女性たちの交流が促進された。

ヴァージニア・ファベリア（フィリピン）はEATWOT 発足に尽力したが、1976年の創立会議はただ一人の例外を除き、もっぱら男性神学者が参加するものとなり、彼女自身は招待されなかった。1985年の第5回会議では、マーシー・オドゥヨイェ（ガーナ）らの働きかけにより、女性たちの経験は「真の神学的資料」であるとの認識が生まれた。1983年、EATWOT 女性委員会の設置以来、重要な役割を担ったのはファベリア、イ・ソンエ（韓国）、メアリー・ジョン・マナンサン（フィリピン）である。6カ国において女性たちの神学に関する協議会が開かれ、1985年にはアジア大陸レベルの会議が初開催された。

イ・パク・ソンエ（前出のイ・ソンエ）を初代編集者として1982年12月に創刊された *IGI* は、アジアにおけるフェミニスト神学運動の重要なプラットフォームであり続けている。CCAで働く夫とシンガポールに渡った彼女は、牧師でありながら、妻であることを理由に現地での労働許可を得られず、女性であることを理由に教会関係団体からも拒絶される。彼女がフェミニスト神学の研究やアジア各地の訪問を経て、「真に信仰的な行為」として、男性の検閲なしに考察を分かち合うことのできる神学的聖域として創刊したのが、*IGI* であった。

（藤原）

WCC教会女性の10年とその影響

世界教会協議会（WCC）は、1988年から1998年までを「教会が女性たちと連帯するエキュメニカルな10年」（Ecumenical Decade of the Churches in Solidarity with Women, 以下「教会女性10年」）と定め、加盟教会・教派・協議会に呼びかけた。目的は、①教会やコミュニティにおける抑圧の構造に異議を唱えられるように女性たちを力づけること、②リーダーシップと意思決定、神学と霊性の共有によって、女性たちの決断力ある貢献を肯定すること、③正義、平和、被造世界の保全のための働きと闘いにおける女性たちの視点や行動を可視化すること、④教会が人種差別、性差別、階級差別、女性に対して差別的な教えや慣習から自由になれるようにすること、⑤女性たちとの連帯のもとに行動できるように教会を励ますことである。

国内では日本キリスト教協議会（NCC）女性委員会を中心にプログラムが展開され、その締めくくりとして、1998年10月、「私たちの声を――教会女性のネットワークをめざし、エンパワメントを求めて」を主題とする「教会女性10年」の集いが行われた。シンポジウムでは、①教会生活における女性の参与と貢献（内藤文子・日本福音ルーテル教会）、②グローバルな経済危機が女性へ与える影響（加地永都子・日本YWCA）、③教会と一般社会における女性への暴力（笹森田鶴・日本聖公会）、④人種差別・外国人排斥と女性（徐貞順・在日大韓基督教会）という発題が行われた。

それでは、この10年間にどのような変化があったのだろうか。まず挙げられるのは、女性牧師の増加である。1998年、日本聖公会は長い議論の末に女性司祭の按手を認めた。日本基督教団では女性牧師が88名増え、1997年に女性牧師は全体の27.5%を占めるようになった。しかし、彼女たちの半数以上は任地がなく、教会では女性の問題は男性には関係ないとする風潮も広く認められた。また、日本軍「慰安婦」問題、沖縄米兵少女暴行事件などをきっかけとして、女性に対する暴力について問題意識を抱く女性たちが教会内にも増加した。欧米のフェミニスト神学者たちの著作が翻訳され始めたのもこの頃である。「教会女性会議」(1988-1993)、「女性と神学の会」(1984-1994)、「関西・女性と神学の会」(1988-1994)、「在日・日・韓　女性神学フォーラム」(1987-1994) 等、女性の自発的な集会も盛んに開催されるようになった。

(藤原)

3. 1990年代

１９９０年代解説

1980年代終盤に入り、「教会女性会議」などのエキュメニカルな女性たちのネットワーク運動が始まり、性差別のさまざまな課題への取り組みが進められていくこととなった。たとえば、日本基督教団性差別問題特別委員会の設立など、教派内や各地での取り組み、キリスト教女性センターの設立などのエキュメニカルな動きも広がってきた。これらの動きと同時に、日本国内のみならず国際的なネットワークも広がっていく時期でもあった。1993年にはこれまでの最大規模であるWCC「教会女性10年」の中間チームが来日（2月）。また、日韓NCC女性委員会が第1回交流・連帯プログラムを開催した（1996年）。

1990年代の特徴としては、当事者が「名乗り出る」ことで社会問題化と同時にキリスト教内での取り組みが進められたことが挙げられる。そこでは社会と同時に教会でもこれまで不可視化されてきた性（セクシュアリティ）をめぐる課題が指摘され、それぞれの取り組みが広がっていくこととなった。

ひとつには、日本軍「慰安婦」制度と戦後補償を求める動きがある。

1990年には韓国教会女性連合会が中心となり「挺身隊問題対策協議会」が結成された（2018年に「日本軍性奴隷制問題解決のための正義記憶連帯」と名称変更）。この年、初代代表となった尹貞玉の公開講演会を日本キリスト教婦人矯風会のメンバーが中心となって、「売買春問題ととりくむ会」が開催している。

韓国では、女性たちの真相究明を求める声に呼応し、1991年に金学順らが被害者として名乗り出、謝罪と賠償を求めて日本政府を提訴した。1992年に釜山市などの被害者たちが山口地方裁判所下関支部に提訴した裁判では、国家賠償の必要を認め、日本政府に計90万円の支払いを命じる判決が出された（関釜裁判、1998年4月）。しかしその後提訴された10件と同様、裁判所は事実認定をおこないながらも除斥期間を理由に最高裁がすべて却下の決断を下すこととなった。韓国ソウルでは、1992年1月に日本大使館前での水曜デモが開始され、被害者の女性たちや支援者たちが抗議の声をあげつづけている。もっとも、沖縄在住であった裴奉奇が朝鮮総連の女性活動家との出会いのなかで被害体験を語り、1975年に共同通信などをつうじて被害者であることを名乗り出ていたことも忘れてはならない。

また、韓国での動きに呼応するようにして、フィリピンでは1992年に「リラ・ピリピーナ」が立ち上げられ、日本軍「慰安婦」被害者としてマリア・ロサ・ルナ・ヘンソンが名乗り出た。さらには台湾、中国、マレーシア、インドネシア、オランダなど、各地の女性たちが被害者として名乗り出ることとなった。このような動きに日本政府も対応せざるをえなくなり、1993年には「河野談話」（当時、内閣官房長官）が出され、中学教科書にも日本軍「慰安婦」に関する記述が掲載されるようになったが（1997年度版では全教科書）、同時に「新しい歴史教科書をつくる会」の結成など「歴史修正主義」の立場をとるバックラッシュ（反動・逆襲）の動きも目立ちはじめた。

他方で、キリスト教の中では、1980年代に

韓国の教会女性たちと連携しつつ、矯風会での取り組みが進められていった軍隊「慰安婦」問題と日本の加害者性の歴史の振り返りが、NCC総会（1991年）や日本基督教団総会（1992年）での決議にも波及した。後者については、戦後補償を求める五委員会連絡会（後に六委員会連絡会）の設置を生み出し、韓国挺身隊対策問題協議会への10年間の献金呼びかけの取り組みへと至り、年間100万円の送金運動をおこなった（後に有志団体が引き継いで2013年まで継続）。

　もうひとつ特筆すべきことは、性差別と関連してキリスト教会における同性愛嫌悪が顕在化し、異性愛主義が問題化されるに至った点である。社会における同性愛者の集合行動とともに、キリスト教においても、性的マイノリティの動きが開始されることとなった。1991年に東京都の宿泊施設利用拒否事件をめぐって同性愛者団体が訴訟を起こし、勝訴（1997年）。同性愛者の人権を焦点とした初めての判例である。このような集合行動と同時に、80年代から東京や大阪を中心に広がりつつあったHIV/AIDSをめぐる活動のなかでキリスト者たちのネットワークがつながりはじめたのも1990年代である。これらの動きが、1994年の米国在住のキリスト者たちとエイズ・アクティビズムに従事する人びとによる「キリストの風」ニュースレターの発行、京都での祈祷会へとつながる。前者は、後に別メンバーによる同名の集会開始へ（1995年）、後者は「信仰とセクシュアリティを考えるキリスト者の会（ECQA）」の活動へと発展していった（1994年）。

　このような動きは、性的マイノリティの存在の可視化につながったものの、同時に差別を顕在化させた。同性愛者やトランスジェンダー個々人への教会における差別事象は度重なっていたが、公的な場面での差別事件がいくつか顕在化したのである。一般紙にも報じられたケースとして、1998年の日本基督教団における「同性愛者差別事件」がある。このような差別の顕在化には、それまでに起こっていた出来事を問題化し、告発する人びとの動きが背景にあったことは大きい。とりわけ、日本基督教団の事例については、すでに全国各地に存在していた教団内外の性差別問題に取り組む女性たちの連帯の中で抗議行動が広がることとなった。

　1990年代終盤には、男女共同参画社会基本法の成立など日本社会における女性の人権が可視化されてきた。しかし他方ではフェミニズムが体制に取り込まれていく時代を迎える。このような日本社会の「右傾化」は、キリスト教の世界にも影を落とした。とくに最大教派である日本基督教団の総会に、万博問題以降、議員を送っていなかった東京教区が1992年より出席することとなり、後の臨時総会の結果、「対話拒否」路線に急展開していく。この点は、一教派の問題としてではなく、たとえば、NCCの動きへの影響も多大に及ぼすこととなった。

（堀江）

’**90** 年代年表

●は国内の動き、○は国外の動き、★は書籍

年	キリスト教界の動き	社会の動き
1990	●日本聖公会第42回定期総会「女性聖職の実現を検討する委員会設置の件」「女性委員増加の件」可決(5月) ●NCC教育部神学教育委員会、「差別されてきた側から見た神学教育と教会」を主題に共同学習会を開催。「部落差別の視点から」「障害者・女性の立場から」「在日韓国人として」の発題(6.25) ●米国聖公会初の女性主教となったバーバラ・ハリス来日、シンポジウム開催(7月)。ハリスはアフリカン・アメリカンとして1960年代に公民権運動にも積極的に従事 ●日本キリスト教婦人矯風会のメンバーが中心となって「売買春ととりくむ会」が尹貞玉講演会開催(8.4) ●「フェミローグの会」が「フェミニズム・宗教・平和の会」から独立して発足。キリスト教や仏教の性差別問題を扱う(1995年まで) ○WCCより「セクシュアリティと人間関係性」についての調査研究レポート出版 ★エリザベス・シュスラー・フィオレンツァ『彼女を記念して——フェミニスト神学によるキリスト教起源の再構築』山口里子訳、日本基督教団出版局、原著1983年 ★ジョン・ボズウェル『キリスト教と同性愛——1〜14世紀西欧のゲイ・ピープル』大越愛子・下田立行訳、国文社、原著1980年	●東京都府中青年の家に「動くゲイとレズビアンの会」が宿泊したところ、同泊団体より差別や嫌がらせを受け(2.10-11)、その後、同会が青年の家に申し入れるも宿泊拒否の事態となる(4.24) ○テレサ・デ・ラウレティスがカリフォルニア大学サンタクルーズ校にて学術大会を実施するにあたり「クィア理論」をテーマに(2月)。その後「クィア理論」が学際的な動きとして構築されていく(学術大会の記録は雑誌 *differences* 第3巻第2号、1991年に特集として掲載) ○世界保健機関(WHO)、同性愛を国際疾病分類から除外(5.17) ●天皇代替わりに伴う即位礼(11.12)、大嘗祭(11.22-23)実施。後に女性たちの有志の集まりが開始し「世界にとどけよう女たちの声:このままでいいの・天皇の問題——主権在民の視点から」と題する集会が日本基督教団山手教会で開催される(1993.11.23) ○韓国で教会女性連合会など16団体が参加して「挺身隊問題対策協議会」結成。初代代表は尹貞玉(11.16)。2012年5月「戦争と女性の人権博物館」開館。2018年以降「日本軍性奴隷制問題解決のための正義記憶連帯」と名称変更 ●女性学研究会『女性学研究』創刊(11月) ★上野千鶴子『家父長制と資本制——マルクス主義フェミニズムの地平』岩波書店
1991	○WCC第7回総会、セクシュアル・ハラスメント問題に釣り組むための小冊子を発行(2.11-20) ●NCC第31回総会「従軍慰安婦」問題への取り組み推進の決議。陪席者として尹貞玉がスピーチ(3.19) ○米国合同キリスト教会(UCC)第19回大会、同性愛者の聖職を認め、教会が同性愛者に門を開き受け入れるよう呼びかける決議(6.27-8.2)	●「動くゲイとレズビアンの会」、宿泊利用を拒否した東京都教育委員会を提訴。1997年に東京高裁にて原告勝訴。「同性愛者の人権」が判例として書き込まれる(2.12) ●「育児休業法」公布、男女とも取得可能に(5.15。施行1992.4.1)

年	キリスト教界の動き	社会の動き
1991	●NCC「婦人委員会」を「女性委員会」と名称変更 ★一色義子・島しづ子・弘田しずえ・山口里子・富山妙子・小久保喜以子『解放の神学——女性からの視点』燦葉出版社	○金学順（きむはくすん）が元日本軍「慰安婦」としての被害を名乗り出て日本政府を提訴。後、日本国内で10件の戦時下性暴力の被害を訴えた裁判（アジア太平洋戦争韓国人犠牲者補償請求事件）が起こされる（12.6）。2004年最高裁判決で敗訴 ★江原由美子『ラディカル・フェミニズム再興』勁草書房 ★山下明子編『日本的セクシュアリティ——フェミニズムからの性風土批判』法蔵館
1992	●在日大韓基督教会婦人会全国連合会、第44回女性会総会で「婦人会」を「女性会」に変更（7.21） ○アジア7カ国の女性が集ったルーテル教会初のアジア女性宣教会議が東京・奥多摩福音の家で開催。主題は「21世紀におけるアジアの教会と宣教——女性の立場から」（9.27-10.2） ●第27回（合同後12回）日本基督教団総会にて「従軍慰安婦問題が投げかける性の問題に日本基督教団が、せめてこれから真摯に取り組む件」決議（11.10-12） ●日本基督教団兵庫教区で第1回フィーリー・デーが開催される（11.28）。主催は「種まきの会」（現フィーリー記念室委員会企画部）。女性の自立と連帯を目指したフィーリー宣教師の願いを受け継いだ活動 ●オルタナティブ・ウイメンの会「マリアたちのクリスマス　聖・生・性」日本聖公会大阪城南キリスト教会を会場に開催。クリスタ（女のキリスト）像を描いて飾る（12.6） ○WCCがSISTERS（Sisters in Struggle to Eliminate Racism and Sexism）ネットワーク開始 ●第1回聖公会女性フォーラム、宝塚で開催 ★小檜山ルイ『アメリカ婦人宣教師——来日の背景とその影響』東京大学出版会 ★エリザベス・シュスラー・フィオレンツァ『石ではなくパンを——フェミニスト視点による聖書解釈』山口里子訳、新教出版社、原著1985年	●「ストップ児童買春の会」（ECPAT）発足（1.29） ○韓国ソウル日本大使館前にて、日本軍「慰安婦」問題の解決を求める水曜デモ始まる（1月） ○タイ・バンコクで反児童買春国際キャンペーン会議開催、日本から松井やより・森松真紀出席。参加者約170人（3.31-4.4） ○韓国での動きに連動し、フィリピンで日本軍「慰安婦」問題の解決を求める団体「リラ・ピリピーナ」（Lila Pilipinas）発足。マリア・ロサ・ヘンソンが被害を名乗り出る ★掛札悠子『「レズビアン」である、ということ』河出書房新社 ★溝口明代・佐伯洋子・三木草子編『資料 日本ウーマンリブ史 I』松香堂（II・1994年、III・1995年） ★挺身隊問題対策協議会・挺身隊研究会編『証言・強制連行された朝鮮人慰安婦たち』従軍慰安婦問題ウリヨソンネットワーク訳、明石書店

年	キリスト教界の動き	社会の動き
1993	●WCC「教会女性10年」中間年チームの4名が日本訪問。WCCの訪問団としてはこれまでで最大規模(2.9-13)。世界各地(75チームによる330教会、68教会協議会、650女性グループ)への教会訪問プログラム「リビング・レターズ」は1996年まで継続 ●神学者レティ・ラッセル米国より来日し講演(6.11)	●中学校での家庭科の男女必修実施(4.1) ●埼玉医科大学、性同一性障害の性別適合手術を正当な医療と判断(7月) ●「慰安婦関係調査結果発表に関する河野内閣官房長官談話」発表(8.4) ●女性初の衆議院議長に社会党の土井たか子(8.6)
1994	○同性愛者の結婚と養子をEU議会が容認すると決議したことに関し、ローマ教皇ヨハネ・パウロ2世は日曜恒例の演説でEU議会を非難、各国がこの決定を受け入れないよう要望(2.20) ●『キリストの風：同性愛者クリスチャンネットワーク　ニュースレター』発行(3.10) ○英国聖公会が女性への按手を認める。これまで執事職にあった32名が司祭に(3.12) ○ローマ教皇庁がミサの際に聖壇で聖職者を助ける侍者に女性をあてることを容認(3.15) ●近畿福音ルーテル教会、第46回総会にて初めて女性の教職就任を承認(3.21) ●京都YWCAにて同性愛とキリスト教を考えるネットワークづくりのための祈祷会、参加6名(6月)。クラッパード・インにて「セクシャル・マイノリティーと共に祝うクリスマス礼拝」開催、参加23名(12.16)。その後「信仰とセクシュアリティを考えるキリスト者の会」(ECQA)発足 ○米国プロテスタント教会の若者たち10万人以上が「結婚まで純潔を守る」ことを公に誓約、米国の若者たちの間に「第二の性の革命」が広がる(7.29) ○国際キリスト者エイズ・ネットワーク(ICAN)第2回会議、バンコクで開催(8.2-5) ●全国キリスト教学校人権教育研究協議会、第5回全国キリスト教学校人権教育セミナーに「性差別分科会」を設置(8月)。以後、「性差別」が人権教育の課題の一つとして認識される	●高等学校での家庭科の男女必修実施(4.1) ●総理府に男女共同参画審議会、総理府男女共同参画室設置(6.24) ●自治省、「嫡出子」「養子」の住民票続柄表記を「子」に統一するよう都道府県に通知(1995.3.1実施) ★上野千鶴子『近代家族の成立と終焉』岩波書店 ★加納実紀代『まだ「フェミニズム」がなかったころ——1970年代女を生きる』インパクト出版会

年	キリスト教界の動き	社会の動き
1994	○スウェーデン教会、女性の聖職按手を完全に受け入れる人のみを聖職候補者として認めることを僅差で決定(9.5) ○大韓イエス教長老派統合派の総会が女性教職按手の件を63年ぶりに可決、女性教職実現へ一歩を生み出す(9.8-14) ●日本聖公会全国有志で「女性の司祭按手をめざす会」発足 ★フィリス・トリブル『旧約聖書の悲しみの女性たち』河野信子訳、日本基督教団出版局、原著1984年	
1995	●「キリスト教女性センター」関東と関西で設立(6.3)。関東は1997年まで、関西は活動継続中 ●第5回全国キリスト教学校人権教育セミナー(全国キリスト教学校人権教育研究協議会主催)、「性差別」をテーマにした分科会が加わる(8月) ●日本基督教団「戦後補償を求める五委員会連絡会」立ち上げ(11月) ○WCC、行動のためのエキュメニカル・プラットフォーム「女性たちの健康とHIV／エイズの問題」開始 ★絹川久子『女性の視点で聖書を読む』日本基督教団出版局 ★富坂キリスト教センター『近代日本のキリスト教と女性たち』新教出版社 ★横田幸子『イエスと呼応しあった女たち——女性の目で聖書を読みなおす』新教出版社	●東京高裁、住民票続柄裁判で婚外子を区別する記載は違憲と初の判決(3.22) ●アジア女性資料センター設立(4月) ○ILO「家族的責任を有する男女労働者の機会及び待遇の均等に関する条約＝家族的責任条約(156号)」批准(6.9) ●「女性のためのアジア平和国民基金」(アジア女性基金)発足(7.19)。2007年3月まで活動 ○第4回世界女性会議(北京女性会議)開催(9.4-15) ●「沖縄県の米兵少女暴行事件に抗議し、日米地位協定の見直しを要求する」沖縄県総決起集会、宜野湾海浜公園で開催(10.21) ★江原由美子『装置としての性支配』勁草書房
1996	●日本キリスト教婦人矯風会、「戦没者追悼平和記念館(仮称)」着工中止を厚生大臣に申し入れ(3.7) ○CCA、女性に対する暴力に関するワークショップを香港で開催(4.16-20) ●第1回日韓NCC女性委員会交流・連帯プログラム、和歌山で開催(6月)	●法務省、嫡出子と非嫡出子で異なる戸籍の続柄記載を廃止する方針で検討に着手(2.3) ●「基地・軍隊を許さない行動する女たちの会」の13人、沖縄の実情を訴えるため渡米(2.3) ●夫婦別姓選択制をすすめる会等21団体「選択的夫婦別姓ネットワーク」結成(2月)。声明発表(6.19)

年	キリスト教界の動き	社会の動き
1996	○大阪・堺市に「セットンの家」オープン。在日韓国・朝鮮人をおもな対象とした軽費老人ホーム。在日大韓基督教会全国教会女性連合会が1955年、一世のための養老院建設を決議したことによる実現（7月） ●NCC女性委員会、政府主導の「女性のためのアジア平和国民基金」設立に反対し「つぶせ国民基金実行委員会」に参加（8月） ○神学者エリザベート・モルトマン＝ヴェンデル、ドイツより来日し講演 ★カレン・アームストロング『キリスト教とセックス戦争──西洋における女性観念の構造』高尾利数訳、柏書房、原著1986年 ★ドロテー・ゼレ『神を考える──現代神学入門』三鼓秋子訳、新教出版社、原著1990年 ★ローズマリー・ラドフォード・リューサー『性差別と神の語りかけ──フェミニスト神学の試み』小檜山ルイ訳、新教出版社、原著1983年	○ILO条約勧告適用専門委員、「慰安婦」への行為は「強制労働」にあたると日本政府に意見書（3.4） ●アジア女性基金、元「慰安婦」に一時金支給と政府拠出による医療福祉支援事業を決定（7.19）。フィリピンで伝達式（8.14）。韓国と台湾の被害者は受取拒否 ●「優生保護法」を一部改正し「母体保護法」施行、障害者差別規定を削除（9.26）
1997	●中絶・婚前交渉・同性愛等を否定する米国の信徒運動「プロミス・キーパーズ」の日本での初集会、単立東京国際基督教会で開催（1.25） ○CCA「ジェンダーでの気づきと感受性を養うコース」をマニラで開催（9.7-13） ○日北米宣教協力会（JNAC）、女性セミナーをニューヨークで開催。日本から超教派で女性たちが参加。翌年はトロントで開催（10.14-24） ●日本バプテスト連盟「夫婦牧師連絡会」発足 ★絹川久子『女性たちとイエス──相互行為的視点からマルコ福音書を読み直す』日本基督教団出版局 ★山下明子『アジアの女たちと宗教』解放出版社	●「雇用の分野における男女の均等な機会及び待遇の確保等のための労働省関係法律の整備に関する法律案」を閣議決定（2.7） ●雑誌『戦争と性』発行開始（5.5） ●『現代思想』（青土社）臨時増刊号で「レズビアン／ゲイ・スタディーズ」を特集（5月） ●労働省「職場におけるセクシャル・ハラスメントに関する研究会」の報告書発表（12.15） ●1997年度版の中学教科書すべてに「慰安婦」の記述（2012年度版ではすべて削除）。同時に「新しい歴史教科書をつくる会」、「日本の前途と歴史教育を考える若手議員の会」（事務局長は安倍晋三）、「日本会議」の結成など、記述削除の動きが始まる ★江原由美子・金井淑子『ワードマップ・フェミニズム』新曜社 ★キース・ヴィンセント・風間孝・河口和也『ゲイ・スタディーズ』青土社 ★山下明子『戦争とおんなの人権──「従軍慰安婦」の現在性』明石書店

年	キリスト教界の動き	社会の動き
1997		★男女平等教育をすすめる会編『どうして、いつも男が先なの？ ── 男女混合名簿の試み』新評論 ★ディヴィッド・ハルプリン『聖フーコー ── ゲイの聖人伝に向けて』村山敏勝訳、太田出版、原著1995年
1998	●日本基督教団常議員会にて「同性愛者は牧師として認めるべきではない」との趣旨の発言(1月／「伊藤発言」)、第31回(合同後第16回)総会にて同趣旨の文書配布(11月／「大住文書」)。反対の声があがり「同性愛者差別事件」として問題化される ●在日大韓基督教会青年会全国協議会(全協)青年指導者研修会にて同性愛者差別発言。翌月以降、NCC関西青年協議会および全協より総会議長への抗議と要望文を送付(2.10-11) ●ビアン伝道所が京都にて活動開始(5月)。2年間、月1回の礼拝をもつ ○聖公会、ランベス会議にて同性愛者に対する処遇をめぐり「キリストの体の完全なメンバーであると確証」しつつも「基本的には聖書の教えに反する」とする決議を採択。また、女性主教として11名が参加(7.19-8.9) ●日本基督教団性差別問題特別委員会、24時間体制の「セクシュアル・ハラスメント　ホットライン」開設(9月)。匿名で数件の相談を受ける ●「教会女性10年」の最終年にあたり、NCC女性委員会が集会を牛込聖公会バルナバ教会で開催。107名参加(10.23) ○WCC教会女性10年の祝祭。ジンバブエ・ハラレにて(11.27-30) ●日本聖公会初の女性司祭、名古屋で叙任。中部教区・渋川良子司祭。翌年には東京で2名叙任。東京教区・笹森田鶴司祭と山野繁子司祭(12.12) ★エリザベート・ゴスマン他『女性の視点によるキリスト教神学事典』荒井献翻訳監修、日本基督教団出版局、原著1991年	●日本軍「慰安婦」制度の被害者らが日本政府の公式謝罪と賠償を求めた「関釜裁判」(1992.12.25提訴)にて、山口地裁下関支部が立法不作為による国家賠償責任を認め、計90万円の支払いを日本政府に命じる判決(4.27)。しかし、2003年3月最高裁は上告棄却 ●「戦争と女性への暴力」日本ネットワーク(VAWW-NET JAPAN)設立。初代代表は松井やより(12月)。2011年9月に「戦争と女性への暴力」リサーチ・アクション・センター(VAWW-RAC)と改称。 ★上野千鶴子『ナショナリズムとジェンダー』青土社 ★藤目ゆき『性の歴史学 ── 公娼制度・堕胎罪体制から売春防止法・優生保護法体制へ』不二出版

年	キリスト教界の動き	社会の動き
1998	★C. A. ニューサム他編『女性たちの聖書注解——女性の視点で読む旧約・新約・外典の世界』荒井章三・山内一郎監修、新教出版社、原著1992年	
1999	●京都での「語り明かそう性差別問題」一泊合宿にて「日本基督教団　伊藤発言・大住文書に表われた同性愛者をはじめとするセクシュアル・マイノリティ差別と闘うネットワーク会議」発足(3.28-29) ●第10回全国キリスト教学校人権教育セミナー(全国キリスト教学校人権教育研究協議会主催)に「性的少数者の人権」をテーマにした分科会を設置(8月) ●在日大韓基督教会、第45回定期総会名で「在日大韓基督教会の社会的責任に関する態度表明・1999」を発表(10.19-21) ●日本ホーリネス教団所属、医療伝道および「星の子どもたち」主催者として全国を巡回していた牧師による性暴力事件、福岡地裁に提訴。2001年9月、控訴審判決で勝訴	●「天皇訪韓を許すな!『女性天皇』キャンペーンを問う2・11反『紀元節』集会」、東京・文京区民センターで開催(2.11) ●「雇用の分野における男女の均等な機会及び待遇の確保等に関する法律(改正男女雇用機会均等法)」施行、募集・採用・配置・昇進の差別禁止、セクハラ防止を盛り込む(4.1) ●「育児休業、介護休業等育児又は家族介護を行う労働者の福祉に関する法律(育児・介護休業法)」施行(4.1) ●「男女共同参画社会基本法」施行(6.23) ●「児童買春、児童ポルノに係る行為等の処罰及び児童の保護等に関する法律(児童買春・ポルノ禁止法)」施行(11.1) ★女性と仏教　東海・関東ネットワーク編『仏教とジェンダー —— 女たちの如是我聞』朱鷺書房 ★イヴ・コゾフスキー・セジウィック『クローゼットの認識論 —— セクシュアリティの20世紀』外岡尚美訳、青土社、原著1990年 ★ジュディス・バトラー『ジェンダー・トラブル —— フェミニズムとアイデンティティの攪乱』竹村和子訳、青土社、原著1990年

「フェミローグの会」

現代日本のフェミニストほど、日本を知らないし、また知ろうとしない存在はいないのではないか。いやこれはフェミニストだけではなく、反体制派を名乗る人々の多くにもあてはまるかもしれない。「日本」というと何かしら体制的なイメージが先行し、そのためそこに情緒的反発が生じ、「日本的でない普遍的なるもの」へのひたすらの逃亡が始まるようである。だが、「普遍的なるもの」といったユートピア的逃げ場所など、近代主義が生み出した全くの幻想空間に他ならないことが明らかになった現在、そろそろ真の敵を見据え、本格的な解体実践に取り組む必要があるのではないだろうか。

これは「フェミローグの会」による文化解体実践としてのフェミニズムの宣言文である。「フェミローグ」とは「フェミニストによる対話」を意味する。メンバーの大越愛子(「無宗教」)、源淳子(仏教)、山下明子(キリスト教)は自身の所属宗教に対して、またいわゆる「日本宗教」に対して批判的対話を行った。

会から発行された初刊号は「日本主義批判」の特集で、梅原猛批判、吉本隆明批判、西田幾多郎批判が行われた。以下、『フェミローグ2　人権・反差別ラディカリズム』(1991)、『フェミローグ3　日本のアジア侵略を問う』(1992)、『フェミローグ4　日本の文化を問い直す』(1993)、『フェミローグ5　フェミニズムの課題』(1994)と続いた(すべて玄文社刊)。

希有なシリーズとして次第に読者が増え、参加・投稿する執筆者も増えた。最終号となった5号の「フェミニズムの課題」には「ハンナ・アーレントの政治哲学が目指すもの」「『チマ・チョゴリ事件』に見る、民族問題と女性問題」「病院・母性神話という強制収容所」「江戸文化再評価論の政治性と日本的近代化」「親鸞における『天皇制的なるもの』と『反天皇制的なるもの』・現代天皇制ファッシズム教学批判・その4」「天皇制国家による朝鮮への植民地政策 —— 老尼僧の"日本語"と皇民化教育」「性労働をどう考えるか —— セクシュアリティと文化の関係」「現代日本のフェミニズムの課題 ——『差別』『環境』『アジア』」と非常に多彩な論考が収載され、8人の執筆者がそれぞれの専門分野から日本のフェミニズムに欠けている課題を問い直している。

1990年代からの日本の30年間は「失われた時代」と言われてきた。この時代を批判的に分析する必要性はフェミニズム自身についても当てはまる。『フェミローグ』が日本主義批判として問い、訴えたことは、今日も実現していない。　　　　　　　　　　　　(山下)

'90年代コラム ❷

各地の動き・札幌での会

　90年代から徐々に、日本各地で女性たちの自主的な活動・学びが起こされた。残念ながら多くの場合、公的な記録はあまり残されていないと思われる。特にフェミニスト神学につながる学びは牧師や教会には内緒にせざるを得ず、教会外で学ぶ女性たちの小さな会などの存在を個人的に知らされることもあった。そんな状況で、早くから公開して長年続けてきた札幌での会を紹介する。

　「フェミニスト神学研究会さっぽろ」は、1989年「教会女性会議」に参加した清水和恵と高橋佳子が、札幌でもフェミニスト視点による学びの会を持ちたいと願い、1990年に「女性神学を学ぶ会」（略称「女・神・会」）として発足させたもの（2004-2009年休会。その後再開し、2011年に現在の名称に変更。世話人は清水和恵）。目的は、「フェミニストの視点から、聖書、教会、社会について考える。フェミニスト神学を研究し、性差別を乗り越えジェンダー平等と共生社会の実現のために、学習活動を行う」。参加者は札幌市内・近郊の教派を越えて会員20数名、20〜70代で、子育て中の女性が多く、その連れ合いたちが交代で託児をして始まった。毎月1回で、会場は主に札幌市男女共同参画センターと会員の所属教会である。

　活動方法は「読書会、聖書研究、会員による活動分野や関心を持つテーマの発題と学び。合宿、懇親会、会報の発行」など。また、講演会など様々な団体と協力・協賛してきた（日本基督教団北海教区の性差別問題などの委員会や、日本フェミニスト神学・宣教センター、北海道YWCA、矯風会札幌。また、アイヌモシリ、人種差別撤廃、優生保護法、日本軍「慰安婦」、天皇制などの問題に関わる北海道民・札幌市民の会など）。

　講演会の登壇者は、山口里子、山野繁子、一色義子、フィリス・トリブル（米国）、大嶋果織、吉谷かおる、絹川久子、ベッキー＆ノリエル・カプロン（フィリピン）など。その他、北海道でのさまざまな活動者や参加者の発題が数多く持たれる。読書会で長く継続したのは山口里子、フィリス・トリブル、アン・ブロック、エリザベス・シュスラー・フィオレンツァ、エルサ・タメスなどの本。

　テーマは、聖書の女性差別・解放、人権・女性解放、戦時下の女性たち、沖縄・アジアの女性解放、アイヌ史、外国人労働者の人権、売春の社会史、性教育、生と性の尊さ、聖書と憲法など。非西洋のフェミニスト神学の学びも始める予定である。

　こうして見ると、困難な中で他にも様々な地域で多様な特定性と根底での共通性を持つ会が行われていると想像できる。周縁化・不可視化されている、フェミニスト視点を持った女性たちの小さな会を留意したいと思う。

（山口）

※本コラムの執筆にあたり、札幌での会に関しては清水和恵さんの協力を得た。

キリスト教のなかの性的マイノリティ

1980年代後半の「エイズ予防法案」反対運動や1990年代の東京都府中青年の家宿泊利用拒否に端を発した訴訟など、同性愛者の集合行動が広がるなか、キリスト教のなかにもネットワークの必要性を実感する人びとの動きが生まれる。

記録に残る最初期のものとしては「ゲイ・クリスチャンの集い」がある（1991年3月、東京、主催・ICEBERGプロジェクト）。市民運動のなかで出会った男性同性愛者たちがキリスト教について語る場を実現した。つぎに、HIV/AIDSにかかわる運動に従事する人びとが機関紙『キリストの風』を発行するに至る（1994年）。米国在住の吉川栄樹、鍛冶良実のほか、日本側は生島嗣（ぷれいす東京）や榎本てる子（京都YWCA）がネットワークづくりに尽力した。当時、とくにキリスト教のなかでは性的マイノリティをめぐる肯定的な情報がほとんどなかったなか、この機関紙では集会の呼びかけがされ、京都・東京の2拠点で後に恒常的な場が形成されていくこととなった。京都では「信仰とセクシュアリティを考えるキリスト者の会」（ECQA／1994年8月設立）、東京では「キリストの風」集会（1995年9月開始）がその後も活動している。1990年代にはこれらの流れのなかでネットワークを育みつつ、レズビアンやトランスジェンダーであることを表明した上で牧師としての活動を行う人びとも複数存在していた。しかし、この時点では公的な問題となることはなかった。

1990年代にキリスト者の性的マイノリティたちが"安心して集まることのできる場所"——居場所——を確保するために開始した動きは、2000年代に入り、各地区での集まりや、性的マイノリティの宣教課題を中心とした教会形成をさらに広げていくこととなった。

1998年には日本基督教団で「同性愛者を牧師として認めるべきではない」との発言が起こり、性的マイノリティをめぐる状況もあらたな展開を迎えることとなった。教団ではそれまで性差別問題に取り組んできた女性たちが全国的なネットワークのなかで抗議行動を展開した（論考6参照）。また、性的マイノリティが"安心して集まる"のみならず、「教会女性会議」でも異性愛主義や家族主義がテーマとして取り上げられ、エキュメニカルな女性たちの運動のなかでも性的マイノリティに対する差別と性差別は同じ根を持つものとして、共通の闘いを生み出していったことも日本における当初の運動展開の特徴であったといえる。このような運動をどのように継承していくかが大きな課題である。　　　　　　（堀江）

※文中の所属等は当時のもの。

日本軍「慰安婦」制度と戦後補償

　太平洋戦争時に日本軍が設置した「慰安婦」制度は女性たちへの性暴力を国家・組織的に正当化した性奴隷制度である。1970年代より問題化されてきたが、1990年代に入り、金学順_{きむはくすん}ら韓国の被害者たちが名乗りをあげ、日本政府に謝罪と賠償を求める訴訟がはじまり、日本のキリスト者たちも加害国の応答責任として、この問題に取り組むこととなった。

　前史となったのは1970年代の「買春ツアー」への抗議である。日本の高度経済成長はアジア他国への経済的侵略によって構築されてきたこと、その背後に女性たちに対する性搾取が存在していることが問題化された。韓国での取り組みに呼応して、1973年にはNCCが「買春行為に関する声明」を発表。日本キリスト教婦人矯風会とともに取り組みを進めていった。そこでは「買春ツアー」が戦時下での「慰安婦」制度と構造的に連関することが指摘された。軍隊「慰安婦」制度の被害者たちによる日本政府を相手取った訴訟が相次ぐなか、1995年には「女性のためのアジア平和国民基金」(国民基金)が民間の呼びかけ人によって始動。日本のキリスト者女性たちのあいだでは、本来、国家の謝罪と賠償がなされるべきだという立場と、被害者への生活支援が必要なので手段は選ぶべきではないとする立場とに分断される結果となった。

　また、日本基督教団では総会決議(1992年)によって「戦後補償を求める五委員会連絡会」が1995年に立ち上げられた(構成は社会委員会、性差別問題特別委員会、靖国・天皇制問題情報センター運営委員会、在日・日韓連帯特別委員会、部落解放センター運営委員会。後に教育委員会が加わり六委員会連絡会)。この活動は戦時下で結成された教団が戦後のあゆみのなかで「第二次大戦下における日本基督教団の責任についての告白」(戦責告白、1967年)などを公表するも性差別構造には触れられてこなかったことに端を発する。「国民基金」には反対し、韓国挺身隊問題対策協議会(挺対協)の訪問と協議を経て「『軍隊慰安婦』の問題解決のために教会における『平和聖日』の席上献金をささげる件」を常議員会で決議(1996年)。平和聖日とクリスマスに教団内の教会にリーフレットを送付し、献金の呼びかけや情報提供をおこなった。教団の右傾化により、いくつかの委員会廃止後(2002年以降)も「課題を継承する連絡会」として活動。挺対協への10年募金は延長し、2013年まで取り組みが続けられた。募金総額は2,360万円である。

　戦後補償の問題はなんら解決していない。今後のさらなる取り組みの継承が必要である。

(堀江)

4. 2000年代

２０００年代解説

　2000年代はバブル経済崩壊後の構造改革による日本型新自由主義経済への移行と格差の拡大に特徴がある。雇用についていえば、女性の就業率は高まったが、男性を含めて非正規雇用の割合が大きくなった。

　宗教について見ると、森喜朗首相（第一次森内閣2000年4月〜7月）の「日本の国、まさに天皇を中心としている神の国であるということを国民の皆さんにしっかりと承知していただく。そのために我々（神道政治連盟）ががんばってきた」とする「神の国発言」があり、衆議院が解散された。この発言はその後も撤回されていない。日本が「神の国」であるとは、憲法の国民主権と相反する。しかし、象徴天皇制が生み出す儀礼による支配（「日の丸」「君が代」の強制など）は、教育現場をはじめとして広く日本国民に浸透している。当初は森首相の発言に反発していた労組や朝日新聞などもその勢いを減じた。

　第二次森内閣（2000年7月〜12月）の後に3期5年続いた小泉内閣（2001年4月〜2006年9月）は「聖域なき構造改革」として公共事業の民営化、日米軍事同盟の強化を進め、森政権に続き日本独自のナショナリズム化を強めた。経済的・軍事的な対米従属を「国家神道」の思想と「民族」の意識で補おうとしたといえる。

　こうした流れの中で、日本軍「慰安婦」問題に対する国粋主義的バッシングの勢いが増した。2000年12月に東京で開かれた「日本軍性奴隷制を裁く女性国際戦犯法廷」は、世界のメディアが注目する中、「慰安婦」制度に対する昭和天皇の有罪と、日本国家の責任を認める判決を下したが、準備段階から右翼や国家主義勢力による激しい攻撃を受けることになった。NHKも法廷の内容を歪曲した番組を放映した。また、教科書の「慰安婦」関連記述の削除・修正要求も執拗に続けられ、1997年度版の中学校歴史教科書では検定に合格した7社すべてに記述が見られたが、2002年度版は3社、2006年版は2社へと減っていき、2012年度にはすべての教科書から記述が消えてしまった。

　これと連動するように、ジェンダーフリー・バッシングや性教育バッシングも激しくなった。「ジェンダーフリー」は、社会的文化的につくられた性差＝ジェンダーによる縛りから自由になるなどの意味合いで1990年代後半から広く使われるようになった言葉だが、2002年4月の衆議院文部科学委員会で山谷えり子議員が日本女性学習財団作成のパンフレットを批判したことをきっかけに、「文化破壊」「革命戦略」など激しい攻撃にさらされるようになる。また、同じく山谷議員が同年5月に衆議院文教委員会で、中学生向け性教育パンフレットを「セックスをあおっている」「ピルをすすめている」と批判し、性教育攻撃も加速した。

　2006年には市民による反対運動の広がりにもかかわらず、改正教育基本法が国会で強行採決、公布・施行される。戦前の男女別教育への反省を反映した第5条「男女共学」が削除された改正法には、ジェンダーフリー・バッシングの中で多用された「伝統と文化の尊重」が新しく盛り込まれるなど、ジェンダー平等から遠ざかる内容となった。

　このような中でも2000年4月から施行され

2000年代解説

た介護保険制度は、1990年代の女性運動の成果といえる。また、性的マイノリティの社会運動や権利要求運動が2000年代には地域の広がりをもつようになった。学問領域では社会運動と連携しつつ、異性愛規範や性別二元論を問うためのクィア学会が発足した（2007～2015年）。

この期間、キリスト教界においてもバックラッシュの波がはっきり見てとれる。もっとも顕著に表れたのが日本基督教団で、同教団では2002年の総会で、それまで同性愛差別事件やセクシュアル・ハラスメント事件に取り組んできた性差別問題特別委員会が廃止に追い込まれた。1998年から女性の按手が始まった日本聖公会でも、それを認めない人々の抵抗や離脱が続き、性教育の分野では米国のキリスト教保守派による禁欲主義性教育の影響を受けた人々が2007年に「キリスト教性教育研究会」を発足させた。

しかしながら、それに負けない活動も展開された。

まず、既成の組織外の活動としては、「日本フェミニスト神学・宣教センター」の発足（2000～2019年）が示すように、アカデミックな研究とさまざまな現場の実践をつなぐ試みが広がり、関連の著作出版も増えた。フェミニスト神学者たちの来日講演と交流も行われた。また、性的マイノリティの権利への関心の高まりから、学習会の開催や書籍の発行も続いた。

既成の組織内の活動としては、2005年の総会で性差別問題特別委員会の再設置が否決された日本基督教団で「日本基督教団性差別問題

全国連絡会」という自主的な会が発足し、活動の継続が図られた。また、日本聖公会では2002年に正義と平和委員会の下にジェンダー委員会が、日本バプテスト連盟では2005年に性差別問題特別委員会が設置された。

セクシュアル・ハラスメントや性暴力に関する取り組みも同じ時期に始まった。日本基督教団では2002年に九州教区が、2003年に兵庫教区が、日本バプテスト連盟では2005年に、日本聖公会では京都教区が2006年に、それぞれセクシュアル・ハラスメントの防止や相談に取り組む委員会を設置し、啓発ポスターやパンフレットの作成・配布、相談窓口の開設などを行うようになった。

これらの取り組みの背景には、牧師が加害者となった性暴力事件やセクシュアル・ハラスメント事件がある。週刊誌『AERA』2008年4月14日号（朝日新聞出版）は日本ホーリネス教団、日本聖公会、日本基督教団所属牧師による三つの事件を記事にしたが（「キリスト教会の『性犯罪』」）、これらに共通していたのは、裁判で牧師による加害の事実が認定されても、加害者たちが最終的にはそれを認めず、保身に走ったことだ。さらにそうした牧師を守る人々が深刻な二次被害を生じさせた。そのような中で性暴力やハラスメントを生じさせる教会の構造を問い、同じような事件を起こさない仕組みをつくろうと考えた女性たちが各種委員会の設置や取り組みを推進した。

2000年代には強烈なバックラッシュの波に押されながら、地道な抵抗を続けていく女性たちの姿を見出すことができる。　　（山下）

’00 年代年表

年	キリスト教界の動き	社会の動き
2000	●「日本フェミニスト神学・宣教センター」東京で発足(1.22) ●NCC総会前、女性たちのプレミーティング「21世紀に向けて教会の宣教に女性が責任ある参加を」開催(3.11) ●「日本軍性奴隷制を裁く女性国際戦犯法廷」に向けたキリスト者女性全国集会(9.30) ●日本バプテスト同盟全国婦人会、全国女性会に名称変更 ●日本キリスト教婦人矯風会、DVや親の暴力被害にあった女性たちの中長期シェルター、ステップハウス開設。2021年3月31日に閉所 ○WCC「ヒューマン・セクシュアリティに関する検討委員会」設置	●アジア女性労働者委員会(CAW)ネット・ジャパン設立(4月) ●元「慰安婦」15人、日本政府を米・ワシントン連邦地裁に提訴(9.18)。2001年10月に訴えは却下 ●「ストーカー規制法」成立(施行11.24) ●東京で「日本軍性奴隷制を裁く女性国際戦犯法廷」開廷(12.8-12) ★竹村和子『フェミニズム』岩波書店 ★竹村和子編『"ポスト"フェミニズム』作品社
2001	●女性や同性愛者への聖職按手は聖公会の伝承にはない、とする日本聖公会の聖職・信徒による「日本キリスト聖公会」発足(2.12) ●日本基督教団九州教区で起こっていた牧師によるセクハラ事件、神戸地裁に提訴(4.23)。2004年大阪高裁で原告勝訴、2005年確定 ●日本聖公会京都教区牧師が1983年頃から数年間にわたり複数の女児に性的虐待を行っていた事件、奈良地裁に提訴(7月)。2005年原告勝訴 ●第3回日本基督教団反差別合同協議会「考えよう性的少数者差別」をテーマに開催、声明文「性的少数者差別についてのお願い」を採択(8.27-28) ●WCC「すべての暴力を克服する10年」に向けたNCC女性委員会の一泊研修会(8.31-9.1)。以降、毎年フォーラムを開催(2012年まで) ○WCCヒューマンセクシュアリティ・スタッフグループ、加盟教会に対してヒューマン・セクシュアリティについての公的な声明文の共有を求める	●「戦争と女性への暴力」日本ネットワークは「問われる戦時性暴力」(1.30放映)に関しNHKに公開質問状、東京地裁へ提訴(7.24。判決2004.3.24、控訴審判決2007.1.29) ●「配偶者からの暴力の防止及び被害者の保護に関する法律」(配偶者暴力防止法)施行(10.13) ●第2回子どもの商業的性的搾取に反対する世界会議(日本政府、UNICEF、ECPATインターナショナル、児童の権利条約NGOグループ主催)、横浜で開催(12.17-20) ★江原由美子『ジェンダー秩序』勁草書房 ★小倉千加子『セクシュアリティの心理学』有斐閣選書

年	キリスト教界の動き	社会の動き
2001	★アラン・ブラッシュ『教会と同性愛——互いの違いと向き合いながら』岸本和世訳、新教出版社、原著1995年	
2002	○米カトリック司教協議会会長、司祭による子どもたちへの性的虐待に「深い悲嘆」を表明(2.19) ●日本基督教団九州教区、教区内での事件を受けて「セクシュアル・ハラスメント対策特設委員会」設置(5月) ●日本カトリック中央協議会「子どもへの性的虐待に関する司教メッセージ」発表(6.21) ●日本バプテスト連盟「女性牧師・主事の会」発足。代表世話人は伊藤世里江(6月) ●日本バプテスト連盟第49回総会、米国南部バプテスト連盟が採択した女性牧師を認めないという信仰告白を憂慮し、再考を求めるための「女性牧師に関する声明」を採択(11.13-15) ○カトリックのフェミニスト神学者の集まりとして「アジアの女性たちのエクレシア(EWA)」結成(11月) ●日本基督教団「性差別問題特別委員会」廃止。2003年に「性差別問題特別委員会の再設置めざす会」発足 ●日本聖公会「正義と平和委員会」の中に「ジェンダー委員会」発足 ●日本バプテスト連盟「性差別を考える会」発足 ★絹川久子『ジェンダーの視点で読む聖書』日本キリスト教団出版局 ★富坂キリスト教センター編『女性キリスト者と戦争』行路社 ★アリソン・C・ハントリー『カナダ合同教会の挑戦——性の多様性の中で』ロバート・ウイットマー、道北クリスチャンセンター共訳、新教出版社、原著1998年 ★エリザベス・シュスラー・フィオレンツァ編『聖典の探索へ——フェミニスト聖書注解』絹川久子・山口里子翻訳監修、日本キリスト教団出版局、原著1994年	●母子健康手帳改定、父親の育児なども記録(4.1) ●戦争を許さない女たちの会、「有事法制を許さない! 女たちの集い」開催(5.28) ●外国人女性のための暴力・DV全国一斉ホットラインを市民グループが開設(9.18) ●「日本フェミニストカウンセリング学会認定フェミニストカウンセラー」誕生 ★江原由美子『自己決定権とジェンダー』岩波書店 ★岡野八代『法の政治学——法と正義とフェミニズム』青土社 ★加納実紀代『天皇制とジェンダー』インパクト出版会

年	キリスト教界の動き	社会の動き
2002	★ジェフリー・サイカー編『キリスト教は同性愛を受け入れられるか』森本あんり監訳、日本キリスト教団出版局、原著1994年 ★フィリス・トリブル『フェミニスト視点による聖書読解入門』絹川久子他訳、新教出版社	
2003	●日本基督教団九州教区『学びのためのブックレット——セクシュアル・ハラスメントと教会』を発行。編集責任は同教区伝道センター平和・人権部門(5.3) ○米国聖公会、同性愛者であることを公表していたジーン・ロビンソン司祭の主教任命を総会で承認(8.3-4) ○CCAアジア・エキュメニカル女性会議「女性と子どもに対する暴力の克服」フィリピンで開催(9.12-16) ○教皇パウロ・ヨハネ2世、英国国教会の大主教との会談において、聖公会共同体が同性愛を公言している聖職者を容認していることはキリスト教一致への道に「深刻な困難」をもたらしていると語る(10.4) ●カトリック中央協議会「子どもと女性の権利擁護のためのデスク」設置 ●「インドのダリット女性と連帯するニームの会」発足(キリスト教女性センター内)	●最高裁、元「慰安婦」らの韓国人女性が提訴の「韓釜裁判」で上告を棄却(3.25)、在日韓国人の元「慰安婦」提訴の上告を棄却(3.28) ●「性同一性障害者の性別の取り扱いの特例に関する法律」施行(7.16) ●第29会期国連女性差別撤廃委員会、日本政府報告書を9年ぶりに審議、直接・間接の女性差別解消や東南アジアから入国の女性保護政策、婚外子差別問題への対策などを要請(8.7) ●「人身売買禁止ネットワーク」発足(10.18) ●「ジェンダー法学会」創立総会(12.6) ●七生養護学校で行われていた性教育プログラムを東京都議会議員や石原慎太郎都知事が「不適切」「異常な指導だ」として教材を没収し、教諭の懲戒処分を命じる ★奥田暁子他編著『概説フェミニズム思想史——明日に向かって学ぶ歴史』ミネルヴァ書房 ★米沢泉美、いつき他『トランスジェンダリズム宣言——性別の自己決定と多様な性の肯定』社会批評社
2004	●神学者エリザベス・シュスラー・フィオレンツァが米国より来日、関東と関西など各地で講演と対話(3月) ●日本基督教団新宿コミュニティー教会設立(4月) 2018年3月まで継続 ●日本バプテスト婦人連合、第31回総会(2003年度)において名称変更を決議、2004年度から「日本バプテスト女性連合」に(4月) ●在日大韓基督教会性差別等問題特別委員会編『性差別とセクシュアル・ハラスメントについて』発行(7.4) ●日本バプテスト連盟第50回総会で「『性差別問題特別委員会』設置に関する件」可決(11.10)	●「『大峰山女人禁制』の開放を求める会」、女人禁制撤廃署名1万2000人分を奈良県などに提出(4.13) ●「フェミニスト経済学日本フォーラム」設立総会(4.17) ●DV防止法改正公布、「配偶者からの暴力」の定義拡大、「退去命令」を2週から2ヶ月に延長等(12.2施行) ●育児・介護休業法改正公布(12.8、2005.4.1施行) ●刑法改正公布、強姦罪の懲役を3〜20年に延長等、刑法制定以来初の法定刑の大幅な見直し(12.8)

年	キリスト教界の動き	社会の動き
2004	★山口里子『マルタとマリア ── イエスの世界の女たち』新教出版社、原著2002年	★岩手女性史を紡ぐ会編著『かたくりの花のように ── 岩手おらほのおなごたち』岩手女性史を紡ぐ会 ★鹿野政直『現代日本女性史 ── フェミニズムを軸として』有斐閣 ★吉田容子監修、JNATIP（日本人身売買禁止ネットワークセンター）編『人身売買をなくすために ── 受け入れ大国日本の課題』明石書店
2005	●日本聖公会正義と平和委員会・ジェンダープロジェクトのニュースレター『タリタ・クム』第1号発行(3.3) ○タイのカトリック教会、同国で引き続き女性の人身売買が行われていることやジェンダーによる不平等が存在していることに注意を喚起(3.6) ○カナダで婚姻の性中立化、同性婚の合法化(7月)、これに対してカナダ福音同盟は遺憾の意を表明 ●日本バプテスト連盟、第51回総会で「セクシュアル・ハラスメント防止・相談委員会」設置を決議。「セクシュアル・ハラスメントに関する日本バプテスト連盟声明」採択(11.16) ●日本基督教団性差別問題連絡会、委員会の再設置をめざす有志団体として発足 ●NCC敗戦後60年宣教会議開催 ★エリザベス・シュスラー・フィオレンツァ『知恵なる神の開かれた家』山口里子・上沢伸子・吉谷かおる・大森明彦訳、新教出版社	●「過激な性教育・ジェンダー・フリー教育実態調査チーム」（安倍晋三幹事長代理・座長、山谷えり子事務局長）発足(1月)、シンポジウム開催(5.26) ●「女性『九条の会』」発足（池田香代子ら、2.23) ●広島・庄原市議会、ジェンダー・フリー教育の排除を求める請願を採択(3.1) ●大阪地裁、住友金属工業の男女昇給・昇進差別訴訟で差別は違法、差額賃金等の支払い命令(3.28)、2006年4月25日に大阪高裁で和解成立 ●翌2006年度の中学校歴史教科書すべての本文から「慰安婦」の用語が消えたことが文部省の検定結果公表で明らかに(4.5) ○「国際反ホモフォビアの日」(International Day Against Homophobia) 運動がフランスで始まる(5.17)。後にトランスフォビア、バイフォビアも付加される ●日本女性学会、ジェンダー・バッシングに声明(7.16) ●アクティブ・ミュージアム「女たちの戦争と平和資料館」(wam)東京に開館(8月) ●山谷えり子議員、参議院予算委員会でジェンダー・フリー教育は過激な性差否定として見直しを要求(10.5) ●第2次男女共同参画基本計画閣議決定、「社会的性別（ジェンダー）」と文中表記(12.27) ★加納実紀代『戦後史とジェンダー』インパクト出版会 ★木村涼子編『ジェンダー・フリー・トラブル ── バッシング現象を検証する』白澤社

年	キリスト教界の動き	社会の動き
2005		★若尾典子『女性の身体と人権——性的自己決定権への歩み』学陽書房
2006	●韓国の神学者チョン・ヒョンギョン、米国より来日し講演(1.23) ●日本聖公会第56回定期総会(5.23-25)にて「女性に関する課題の担当者」(女性デスク)設置。また「セクシャル・ハラスメント防止機関ならびに相談窓口設置のためのモデルを策定する件」を決議 ●日本バプテスト連盟連、第1回女性牧師・主事の会が性差別問題特別委員会と共催で研修会開催(6.5-6) ●第1回日本聖公会女性会議開催(8月) ○米国聖公会、キャサリン・ジェファート・ショリが女性初の総裁主教に(11.4) ●日本福音ルーテル教会「婦人会連盟」(1928.4.18設置)、「女性会連盟」に名称変更 ★堀江有里『「レズビアン」という生き方——キリスト教の異性愛主義を問う』新教出版社	●男女共同参画局、地方自治体行政担当課に「ジェンダー・フリー」を使用しないように連絡(1.31) ●千葉県議会、男女共同参画センター設置管理条例案を否決、県女性センター施設閉鎖へ(3.24) ●2005年度教科書検定で「ジェンダー・フリー」の記述がすべて消えたことが判明(3.29) ●「家族・地域の絆再生」政務官会議プロジェクトチーム(あったかハッピープロジェクト)公表。「結婚して子どもを産み育てることが当たり前と皆が自然に考える社会」を実現することを目指すもので、中絶防止を含む(5月) ●改正教育基本法公布・施行(12.22) ○世界経済フォーラム(WEF)「ジェンダー・ギャップ指数」初発表、日本は115ヶ国中の83位 ○韓明淑（はんみょんすく）、韓国初の女性首相に ★日本女性学会ジェンダー研究会編『Q&A 男女共同参画／ジェンダーフリー・バッシング』明石書店 ★吉武輝子『女たちの運動史——わたくしの生きた戦後』ミネルヴァ書房 ★若桑みどり他編『「ジェンダー」の危機を越える!』青弓社
2007	●NCC、「女性は子どもを産む機械」と発言した柳澤伯夫厚生労働大臣の辞任を求める声明発表(2.2) ●牧師による性暴力の被害者家族としてキリスト教界の性暴力防止の取り組み推進を訴えていた宮本晴美、冊子『宮本の発信 "性暴力被害者の家族として"』を作成、配布開始(2.15) ●「キリスト教性教育研究会」発足(アブステナンス〔性行動抑制〕の立場から性教育を考える超教派の研究会) ○ACTアライアンス、ジェンダー公正に関する基本方針(Gender Justice Policy)採択	●「美しい日本をつくる会」発会式(1.18) ●柳澤伯夫厚生労働大臣「女性は子どもを産む機械」と発言(1.27) ●女性弁護士ら「離婚後300日父子推定110番」開設(2.25) ●「女たちの戦争と平和資料館」の展示が国内初のパックス平和賞受賞(5.15) ●パートタイム労働法改正公布(6.1、2008.4.1施行) ●DV防止法改正公布、「保護命令」の対象範囲の拡大など(7.11、2008.1.11施行)

年	キリスト教界の動き	社会の動き
2007	★チョン・ヒョンギョン『再び太陽となるために——アジアの女性たちの神学』山下慶親・三鼓秋子訳、日本キリスト教団出版局、原著1990年	●クィア学会設立大会(東京、10.27。2015.3まで)、2008年より『論叢クィア』発行 ○欧州外交委、旧日本軍「慰安婦」を招いて聴聞会開催。オランダ下院本会議(11.20)、カナダ下院(11.28)、欧州議会本会議(12.13)で、謝罪・賠償などを求める決議採択 ★田中雅一・川橋範子編『ジェンダーで学ぶ宗教学』世界思想社
2008	●NCC、日本バプテスト連盟など、沖縄での米兵による女子中学生暴行事件に関する抗議声明を発表(2月) ●日本聖公会京都教区牧師による性的虐待事件で、関係者が終身停職の申立書を教区に提出 ★山口里子『虹は私たちの間に——性と生の正義に向けて』新教出版社	●沖縄米兵による沖縄女子中学生暴行事件(2.10)、事件に抗議する院内集会(2.19) ●週刊誌『AERA』(朝日新聞出版)、「キリスト教会の『性犯罪』——わいせつ行為を『救済』と説明」とする特集を掲載(4.14) ●米軍岩国基地軍法会議で日本人女性に集団暴行(2007.10.14)の米兵に有罪判決(5.8) ●最高裁、NHK番組「問われる戦時性暴力」(2001.1放映)改ざんをめぐる裁判で2審判決を破棄、原告敗訴が確定(6.12) ●最高裁、元朝鮮女子勤労挺身隊員7人による日本政府と三菱重工業に対する損害賠償等訴訟で上告を棄却、原告の敗訴確定(11.11) ○国連「女性に対する暴力撤廃の国際デー」制定(11.25) ★ジュディス・バトラー、ガヤトリ・スピヴァク『国家を歌うのは誰か?——グローバル・ステイトにおける言語・政治・貴族』竹村和子訳、岩波書店、原著2007年
2009	●NCC総会、「慰安婦」問題解決に引き続き取り組む決議(3.23-24) ○スウェーデン教会、同性愛者のエヴァ・ブルネをストックホルム教区監督に選出。世界ルーテル教会で初 ★山口里子『新しい聖書の学び』新教出版社	●改正国籍法施行、両親が結婚しているか否かに関係なく、出生後に認知された子どもの日本国籍取得が認められる(1.1) ●内閣府男女共同参画局「男女間における暴力に関する調査」結果を発表、夫からのDV経験者33.2%(3.24) ○女性差別撤廃委員会で日本の女性差別撤廃条約実施状況第6回報告に対する審議が行われ、選択議定書未批准・婚外子差別・選択的夫婦別姓などに批判が集中(7.23)、日本政府に条約実施を求める総括所見採択(8.7)

年	キリスト教界の動き	社会の動き
2009		○WEF「ジェンダー・ギャップ指数」公表、日本は134カ国中75位と発表されるが後日101位に修正(10.28) ★天野正子他編『新編日本のフェミニズム』全12巻(9巻2011)岩波書店 ★上野千鶴子『家父長制と資本制──マルクス主義フェミニズムの地平』岩波書店 ★木村愛子・古橋エツ子『ジェンダー平等とディーセント・ワーク──男女平等社会の実現をめざして』日本ILO協会

「キリスト教女性センター」

「キリスト教女性センター」（以下、キリ女）は1995年5月に出発した。2020年が創立25周年で、年4回発行のニュースレターは93号となった。それまで関西では、関西「女性と神学の会」が1988年4月から続けられていたが、1995年4月に7年間の活動を発展的に解消し、そのニュースも30号で終了した。以下は、キリ女のパンフレットの一部分である。

わたしたちは、エキュメニカルな女性たちによって1986年に始まった「教会女性会議」、「女性と神学の会（関東・関西）」などでの出会いをとおして、共に生きることを願う女性たちが、日々の生活や教会という組織の中で多くの共通の悩みや問題を持っていることに気づかされてきました。自分を語ることによって、また、ほかの人たちの話を聴くことによって、女性たちは、知らず知らずのうちに押し込めてきた「自分自身」を取り戻す作業をしてきました。会員一人ひとりの生きている場所と一人ひとりをつなぐネットワーク自身が「センター」です。あなたもこの「動き」に加わりませんか？

残念ながら関東センターは途中で解散し、関西が中心となって現在も続いている。関西の当初からの特徴は、場所的なセンターおよび代表を置かないこと、つまり月例会や集会等を関西圏内の異なる場所で行うことである。活動は大きく七つあり、互いに関連している。①おんなたちの礼拝（ペンテコステ、平和、マリアたちのクリスマス等）、②チャリティ・バザーやコンサート等（「インド・ダリットの女たちと連帯するニームの会」キリスト教女性センター主宰）、「バーンサイターン」（タイHIV陽性者と家族の職業訓練支援等）、③「女生（女・生きる）神学塾」の開催（1期3年。2019年7月より第8回が開催され、テーマは「わたしと教派——日本の文化と宗教のなかで神学する」）。これまでに7回の報告集と『女・生きる「女生神学塾」運動』（かんよう出版、2013年）の発行、④「在日・日・韓 女性神学フォーラム」（通算24回、2017年に韓国側の主宰団体が韓国女性神学者協議会〔KAWT〕に変わり、基調テーマは"東北アジアの平和の構築と女性の連帯"となる）の日本開催（隔年）の責任団体、⑤スタディツアー（「バーンサイターン」のタイ、「ニームの会」のインドを含めて各種）、⑥ニュースレターの編集・印刷・発行（年4回、各170部）、⑦その他（月例会、講演会、新年合宿等）。

センターの一般会員は月例会や活動等の関係で関西に多いが、賛助会員およびニュースレター購読会員は全国にいる。完全なボランティア団体なので、すべてを自分たちで行っている。そのことが会員の自主性と自立性を培い、上記のどの活動においても、参加は自由で、明るく楽しい「場」を創っている。とくに月例会は具体的な活動についての意見・対論が交わされ、時には激論もあり、センターでもっとも特徴的かつ有意義な時間といえる。「女生神学塾」などで培われたエキュメニカルなシスターフッドのキリスト教女性センターである。　　（山下）

「日本フェミニスト神学・宣教センター」

「日本フェミニスト神学・宣教センター」は2000年1月に絹川久子と山口里子で創設し、20周年で閉会した（会場は主に日本聖書神学校と日本キリスト教婦人矯風会館）。

1980年代中頃から女性たちが神学する場が複数生み出されたが、父権制的な伝統神学に対して学問的に批判・抵抗する知識は乏しく、新しい道を開く神学情報の共有の重要性を痛感したことがセンター創設につながった。そのため、多重層の差別が絡まり合う父権制社会構造に抵抗する姿勢として「フェミニスト」という「汚名」を引き受け、ジェンダー／セクシュアリティを越えた委員会制（10年以上担当委員：一色義子、井上睦美、笠原義久、山口雅弘）で活動を始めた。

センターの基本姿勢は三つ。①伝統的神学が西洋白人エリート男性視点から作られたという認識を踏まえ、周縁化されてきた「女／他者」の「声」に注意を向ける。それはさまざまな人々の生活経験からの問いに応答する神学を地球規模で考えつつ日本の足場で展開すること。②神学と教会現場の間に大きなギャップがある認識を踏まえ、架け橋作りをする。それは神学を誰にでも開かれたものにして、誰もが差別・不公正から解放されて幸せな人生に向かうための「行う神学」（Doing Theology）を根付かせること。③女性差別を男対女で捉える不適切

さの認識を踏まえ、新しい視点を培っていく。それは父権制的価値観に挑戦し、人々の多様な個性を尊重し合う社会に向かうことでもある。

活動の中心は例会開催（奇数月）と通信発行（偶数月で120号まで。英文は約半分をHPで公開）。長年継続した会員・賛同者はジェンダー・国籍・宗教などの違いを越えて約150人。発題・応答・リタジーなどの担当者は、海外からの講演者数名を含めて90数名。

要望に対応する形で取り上げたテーマは「父なる神」、「主の祈り」、「処女降誕」、聖書の女性たちなどの再解釈、「歴史のイエス」と「キリスト」の違いによる影響、教義の再解釈、宗教間対話、女性教職の現場、結婚・反婚・家族・多様な共同体形成、聖書と性的少数者の関係と現状、「慰安所」（日本軍のものと、諸企業のものを別々に）、貧困・ホームレス女性の背景、DV・種々の性暴力と「愛と赦し」の教えの関係、天皇制、ハンセン病、憲法と人権などである。

「フェミニスト神学に出会って解放された」といった応答がいろいろな背景の人から出され、20年経ってキリスト教界にも変化が起きたが、フェミニスト神学の周縁化は変わらない。神学教育と宣教の場でのジェンダー意識と体制変革が必須課題と思われる。今後、次世代の自由な発想による展開が期待される。　　　（山口）

「女性国際戦犯法廷」とキリスト者女性たち

　2000年9月30日、日本福音ルーテル東京教会（東京都新宿区）を会場に「『女性国際戦犯法廷』に向けたキリスト者全国集会」が、また10月16日には在日韓国基督教会館（大阪市生野区）で関西集会がそれぞれ200名、80名の参加者を得て開催された。

　実行委員会は日本キリスト教協議会（NCC）女性委員会を中心に、日本聖公会、日本バプテスト連盟、日本基督教団、日本キリスト教会、在日大韓基督教会、日本YWCA、日本キリスト教婦人矯風会ならびにカトリック教会正義と平和協議会によって構成され、協賛したキリスト教団体は48にのぼる。目的は日本軍「慰安婦」制度を裁く「女性国際戦犯法廷」（以下「法廷」）への理解を深め、応援するためであった。

　東京での集会は、午前は「戦争と女性への暴力」日本ネットワーク代表で法廷の国際実行委員会共同代表の松井やよりによる基調講演ならびにサバイバー・姜徳景（かんどくきょん）の証言ビデオ「私たちは忘れない」の上映。午後は5人のキリスト者によるパネルディスカッションで進められた。

　松井はこれまでの経緯をたどりながら、法廷が国際法に則って国際法の専門家たちの全面的協力の下で開かれる民衆法廷であることの意味を丁寧に説明した。日本のマスコミの多くが法廷を単なる模擬裁判として矮小化して報道していたからだ。講演を通して参加者は、法廷の背景にある「市民には国際裁判を開く権利がある」という国際社会の考えと、戦時下の性暴力を女性に対する人権侵害として捉え直していこうとする国際的な女性運動への理解を深めることができたという。そして「責任者を処罰せよ」という被害女性の叫びに応え、女性の人権が尊重される21世紀を創っていこうという松井の呼びかけに大いに共感したのだった。こうして多くのキリスト者がボランティアとして、傍聴者として、あるいは実行委員として同年12月に開廷された法廷に立ち会い、日本軍性奴隷制に対する天皇裕仁の有罪と日本政府の国家責任認定の判決を見届けた。

　法廷の事務局長を務め、その後のNHK番組改ざん裁判を原告の一人として闘った東海林（しょうじ）路得子（るつこ）（1933-2015）は、後にキリスト教会の課題について次のように述べている。「キリスト教は正義を求めている者、すなわち不義によって苦しめられている者の側に立つのか、不義を行った者の側に立って、さらに苦しむ者を苦しみに追いやるのか、教会は宣教の問題として考えてほしいと思います」（『『女たちの戦争と平和資料館』オープンに寄せて――東海林路得子さん聞く』『福音と世界』2005年10月号、新教出版社）。

　アクティブ・ミュージアム「女たちの戦争と平和資料館」初代理事長の責任を負った東海林は、キリスト者であり、かつフェミニストであることを両立させた一人だった。　（大嶋）

'00年代コラム ❹

セクシュアル・ハラスメント、性暴力と教会

2003 年に日本基督教団九州教区が発行した『学びのためのブックレット セクシュアル・ハラスメントと教会』（編集責任・日本基督教団九州教区伝道センター平和・人権部門）の「あとがき」は次のように始まる。

「教会だからこそ」起こり、「教会だからこそ」隠されてきてしまったセクシュアル・ハラスメント。この痛みに気づかされた時、改めて「教会だからこそ」克服が難しいことを思い知らされます。わたしたち九州教区は、もうこれ以上セクシュアル・ハラスメントを「起こさない」「起こさせない」ために、このような学びのブックレットを作りました。もうこれ以上、隠さないですむために。

同書によると、教区内の女性から牧師によるセクシュアル・ハラスメント被害の訴えがあったのは 2001 年 2 月のことだった。しかし当初、教区は適切に対処することができず、彼女に二次被害を負わせることになった。それを深く反省し、2001 年 5 月の総会では訴えに誠実に対応していくこと、ならびに防止策を講じていくことを決議。翌年には声明を発表すると共に特設委員会を設置して、相談窓口の開設やガイドラインの整備に取りかかったのだった。

一方、日本バプテスト連盟の場合は、被害者家族の訴えがセクシュアル・ハラスメント防止・相談委員会の設置につながっている。自分の娘のような被害者を出さないでほしいという家族からの要望書を受け取った理事会は、2005 年 2 月に準備委員会を設置。セクシュアル・ハラスメントや性暴力についての学びを重ね、同年 11 月の総会において声明を採択すると共に防止・相談委員会の設置を決め、その活動を開始した（『日本バプテスト連盟七十年史』『日本バプテスト連盟七十年史』編纂委員会編、日本バプテスト連盟発行、2018 年）。

このように、プロテスタント教会では 2000 年代に、男性牧師からセクシュアル・ハラスメントや性暴力の被害を受けた女性あるいはその家族の訴えによって取り組みが始まっていく。それを推進したのは多くの場合、性差別問題に取り組んできた女たちであった。また、カトリック教会では、米国における聖職者による子どもの性的虐待が大きく報道されたことを受け、2002 年 6 月に「子どもへの性的虐待に関する司教メッセージ」を発表。2003 年 2 月に「子どもと女性の権利擁護のためのデスク」を設置した。

しかしながら、キリスト教会におけるセクシュアル・ハラスメントあるいは性暴力被害の訴えは今日に至るまで後を絶たない。『宮本の発信 "性暴力被害者の家族として"』（宮本晴美、2007 年）が指摘するように、あったことを「無かったことにしない。きちんと正面から視ていく」、そして他人事にしないで「自分で考える、そしてその事に責任を負う」ことがキリスト者一人一人に求められている。　　　　（大嶋）

5. 2010年代

２０１０年代解説

2010年代は「女性活躍」や「多様性の尊重」が政策として進められながら、一方で女性の貧困が常態化し、女性や性的マイノリティに対する暴言や暴力が止まなかった時代である。

これは一見矛盾する現象だが、不思議ではない。「女性活躍」も「多様性の尊重」も、停滞している日本経済活性化のために提唱されたのであって、女性差別撤廃や性的マイノリティの人権確立を目指したわけではなかったからである。2014年の東京都議会等での「早く結婚したほうがいい」「まず自分が子どもを産まないと」発言や、2018年に月刊誌『新潮45』に掲載された杉田水脈衆議院議員の論考「『LGBT』支援の度が過ぎる」には、女性を子産み＝労働力生産の道具とみなし、性的マイノリティを権利の主体ではなく恩恵の対象とみなす侮蔑的な人間観が露わになっているが、これらは決して一部の政治家の失言ではなく、「すべての女性が輝く社会」（第二次安倍内閣のスローガン）や「一億総活躍社会」（第三次安倍内閣のスローガン）の根底にある女性観であり性的マイノリティ観だったといえよう。だからこそ、2012年末から2020年9月まで続いた安倍政権は、ジェンダーフリーに批判的な有村治子を初代女性活躍担当大臣に起用し、00年代の性教育バッシングで指導的役割を果たした山谷えり子や高市早苗らを重用し、「男女平等は絶対に実現し得ない、反道徳の妄想」等と言い切る杉田水脈を野放しにすることができたのである。

女性が重要ポストに就いているのに、女性差別が温存され強化されていくという現象は、この間、キリスト教界においても見ることが

できる。その象徴が2015年3月に開催された日本キリスト教協議会（NCC）第39回総会であろう。

NCCはプロテスタント30（2015年時点）の教会・団体によって構成されるエキュメニカル運動組織であるが、1994年以来、3年ごとに開かれる総会で「日本軍『慰安婦』問題の解決に向けて取り組む件」を決議し、日本政府に「立法による謝罪と賠償」「歴史教科書への記述」等を求めてきた。「植民地・占領地の女性」を「軍需消耗物資の様に性的に蹂躙」し続けた日本の罪と、日本軍に挺身し慰安するのが当然という思想に同調したNCCの前身・日本基督教連盟の罪を重く受け止めてのことである（「日本の戦争責任と戦後責任に関する日本キリスト教協議会声明」1995年）。

ところが、最初の決議から21年目となる2015年の総会では、この件が議案として上程されることも活動方針に取り入れられることもなかった。決して関心が薄れたわけではない。むしろ、2013年の橋下徹（大阪市長・当時）「慰安婦制度が必要なのは誰だってわかる」発言や2014年の籾井勝人（NHK会長・当時）「戦争地域にはどこにでもあった」発言に対しては、NCC女性委員会はもちろん、日本バプテスト連盟や矯風会等、多くのNCC加盟教会・団体が抗議の声を挙げている。それにもかかわらず、なぜ何の決議もなされなかったのか。そこにはバックラッシュのただ中にある日本基督教団の影響がある。2012年からNCC議長には日本基督教団の小橋孝一、総幹事には日本基督教団の網中彰子が就任していた。網中はNCC初の女性総幹事である。つまり、2015

年のNCC総会は、女性が重要ポストに就いているのに、女性の人権に関わる課題が捨てられていくという、この時代の性差別状況を象徴する総会となったのであった。

その後、2018年に新しい体制になったNCCは大きく方向を変え、「あらゆる世代、ジェンダー、セクシュアリティに属する人々」が「主体」でなければならないとする「宣教宣言2019」を発表した。年齢や性に関する差別をなくしていこうとする方向性である。しかし、果たしてそんなことがNCCのみならず、日本のキリスト教界で可能なのか。この期間のプロテスタントのいくつかの教派の動きを見ると、希望はなくはない。

例えば、NCC加盟教会の中では、日本バプテスト連盟と日本聖公会に大きな変化があった。前者は結成70周年にあたる2017年に「連盟70年の歩みから性差別の歴史を悔い改める」声明を総会で決議し、翌年には自らの性差別の歴史を検証した報告文と今後の課題を盛り込んだブックレット『ひらかれる教会〜女性の牧師の招聘にむけて〜』を発行した。後者は2018年に「女性の司祭按手20年感謝プログラム」を実施し、その翌年には1998年の女性の司祭按手に至るまでの長い道のりと、その後の制度整備のための20年の歩みを文書にまとめて発行した。教会が自らの性差別の歴史を検証し、それをどう乗り越えていくか、ビジョンを示したことは教会変革の土台になるだろう。

このような状況の中で注目したいのは、キリスト者女性運動の新たな展開である。まず、2012年には「性と人権 キリスト教全国連絡会議」の初回が開催され、16年、18年と回を重ねた。次に、2011年にいったん終了した「在日・日・韓 女性神学フォーラム」が17年に再開され、その後毎年開催されるようになった。

前者は2010年に神戸で開催された「キリスト教女性センター設立15周年記念シンポジウム」後に、関西を主な活動の場とする同センターのメンバーと、東京から参加した「日本フェミニスト神学・宣教センター」のメンバーが話し合い、さらに翌年の京都での「第20回在日・日・韓 女性神学フォーラム」後にも協議が続けられて実現した。2003年の第16回教会女性会議以来、性をめぐる人権課題について情報交換できる教派を超えた全国集会が開かれておらず、キリスト教界を横断するネットワークが必要と考えられたのである。

後者は在日コリアンならびに日本のキリスト者女性たちとの対話を途切れさせてはならないと考えた韓国女性神学者協議会の鄭淑子牧師らの呼びかけに、キリスト教女性センターが応える形で再開された。在日外国人に対するヘイトスピーチが横行する日本には、日本軍「慰安婦」問題、歴史認識、天皇制、米軍基地と軍事化の問題など、韓国のキリスト者女性たちと問題を共有しながら取り組んでいかねばならない課題が山積していたのである。

10年代は、女性たちを分断し弱体化しようとする政治的力が内にも外にも吹き荒れた時代だが、これらの活動の中に、性と生の尊厳を守り合っていこうとするキリスト者女性たちの真摯な連帯と、課題を担い続けようとする強固な意志を見出すことができる。　（大嶋）

'10年代年表

年	キリスト教界の動き	社会の動き
2010	●東京YWCA女性と少女の人権課「ガール ズ」のためのエンパワメント・イベント・デー 「GIRLS REVOLUTIONS」を新宿で開催、 HIV/AIDS、女性への暴力に関する学びの機 会となる(8.21-22) ●「キリスト教女性センター」設立15周年記念シ ンポジウム、神戸で開催。基調講演・山口里 子、パネル発題・大嶋果織、渡邊さゆり、大 岡佐代子(10月) ●日本聖公会元牧師の児童性虐待事件で、日本 聖公会管区審判廷は元牧師に対し終身停職 の処分を下す(11月) ○CCA第13回総会、女性初の総幹事ヘンリ エッタ・フタバラット＝レバング牧師(インドネ シア)を選出 ○WCC、既存の男性性を問い直し男性に自己変 革を求めるキャンペーン(Men and Positive Masculinity for Partnership)をアフリカで 開始 ○ルーテル世界連盟(LWF)教会と社会におけ る女性デスク(WICAS, Women in Church and Society)、ガイドライン「ジェンダーとパ ワーに関する信仰的省察」を発行。日本では 「信徒のためのジェンダーとパワー」と題して、 2012年から2015年にかけて日本語版を発行 (全5回)	○国連総会「ジェンダー平等と女性のエンパワー メントのための国連機関」(United Nations Entity for Gender Equality and the Empowerment of Women、UN Women) 設立を決議(7.2) ●厚生労働省「男女間賃金格差解消に向けた 労使の取組支援のためのガイドライン」を公表 (8.31) ○WEF「ジェンダーギャップ指数2010」発表、 日本は134カ国中94位(10月) ★上野千鶴子『女ぎらい──ニッポンのミソジ ニー』紀伊國屋書店
2011	●日本バプテスト連盟宣教研究所と日本バプテス ト女性連合、共同で『ハラスメント防止テキス ト 教会と暴力I』『ハラスメント防止テキスト 教 会と暴力II』を発行(3.1)、各地で学習会など を開催 ●「慰安婦問題は解決済み」と主張する日本政 府に対し、日本キリスト教婦人矯風会、日本バ プテスト連盟性差別問題委員会等、解決を求 める要望発表(9.22、12.22)	●東日本大震災、東京電力福島原子力発電所事 故発生(3.11)、会津放射能情報センター「放 射能から子どものいのちを守る会・会津」発足 ●厚生労働省、国民生活基礎調査(2007年)を 基にひとり暮らしの女性世帯の貧困率は勤労 世代(20～64歳)で32%、65歳以上では 52%、19歳以下の子どもがいる母子世帯で は57%という分析結果発表(4.15) ○国連「国際ガールズ・デー」制定(10.11)

年	キリスト教界の動き	社会の動き
2011	★アン・グレアム・ブロック『マグダラのマリア、第一の使徒 ── 権威を求める闘い』吉谷かおる訳、新教出版社、原著2003年	●戦時性暴力問題連絡会・「慰安婦」問題解決全国行動2011に参加、水曜デモ1,000回連帯行動(12.14)
2012	●NCC第38回総会、女性初の総幹事網中彰子選任(3.26) ●第1回「性と人権 キリスト教全国連絡会議」京都にて開催(10.7-8)。2016年に第2回が須磨(9.18-19)、2018年に第3回が三浦(9.16-17)にて継続開催 ●日本バプテスト連盟性差別問題特別委員会(10.22)、日本聖公会正義と平和委員会および女性に関する課題の担当者(11.2)、繰り返される米兵による性暴力に抗議する声明発表 ★呉寿恵『在日朝鮮基督教会の女性伝道師たち ── 77人のバイブル・ウーマン』新教出版社	●自民党改憲草案発表(4.27) ○韓国ソウルに「戦争と女性の人権博物館」開館(5月) ●沖縄県本島中部で米海軍の上等水兵、同三等兵曹2名が女性に性暴力を加え、ケガをさせた疑いで沖縄県警に逮捕(10.16)。在沖海兵隊基地では2010年10月以降の1年間に性暴力事件が67件発生していることが米海軍と海兵隊本部の報告書で判明 ●第二次安倍内閣発足(12.26)。女性活躍推進政策を打ち出す ●経済産業省「新・ダイバーシティ経営企業100選」事業開始 ★岡野八代『フェミニズムの政治学 ── ケアの倫理をグローバル社会へ』みすず書房
2013	●日本バプテスト連盟理事会「いわゆる『牧師夫人』に関する見解」発表(2.7) ●NCC女性委員会、同靖国神社問題委員会、NCC教育部、日本バプテスト連盟性差別問題特別委員会、日本聖公会正義と平和委員会および女性に関する課題の担当者、日本YWCA等、橋下徹発言への抗議文送付(5月) ●日本YWCA、「慰安婦」問題に関する「日韓YWCA共同声明」を日本政府宛に提出(7.22) ○第10回WCC総会、韓国釜山にて開催。韓国挺身隊問題対策協議会が日本軍「慰安婦」問題をテーマにパネル展示やワークショップを行う。日本からも参加。NCC女性委員会、「慰安婦」問題「マダン」への書簡送付(10.30-11.8) ○LWF「ジェンダー公正に関する基本方針」(the LWF Gender Justice Policy)を採択。2015年日本語版発行 ★キリスト教女性センター編『女・生きる「女生神学塾」運動』かんよう出版 ★山口里子『いのちの糧の分かち合い』新教出版社	●母体血を用いた新しい出生前遺伝子学的検査(新型出生前診断)開始(4.1) ●日本維新の会共同代表および大阪市長の橋下徹「慰安婦制度というものが必要なのは誰だってわかる」と発言(5.13) ○ロシアで、公の場での人権運動弾圧を意味する同性愛宣伝禁止法成立(6.29) ●最高裁、民法の婚外子相続規定を違憲とする判決(9.4) ●最高裁、性別変更した男性を戸籍上の父と認定する決定(12.10) ●「いのちリスペクト。ホワイトリボン・キャンペーン」が「LGBTの学校生活に関する実態調査(2013)」実施、翌年4月公表

年	キリスト教界の動き	社会の動き
2014	●日本バプテスト連盟性差別問題特別委員会、日本キリスト教婦人矯風会等、籾井勝人NHK新会長就任会見の発言に抗議する声明を発表（1月） ★絹川久子『沈黙の声を聴く──マルコ福音書から』日本キリスト教団出版局 ★山口里子『イエスの譬え話』第1巻、新教出版社（第2巻2017年） ★パトリック・S・チェン『ラディカル・ラブ──クィア神学入門』工藤万里江訳、新教出版社、原著2011年	●籾井勝人NHK新会長、就任会見で「従軍慰安婦」について「戦争地域にはどこにでもあった」等と発言（1.25） ●東京都議会と衆議院で女性議員に「早く結婚したほうがいい」「まず自分が子どもを産まないと」等というセクハラ・ヤジ（7月） ●「マタニティ・ハラスメント訴訟」に対し、最高裁が女性側敗訴判決を破棄、二審の広島高裁に審理を差し戻す（10.23）。「マタハラ」がユーキャン新語・流行語大賞トップテンに入る ★荻野美穂『女のからだ──フェミニズム以後』岩波新書
2015	●NCC第39回総会がもたれ、日本軍「慰安婦」問題が活動方針から外れる。声明など社会的表明は行わず（3.23-24） ●「在日・日・韓 女性神学フォーラム」再開のための準備会が韓国女性神学者協議会の呼びかけで韓国京畿にて開催（8月） ●日本バプテスト連盟性差別特別委員会「平和と人権の危機に際して　性差別問題特別委員会『戦後』70年の言葉」を発表（10.10） ●日本キリスト教婦人矯風会、強姦法定刑下限の引き上げや親告罪を外す等を求める刑法改正に関する要望書提出（12.1） ●「約束の虹ミニストリー」活動開始（代表：寺田留架）	○米連邦最高裁、同性同士の婚姻を認めない州を違憲と判断（6.28） ●同性カップルに婚姻制度が認められていないことについて、455人が日本弁護士連合会へ人権救済申立（7.7） ●女性の職業生活における活躍の推進に関する法律（女性活躍推進法）公布・施行（9.4。一部は翌年4.1.公布・施行） ●東京都渋谷区・世田谷区で同性パートナーシップ認定制度が始まる（11月） ○中国江蘇省南京に利済巷慰安所旧跡陳列館会館開館（12.1） ○韓国大邱市にヒウム日本軍「慰安婦」歴史館開館（12.5） ●夫婦同姓強制制合憲判決。ただし裁判官15人中5人が違憲と判断。また女性のみに課される離婚後6ヶ月の再婚禁止期間について100日を超える部分については違憲判決（12.16） ★久留島典子・長志珠絵・長野ひろ子編『歴史を読み替える　ジェンダーから見た日本史』大月書店 ★堀江有里『レズビアン・アイデンティティーズ』洛北出版

年	キリスト教界の動き	社会の動き
2016	○世界聖公会首座主教会議、米国聖公会に対し3年間の加盟停止を決定(1.11-15)。この決定は米国聖公会が2003年に同性愛者のジーン・ロビンソン司祭をニューハンプシャー主教に選出したことや2015年に聖職者による同性婚の司式の執行を認めたことを受けてのもの ●日本キリスト教婦人矯風会「日本軍『慰安婦』問題に関する日韓外相会談に対する声明」発表(1.12) ●日本バプテスト連盟性差別特別委員会、日本聖公会正義と平和委員会、日本キリスト教婦人矯風会、日本YWCA等、うるま市で起こった元米軍海兵隊員による性暴力、殺人に対する抗議文や要望書等を発表(5月) ●日本聖公会第61定期総会、「女性の聖職者に関わる諸問題についての特別委員会」設置を可決(5月) ○ローマ・カトリック教会フランシスコ教皇、女性聖職者の役割を検討する委員会を設立(8.3)。その後、カトリック教会における女性司祭禁止は永久不変との考えを示す(11.1)	●「保育園落ちた日本死ね!!!」と題するブログ(2.15)をきっかけに保育所等に入れない待機児童問題が国会で取り上げられる。ツイッターを通して広がり、デモやインターネット上の署名運動が展開 ●沖縄県うるま市で米軍属による強かん殺人事件発生(4月) ●平成天皇明仁「象徴としてのお務めについての天皇陛下のおことば」を発表、生前退位の意向を示す(8.8) ●「24条変えさせないキャンペーン」キックオフシンポジウム(主催24条キャンペーン、協賛ウィメンズアクションネットワーク[WAN])が上智大学で開催(9.4) ○中国上海市に中国「慰安婦」歴史博物館開館(10.22) ○台湾に阿嬤の家平和と女性人権館開館(12.10) ●日韓「慰安婦」問題、両政府が「最終的かつ不可逆的に解決」と確認(12月) ★川橋範子・小松加代子『宗教とジェンダーのポリティクス──フェミニスト人類学のまなざし』昭和堂
2017	●1988年に始まり20年続いた「在日・日・韓 女性神学フォーラム」再開。第1回(通算第21回)が韓国・済州島で開催(2.12-15)。以後、第2回(通算第22回)が大阪・生野、第3回が韓国・坡州市、第4回が沖縄で毎年開催(韓国側主催は韓国女性神学者協議会、日本はキリスト教女性センターを中心に実行委員会形式) ●日本キリスト教婦人矯風会機関紙『婦人新報』(2011年にそれまでの月刊から隔月刊に変更)、『k-peace』に改題(4月) ●日本キリスト教婦人矯風会、性暴力被害の不起訴処分をめぐり検察審査会に不服申し立てをし実名で記者会見を行った伊藤詩織への支持と、公正な審査を求める要望書を発表(7.31)	○米国でトランプ大統領の就任翌日にワシントンDCを中心に女性差別に反対する大規模なウィメンズ・マーチが行われ(1.21)、世界に波及 ●国際女性デーに「ウィメンズ・マーチ東京」行われる(3.8)。その後他の地域にも広がる ●経済産業省、ダイバーシティ2.0行動ガイドライン策定(3月) ●刑法改正「強姦罪」を「強制性交等罪」に変更、「監護者わいせつ罪」と「監護者性交等罪」新設、法定刑下限が3年以上から5年以上に変更、親告罪の規定削除(6月)

年	キリスト教界の動き	社会の動き
2017	●日本バプテスト連盟第63回定期総会「連盟70年の歩みから性差別の歴史を悔い改める」声明決議(11.17)	○ハリウッドのセクシュアル・ハラスメント被害を訴えた女性俳優を支持する「#MeToo」運動拡大(10月)。「#MeToo」運動の始まりは2007年、性暴力被害者支援活動をしていたタラナ・バーク。その後、被害者との連帯を意味する「#WithYou」や職場でのヒール靴強要への抗議を意味する「#KuToo」等、ハッシュタグ運動広がる ★伊藤詩織『Black Box』文藝春秋
2018	○WCC世界宣教伝道会議、タンザニア・アルーシャにて開催。基調講演をザンビア出身の女性神学者ムタレ・ムレンガ・カウンガが担当(3.8) ●榎本てる子(エイズ・アクティビズムや性的マイノリティなど様々なサポート活動に従事、最終的に関西学院大学教員)死去(4.25) ●「日本聖公会における女性の司祭按手に関するガイドライン」施行(6.7) ●日本バプテスト連盟性差別問題特別委員会、日本聖公会正義と平和委員会同ジェンダープロジェクト代表・女性に関する課題の担当者、日本YWCA等、入学試験における女性受験者等への点数操作に対する抗議声明を発表(8月) ●日本バプテスト連盟性差別問題特別委員会、日本聖公会正義と平和委員会・ジェンダープロジェクト代表・女性に関する課題の担当者等、杉田水脈発言に対する抗議声明発表(8月) ●日本聖公会、女性の司祭按手20年感謝プログラムとして、女性教役者リトリートをナザレ修女会で、感謝礼拝と交流会を東京の聖アンデレ教会で行う(11.30-12.1) ●日本バプテスト連盟『教会形成ブックレット7 ひらかれる教会〜女性の牧師の招聘にむけて〜』発行 ★山口里子『食べて味わう聖書の話』オリエンス宗教研究所	●実名で性暴力加害者を告発したジャーナリスト伊藤詩織、ニューヨークの国連本部で記者会見。日本で被害者が声をあげることの難しさを訴え「#WeToo」運動を展開して社会を変えていきたいと話す(3.16) ●性別適合手術への一部保険適用開始。ただし、適用は1年で4件のみと狭小(4.1) ●大相撲春巡業中、倒れた人の救護ために土俵に上がった女性に対し、土俵から降りるようにとのアナウンスが流れる(4.4.)。各方面の「女人禁制」の見直しが議論になる ●財務次官によるセクシュアル・ハラスメントをテレビ局の女性記者が告発(4月)。メディアで働く女性ネットワーク(WiMN)発足(5.15) ●「政治分野における男女共同参画の推進に関する法律」公布・施行(5.23) ○世界保健機関(WHO)、30年振りに国際疾病分類を見直し「性同一性障害」を精神疾患から外して「性別不合」に(6.18公表、2022年発効) ●お茶の水女子大学、トランス女性の入学受け入れを公表(7.10)。以降、他の女子大学での受け入れ検討が始まるものの、SNS上ではトランス女性に対する差別が広がる ●杉田水脈衆議院議員、『新潮45』(7月号)に「『LGBT』支援の度が過ぎる」と題する論考を寄稿、「彼ら彼女ら〔性的マイノリティ〕は子供を作らない、つまり『生産性』がない」と書く(6月)

年	キリスト教界の動き	社会の動き
2018		●東京医科大学が入試において女性受験生を一律減点していたことが明るみに(8月)。その後、複数の大学で不適切な操作があることが判明 ★SWASH編『セックスワーク・スタディーズ──当事者視点で考える性と労働』日本評論社 ★チョ・ナムジュ『82年生まれ、キム・ジヨン』斎藤真理子訳、筑摩書房、原著2016年
2019	●日本キリスト教婦人矯風会(2.28)、日本YWCA (9.30)等、即位礼・大嘗祭に対する抗議声明発表 ●日本聖公会女性の司祭按手20年感謝プログラム実行委員会他、『新しい歌を主に向かってうたおう 日本聖公会 女性の司祭按手20年感謝プログラム記念誌』を発行(3.25) ●NCC宣教会議が東京にて開催。「宣教宣言2019」で「あらゆる世代、ジェンダー、セクシュアリティに属する人々」が主体でなければならないとする(7.16) ●日本バプテスト連盟、日本YWCA、「表現の不自由展・その後」への行政の不当な介入へ抗議と再開の要望を愛知県知事と名古屋市長に送付(8.21) ○アジア・エキュメニカル女性総会が台湾にて開催、2015年ジャカルタ総会より構想5年をかけて実現(11.22-26) ●日本福音ルーテル教会「ハラスメント防止規定」施行(11月) ★新教出版社編集部編『統べるもの／叛くもの──統治とキリスト教の異同をめぐって』新教出版社	●同性同士の婚姻届を受理しないのは憲法24条の他、幸福追求権を定める13条、法の下の平等を定める14条に違反するとして全国の戸籍上同性であるカップルが一斉提訴(「結婚の自由をすべての人に」訴訟)。全国5地裁で裁判を起こす(2.14) ●国連女性差別撤廃条約選択議定書の早期批准を求める共同行動「女性差別撤廃条約実現アクション」発足(3月) ●性暴力事件の無罪判決が続いたことを機に、北原みのりの呼びかけで東京駅前に500人以上の女性が花をもって集まり、性暴力への抗議の声をあげる(4.11)。その後毎月11日にフラワーデモとして開催され、47都道府県に広がる ●SNS上でフェミニストを名乗る人々からのトランス排除が激化していることを受け、「トランス女性に対する差別と排除とに反対するフェミニストおよびジェンダー／セクシュアリティ研究者の声明」発表(4.25) ●天皇の生前退位に伴い代替わり。即位礼(5.1)や大嘗祭(11.14-15)への抗議行動も含め、首都圏では団体を超えたネットワークがつくられ、連続行動がおこる。「女性と天皇制研究会」等、異性愛主義や性差別も大きな課題として指摘 ○アジアで初めて台湾が同性同士の結婚を認可(5.24) ●旧優生保護法で不妊手術を強制された人たちが国を訴えた裁判で、仙台地裁は初めて同法は違憲との判断を示し、「リプロダクティブ・ヘルス＆ライツ」(性と生殖に関する健康と権利)を憲法の認める基本的人権とする(5.28)

年	キリスト教界の動き	社会の動き
2019		●フェミニズムの書店と出版をめざすエトセトラブックスによる季刊誌『エトセトラ』創刊(6月) ●国際芸術祭「あいちトリエンナーレ2019」(8.1-10.14)で、日本軍「慰安婦」を象徴する「平和の少女像」を展示する企画展「表現の不自由展、その後」中止事件(8月) ●現代書館による『シモーヌ』創刊(11月。年2回発行) ○WEF「ジェンダーギャップ指数2020」発表、日本は153カ国中121位(12月) ★菊地夏野『日本のポストフェミニズム──「女子力」とネオリベラリズム』大月書店 ★菊地夏野、堀江有里、飯野由里子編『クィア・スタディーズをひらく1　アイデンティティ、コミュニティ、スペース』晃洋書房 ★斎藤真理子編『完全版 韓国・フェミニズム・日本』河出書房新社

「在日・日・韓 女性神学フォーラム」

　1988年1月、エキュメニカルな女性たちによる「霊性とフェミニズム」を主題とした集まりが韓国ソウルにおいて開催された。この会は女性神学協議会(韓国)と「女性と神学の会」(日本)の「女性神学合同セミナー」であり、複数の発題とリタジーがもたれることとなった。韓国と日本のほか、ビルマ(ミャンマー)、米国、カナダ、ドイツから約40名が参加したこの会をきっかけとし、継続した対話の必要から女性神学フォーラムが立ち上げられた。しかし、第15回から韓国側の主催団体交代によって女性神学の視点からの対話が困難を迎えたため、第20回(2011年／京都)を機にその歴史はいったん閉じられることとなった[第1期]。

　いったん終了したフォーラムであるが、韓国女性神学者協議会の鄭淑子牧師(韓国基督教長老会)らが中心となって再開準備会が開催された(2015年8月／韓国金浦市)。再開第1回(通算21回)を済州島で開催(2017年)以降、大阪生野(2018年)、坡州(2019年)、沖縄(2020年)と、韓国女性神学者協議会および日本のキリスト教女性センターが責任をもち、継続されている。ただし、2021年・22年はコロナ禍のために中止せざるをえなかった[第2期]。

　このフォーラムは、定例化されて以降、在日・韓国・日本の三者共催が確認されてきた。日本の植民地支配の後、朝鮮半島にふたつの国家が樹立され、いまも「休戦状態」にあるという歴史と現状や、日本においては在日コリアンへの差別政策や排外主義の現状がある。同時に、韓国では在日コリアンの存在が不可視化される状況にある。両者のなかで〈はざま〉に置かれ続けてきた在日コリアンの存在と課題をつねに俎上に載せつつ、連帯していくことの必要性はくりかえし検討されてきた。

　ほかにも第1期より積み残されている課題がある。ここではふたつあげておく。まず、「キリスト教と家族制度」を主題とした第8回(1997年／宝塚)では、女性神学における異性愛主義についての問題が初めて俎上に載せられ、プログラム外でも活発な議論が重ねられるに至った。つぎに「現場からレイシズムを考える」を主題とした第12回(2003年／沖縄)では、沖縄の現場から「日本」とは何を意味するのかが深く問われた。とりわけ、現状の日本政府による沖縄への米軍基地の過重強要や、教会のあり方をみるとき、引き続き女性神学のなかで思考すべき重要な課題であることが確認された。これらは〈女たち〉が一枚岩ではなく、その間に様々な格差が横たわっていることをも意味している。

　これまでに検討されてきた課題を確認しつつ、さらなる対話と共通課題の追求が模索されていく予定である。　　　　　　　　(堀江)

アジア・エキュメニカル女性総会

アジア・キリスト教協議会 (CCA) は 2019 年 11 月、台湾基督長老教会 (PCT) の協力によって、初のアジア・エキュメニカル女性総会 (Asian Ecumenical Women's Assembly, 以下、女性総会) を開催した。「立ち上がり、目覚めよう。和解、刷新、被造世界の修復のために」との総主題のもと、約 250 名の女性たちが新竹に集まり、日本からは鄭詩温（在日大韓基督教会）、新田紗世 (NCC 青年委員会)、吉谷かおる（日本聖公会）、藤原佐和子 (CCA 常議員) が参加した。

台湾のキリスト者は人口の 4％を占める少数派だが、人口の 2.4％を占める台湾原住民の多くがキリスト者である。原住民の伝道師ヴァヴァウニ・ラリェグアンの基調講演では、少女たちを標的とする人身取引や性暴力などの悲痛な現状が語られた。

テーマ別講演で藤原佐和子は、世界教会協議会 (WCC)、CCA、日本における女性たちの足跡を振り返り、同年 7 月の日本キリスト教協議会 (NCC) 主催・宣教会議であらゆる世代、ジェンダー、セクシュアリティに属する人々が宣教の主体でなければならないと宣言されたニュースを共有した。また、同年 5 月、アジアで初めて同性婚を認めた台湾に集う女性たちにとっての和解とは、まず LBTI（レズビアン、バイセクシュアル、トランスジェンダー、インターセックス）の姉妹たちとの連帯に進み出ることではないかと問いかけた。CCA の ATCHAA (Action Together in Combating HIV & AIDS in Asia) が性的指向と性自認／性同一性 (SOGI) についてプレ集会で取り上げていたことから、非常に多くの女性たちから共感を得ることができた。

盛況だったのは、韓国の小説『82 年生まれ、キム・ジヨン』（チョ・ナムジュ著）を切り口に父権制社会における女性の生きづらさを問題視し、同年 6 月から続く香港民主化デモにも切り込んだユースの企画であった。また、同年 7 月に CCA で採択された「環境保護方針」の導入により、同総会では使い捨てのプラスチック製品の不使用等が徹底された点も特筆に値する。国連気候行動サミットで注目を集めたキーワードを祈りの言葉に織り込みながら、参加者たちは、気候的危機によって影響を被る人々のために働く勇気と粘り強さを神に願い出た。

(藤原)

「性と人権　キリスト教全国連絡会議」

「性と人権 キリスト教全国連絡会議」は、教派や組織の枠を超えて具体的な抵抗と新しい関係性創造のためのネットワークを生み出していこうと計画された。セクハラや性暴力、性的マイノリティ差別など、教会内外の性差別の現実は相変わらず深刻であるにもかかわらず、声をあげようとしても互いに分断されてつながることができない状況があったからである。

2012年10月、1泊2日の日程で開催された会議には、さまざまな背景を持つ個人、プロテスタント各派やカトリック、キリスト教女性団体の代表者等70名が「性と人権」の課題を埋もれさせないという点で一致し、京都に集まった。会議では「今、わたしたちの課題は」というテーマで4人の発題を聞き、これからの課題について議論した。事前に寄せられた賛同団体20の活動をまとめた冊子『性と人権 それぞれの取り組み』（A4判、24頁）も配布された。

参加者の問題意識は多岐にわたったが、強固な性別役割分業観や結婚・家族の称揚の背景にあるキリスト教の異性愛主義を問題にしていくことが共通課題として認識され、次回開催を決定。実行委員会が立ち上げられて、2016年9月に第2回会議が神戸で開催された。

「今、教会の異性愛主義と向き合う」をテーマに掲げた第2回会議においては、右傾化する日本社会の中で異性愛主義を問題にすることは、婚姻制度や戸籍制度に支えられた日本の家族主義を問うていくことであり、それはまた、家族主義を前提にして共同体形成をしてきた日本の教会のありようを問うことであるという認識が共有され、それが第3回のテーマ「教会の異性愛主義・家族主義を問う」に引き継がれた。

2018年9月に神奈川県三浦市で開会された第3回会議では、教会の「異性愛主義・家族主義」がどのようにその価値基準に合わない人々を排除してきたか、その現状が分かち合われると共に、それを支えてきた聖書理解や福音理解、教会組織の構造が指摘され、その中で被害者にも加害者にもなり得る「わたし」が認識された。この複雑な構造の中で、どのように異なる立場や問題意識を持つ者が痛みを分かち合い、連帯していけるのか。引き続き努力を続けていくことの重要性が確認された。

なお、第3回会議では、多様性の尊重の流れの中で、性別を問わない統計を使おうとする方向が生まれているが、それは結果として女性差別の隠蔽につながるのではないかという指摘がなされている。　　　　　（大嶋）

トランス女性への差別

2010年代半ばより「LGBTブーム」とも称される性的マイノリティの可視化が進んできた。日本では、このブームを先導したのが市場主義（マーケット）の論理であり、「ダイバーシティ（多様性）」の称揚が戦略に用いられてきたことにも注意が必要である。そのため、2010年代以降の流れは1990年代以降の人権を軸として展開してきた性的マイノリティの社会運動とはかならずしも連関していない。

そのなかで性的マイノリティがひとくくりに語られることで生じる問題もある。「LGBTブーム」がはじまって数年でトランス女性への排除や誹謗中傷が激化していくこととなった。きっかけは、2018年7月、お茶の水女子大学がトランス女性を入学試験受験者として受け入れると発表したことにある。受験資格が「女子」から「戸籍上、または性自認が女子」に変更された。これは日本学術会議で2015年より議論されてきた結果でもあり、他の女子大学にも波及していくこととなった。

この発表以降、SNSなどを中心にネット上でトランスフォビア（トランスジェンダーに対する嫌悪・差別意識）が顕在化することとなった。「女性」を詐称してシスジェンダーの異性愛男性が女子大学に潜入するという根拠のない危惧が広がったのである。同時に、女性専用スペースに「女性」を詐称したシスジェンダーの異性愛男性が侵入し、性犯罪を起こす危険

があるという主張や、女性の安全なスペースがないがしろにされるという妄想も広がっていった。これらの根拠のない妄想が拡散されるのみならず、2000年代にジェンダーに関するバックラッシュを担った政治勢力と結びつき、トランス女性への攻撃が激化している現状にある。

攻撃者には「フェミニスト」を自称する人びとが多く含まれる。この人びとは「トランス排除的ラディカル・フェミニスト／TERF（trans-exclusionary radical feminist）」とも呼ばれる。実際に、トランス女性たちの現実を考えれば、身体を曝すことは危険でもあり、先に述べた事柄はTERFの妄想に過ぎないことがわかる。

しかし、TERFはあたらしい現象ではない。米国のフェミニズムでは1970年代より言論が積み上げられ、神学分野ではメアリー・デイリーもその思想の一翼を担ってきたことが指摘されている。

生まれた時に割り当てられた性別と性自認が一致しない人びとをどのようにとらえてきたのか。性別違和のない人びとあるいは状態を「あたりまえ」としてとらえる視点（シスジェンダー主義）を内包してこなかったか。性別二元論にのっとらないあり方を否定してきたのではないか。これらの点が現在の日本の教会でも問われている。

（堀江）

第2章　座談会

50年を振り返り、今とこれからを考える

《参加者》
山下明子、山口里子、大嶋果織、堀江有里、
水島祥子、工藤万里江、藤原佐和子

1. 研究を通しての発見と課題

大嶋：座長の大嶋です。この研究会は 1970 年代以降の日本のキリスト教界におけるフェミニスト運動の主張と活動を振り返り、記録として残すことを目的に発足しました。具体的には、さまざまな発行物（学術文献や論文だけでなく、集会の報告書や団体ニュースレターなど）と運動を担った女性たちのインタビューを資料に、こうした運動がどのようにキリスト教界におけるジェンダー平等の実現に貢献してきたか、どのようにそれを阻まれてきたか、そして一般社会のフェミニズムとどのような関係を持ってきたか、さらに今の課題は何かを明らかにしようとしてきました。

　残念ながら新型コロナウイルスの感染拡大によって当初計画したインタビューはほんの一部しか行うことができませんでしたが、まずは 3 年間にわたる研究を通して各自が発見したこと、そして限界を感じたことをそれぞれ教えてください。この質問のみ、年齢の高い順にお願いします。

山下：では、1944 年生まれの私から。私は自分が関わってきた運動ではいつも「今が大事」と思っていたので、あまり年代や歴史的な流れに位置づけて見てきませんでした。が、この研究会を通して、どの活動がいつ始まり、誰が関わっていたかということを改めて大きな文脈の中で捉え直すことができてよかったです。たとえば、前史を含めて 30 年以上関わってきた「キリスト教女性センター」で仲間たちと築いてきたシスターフッドは今もとても大切なものですし、また 20 年以上続いている「在日・日・韓 女性神学フォーラム」では韓国の女性たちと顔の見える密な関係を作ることができました。そうした振り返りと確認を改めてできたのが大きな収穫でした。

　一方で変わらずに課題として残っているのは、キリスト教フェミニズムというものの実践が難しい、ということです。日本において

それはどうしても天皇制にぶつかることだからです。「キリスト教女性センター」はこの点を強く意識した人たちで議論を深めてきたという背景があります。

山口：私は1945年生まれです。この研究会を通して、本当に少しずつであっても行動を続けることで世界は変わるのだということを再発見しました。私は70年代初めから女性解放運動に、80年代からキリスト教界の女性差別問題に取り組んできました。そんな中で、「どんなにがんばっても変わらない、どうしたらいいのか」と「行動を起こす女たちの会」などでつながり、いろいろな闘いをしている仲間たちと何度も話していました。それでも10年くらい闘い続けると、状況はだいぶ変わってきたと実感しました。この研究会で、その経験につながることを感じました。若い世代の人たちと話している時に、そういう時代の状況やそこで闘うことの大変さが伝わっていないと、少しショックでした。これほど高い意識を持っている人たちでも、文献や資料からだけでは、そういう感覚が伝わりづらいのだなぁと思って。けれどこのことは、たとえ問題が山積でも、社会もキリスト教界も変わってきているということ。がんばってきた意味はあると感じました。

　課題として思うのは、新しい道を開いていく上で、過去の歴史をどのように記録・記憶していくのか、公的なものとそこから外されているものをどのように包含的に情報共有していくのかということです。これは思ったより難しいけれど、さまざまな個々人の苦しい闘いや人生経験・「生の声」も歴史理解に大事で、こういうことが大きな課題だと感じます。

大嶋：私は1957年の生まれで、中学の頃ウーマンリブが起こりました。当時マスコミでも教会でもウーマンリブが揶揄され嘲笑されていましたが、そういう声を聞きながら「いや、それは違う、これはとても大事なことだ」とすでに強く思っていました。

　私が大学を卒業した1979年は国連で女性差別撤廃条約が採択された年でした。世界的には女性差別を解消していこうという流れがある中で、男女雇用機会均等法（1985年）もまだなかった日本社会での女性差別はすごかった。そういう中で大学院に進みましたが、「女は牧師になるより牧師と結婚しろ」とはっきり教授に言われたし、フェミニスト神学は神学ではないと笑われるような時代でもありました。その後米国に留学し、留学中に手紙で奥田暁子さんと知り合って、帰国後に初めて京都で開かれた「宗教とフェミニズムの会」に参加し、またカーター愛子さんなどと知り合って「女性と神学の会」にも参加するようになりました。80年代のその頃は夢中だったから自分がどういう状況の中にいるのかよくわかっていなかったけど、この研究会を通して当時自分を含む女性たちが何に苦しんでいたのか、何をしようとしていたのかがようやく整理できたような感覚があります。そして山口さんが指摘された通り、文字に残っている資料と生の声の両方が大事で、それをどう共有していくかが課題としてあると思います。

　もうひとつの発見は、日本のフェミニスト神学は欧米から影響を受けたものだという印象が強く持たれていますが、実際に資料を読んでみるとそんなことはないということです。日本国内における女性間の権力関係に敏感であったり、他のアジア諸国の女性たちとのネットワークを作るなど、日本という文脈に沿った

独自の運動が展開されていたのだな、と。そこでは女性の地位向上といった上昇志向や権利の追求ではなくて、どうしたら既存の権力構造を変えることができるかという課題が共有されていたんです。日本のマジョリティ女性たちは被抑圧者としてだけではなく抑圧者としての自分たちの立ち位置も強く意識していた。これは重要な点だと思います。

　課題として感じたのは、やっぱりまだまだキリスト教会が変わっていないということ。「教会女性会議」の記録などを読んでいて、「こんなに一生懸命教会のことを話して、みんな本当に教会が好きなんだな、この大切な声を教会が聞かないなんてなんともったいない」と感じたんですね。その状況は今でも変わっていない。それから、運動に関わってきたたくさんの女性たちの個人名が残らないということも大きな課題だと感じています。

堀江：1968年生まれの堀江です。私は大学時代にはまったくフェミニズムや女性学に触れることもなく、関心もありませんでした。でも大学院の途中で日本基督教団京都教区の性差別問題特設委員会の活動と出会い、そこから「教会女性会議」というエキュメニカルな集まりにも参加するようになりました。当時、私は「フェミニズム」という言葉をまったく使っておらず、むしろ距離がありました。自分にとって大事なのは具体的な人との出会いでした。今も会議や委員会の風景で思い出すのは議場や発題などではなくて、喫煙所の風景とか、誰と何を話したとか、そういうことなんです。だから自分は本当に人と会うためにさまざまな集まりに行っていたんだなと思います。

　そんな自分が主体的に動き始めたのは90年代半ば以降でした。自分自身レズビアンであ

るということを受け入れて、そこから仲間たちと一緒に性的マイノリティの運動を始めました（論考6参照）。

　この研究会を通してその90年代がどういう時代だったのかを振り返ることができ、名前も残らないような多くの運動関係の先輩たちに引っ張ってもらった、いい時代に動き始めていたのだなと再確認しました。また、資料に丁寧に当たりながら年表を作る作業がとても勉強になって、改めて女性たちの取り組みの分厚さを知ることもできました。

　先ほど年代間の感覚の違いという話が出ましたが、私自身は年代間の違いよりも関わってきたフィールドの違いをこれまでにも感じてきました。この研究会には私も含めて長く運動に関わってきたという自負を持つ人もいますけど、この研究会の作業自体は学問研究で、その違いをよく考えています。私は、とくにキリスト教の分野では運動の現場で人と活動をしてきたという経験が中心だったので、学問の分野で人と一緒に研究をすることで視野の広がりを感じました。

　課題としては、やはり言葉を持つ人たちの記録がメインで残っており、そうではない人たちの声が残りにくいのだということを実感していて、こういう研究会を通して言葉を残していく作業をしている、残せる立ち位置にいるということの責任を忘れずにいたいと思います。私自身、信徒の女性たちが中心となったキリスト教の運動に多くを学んできました。とくによりよいキリスト教や教会を目指そうというのではなくて、根源的に歴史や現状を問う「キリスト教批判」という立ち位置に軸足を置いてきたので、80年代以降の個人名が記されていない抗議文や要望書といった重要な資料を歴史に残していく必要があると感じています。

水島：1977年生まれの水島です。私はこれまで自分が運動に関わっているという意識が薄かったんですが、この3年間の研究を通して年表を辿りながら「あ、私もこれに参加していた」と気づくことが多く、すでにたくさんの出会いが与えられていたんだと発見しました。大学院生時代には堀江さんと同じく日本基督教団京都教区にいたので、「聖書を読み直す会」や「語り明かそう！　性差別問題」、また大阪教区にいた頃には「在日・日・韓 女性神学フォーラム」にも参加してきました。

　私自身、牧師としてまたキリスト教主義学校の教師としてキリスト教に軸足を置いて生活していますが、そういう環境の中でフェミニズムに出会う人もいれば、一般社会でフェミニズムに出会う人もいると思います。そしてフェミニズム運動との出会いを通して生き生きとしていく人もいる一方で、反対にそれまでとは違う聖書の読み方などに出会うことでかえってキリスト教界の中で生きづらくなってしまう人もいます。キリスト教界の差別構造が根本から変わらない限り、どうしても差別が再生産され続けてしまうのではと感じています。

　同じく課題として感じたのは、キリスト教の中で女性の運動が拡がっていくのはすごく難しいということです。教会に集っている女性たちがフェミニズムを自分自身のこととして受け取りづらい現状があるのではないか、と。もちろん日本キリスト教婦人矯風会や日本YWCAなど歴史ある女性の運動体はありますが、運動に関わっている人はキリスト教界の中でも本当に一握りで、今でもキリスト教の活動は男性中心で行われるものだ、それでいいと考えている人もたくさんいるように思います。ただ、皆さんがおっしゃっていたようにじわじわと横の拡がりをつなげていくこ

とで少しずつでも変わっていくのかな、変わっていけばいいなと希望を持っています。

工藤：1979年生まれの工藤です。私は「牧師夫人」としての個人的な経験と葛藤から米国の神学校でフェミニスト神学やクィア神学を学び始めたという経緯があって、これまで日本のフェミニズム運動にまったくコミットしてきませんでした。そのため、最初にこの研究会に誘ってもらったときにははたして自分が「運動史」の編纂に加わっていいのかなという不安があったんです。つまり、実際の運動に携わってこなかった自分がそれを対象化して調査して記述するということはそもそも暴力的な行為なのではないか、と。3年の研究活動を経てその懸念はなくなったわけではなく、むしろ年表や論考の作成作業の中で何を取り上げ、何を取り上げないかという取捨選択の作業にはらむ暴力性をずっと感じてきました。

　ただ一方で嬉しかったのは、そうした調査からもたしかに先達の息吹が伝わってきて、今とは比べ物にならないほど困難な状況の中で声を上げた女性たちの勇気、そのラディカルさに胸を打たれる経験を何度もできたということです。さらに研究会のメンバーやインタビューを通して、その時代に実際に運動に携わってきた方たちから「今の視点から見ればそう思うかもしれないけど、当時の状況はこうだったのよ」という生の声を聞けたことは、大事な経験でした。

　限界を感じたこととしては、すでに皆さんも言っているように年表や時代解説、コラムで拾えるのは本当に一部の女性の声だけ、という事実です。フェミニズムは男性の権力者の物語だけで綴られた「歴史」を厳しく批判してきたけれど、そういう構図から抜けた私的

物語を知ること、紡ぐことの困難さを改めて感じました。記録に残っていない人の声を聞くことはできるのか？　大きな物語ではない、小さな経験を大切に記録に織り込んでいくにはどうしたらいいのか？　こういう問いを抱えて、記憶や物語、歴史という大きなことを考えています。

藤原：1984年生まれの藤原です。私も運動としてのキリスト教フェミニズムに関わってきたという自覚がまったくなかったので、そのことを心配しながらこの研究会に参加しました。ですが、この研究会が始まった頃に堀江さんが、工藤さんや私がたとえば日本基督教学会でジェンダーやセクシュアリティについて発表してきたことを「それは学問の世界での運動だと思う」と言ってくださったのがとても嬉しくて感激しました。その他嬉しかったのは、この研究会では年代やキャリアに関係なくとても対等に接してもらえたということです。研究会ではお互いに容赦なく議論を戦わせていて最初はそれにびっくりしましたが、とても真剣に、対等に、互いにリスペクトを持って議論していることがわかって、学ぶところが大きかったです。キャリアに大きな差があっても、何とか学んで追いつこうとしている私と常に対等に接していただけてとても力づけられました。

　もうひとつ年表作成作業を通して発見したのは、私の想像をはるかに超えて日本の教会と社会におけるジェンダー正義の動きが遅いということです。個人的な学びを通して、自分が生まれた頃に「フェミニスト神学」という言葉が使われ始めたり、アジアのフェミニスト神学運動の拠点（CCA女性委員会、EATWOT女性委員会、AWRCなど）ができたりしたとい

うことは知っていました。ただ、それまでは点としてのみ知っていたさまざまな出来事が、その時代に実際に生きてきた人びとからリアルな経験を聞くことでつながって線になった、歴史として捉えられたという感じがしていて、それはとても大きい経験でした。

　同時に感じた課題は、まだまだ資料が足りないということです。今回の研究では多く記録が残っている日本基督教団の資料を中心にして、そこに日本バプテスト連盟や日本聖公会の資料なども使いましたが、私自身が所属する日本福音ルーテル教会をはじめ、他教派の資料がとても不足していたと思います。日本のルーテルで最初に按手を受けた女性は門脇聖子さんで、それは1970年のことでした。門脇さんはこの研究会の期間中に亡くなられましたが、2020年はルーテル初の女性按手から50年でしたので、日本聖公会が女性の按手20周年を祝ったようにルーテルも何かできたらよかったのですが、残念ながら何も行われませんでした。また、そのことに関して調べてみようと思っても資料が残っていない。このように「記述されない」ということは、女性たちが生きて働いてきた事実が継承されないということで、やはりこれが大きな課題だと思います。

大嶋：皆さん、ありがとうございます。運動と学問の話が出ていますが、両者は連動していて切り離せないものだと思うんですよね。ただ、運動から出てきた資料（例えば集会チラシや報告書など）は散逸してしまい、失われがちです。かつてNCC教育部で、子どもや女性が関わった日曜学校運動の歴史編纂に取り組んだ時、そういったものの多くが失われてしまっていることに愕然としました。それだけに、研究者には運動の資料をきちんと残していく責任が

あると思うのです。この研究会を立ち上げた背景にはそういう思いもあります。資料のアーカイブを作りたいですよね。

2.「フェミニズム」「フェミニスト」について

大嶋：次に、本研究会でたびたび話題になった「フェミニズム」「フェミニスト」という言葉について話したいと思います。皆さんはそれぞれこの言葉をどう捉えているでしょうか。自称として使っているか否か、またその理由は何かをお話しください。

山下：私は日本の庶民の間では「フェミニズム」も「フェミニスト」もまだ日常で使われる言葉になっていないと思います。「ウーマンリブ」はある程度知られているけど、皮肉をこめて使われることが多い。日本のキリスト教は教会の中であれだけ欧米の言葉を使っているのに、なぜ「フェミニズム」や「フェミニスト神学」という言葉をもっと使わないのかと不思議ですね。それは、キリスト教の女性たちの大部分がいわゆる「フェミニスト」的な生き方をしていないからだと思っています。「フェミニズム」は意識的にしないとできない生き方で、それができていないから定着しないのではないかと思います。

山口：私はまず、言葉の変遷と選択について話したいです。「言葉は思考を表現するだけでなく、思考自体を形成する」ということを考えて、意識的に言葉を選んで使いたいからです。私が1970年前後に「女性解放運動」という言葉を使った時、「女性」とは「男の性の対象」の意味だから、敬う含意がある「婦人」を使うほうがいいと言われました。もともと「婦人」とは太古の中国で「政・祭」儀式の前に聖所を榊で清める祭司のような女性。それが後に、「先祖の墓を清める正妻」に使われ、その後「家を掃除する主婦」イメージにもなったようです。こうして「婦人」は既婚女性を指すので、解放運動にはふさわしくない。そして「女性」が「性の対象」とイメージされているなら、そのイメージ自体を変えるべきと思って、「婦人解放」でなく「女性解放」を使いました。ちなみに、2018年出版の「聖書協会共同訳」の準備の検討委員会でも、同じことを言われました。つまり、「婦人」と訳されている原語は既婚女性に限らないので「女・女性」に変更するよう要望した時に、「女」は「男の性の対象」という意味を持ちますよと言われたのです。それでも強く求めたので、その訳は変更されました。

　私が80年代に「女性神学」でなく「フェミニスト神学」という言葉を使い出す決心をしたのは、男女二元論とジェンダー概念固定化に抵抗するためです。そして、父権制的な社会構造・精神構造を根底から変革するフェミニスト視点を持って、平等で多様性共存の世界を開いていきたいからです。当時は、「フェミニスト」という言葉は西洋イメージがとても強く、「女性」という言葉よりもっと一律に狭い否定的な印象を持たれていて、非難や反発を受けました。「この言葉では受け入れられませんよ」「誤解されますよ」と言われました。けれど私としては、だからこそ意識的にこの言葉を使って、国・民族の境界線を越えて、さまざまな地域でいろいろな人がそれぞれの場で多様な行動で連帯して、少しずつ言葉のイメージも

社会も変えていくことを願ってきました。

水島：私は聖書の学びに興味があって、女性の視点から聖書を読み直すということがとても新鮮な出会いでした。今、大学の授業で教える際に、「フェミニズム視点」ということを前面に押し出しているわけではないのですが、学生と一緒にそうした視点から一緒に聖書を読む試みもしています。大学に入って初めてキリスト教と出会うという学生も少なくない中で、そういう視点から聖書を一緒に読んでいると、彼女たちが今日的な課題や自分たちの身の周りのことに引きつけて聖書を読み、イエスの教えと重ね合わせて捉えているな、と感じます。

　私自身が「フェミニスト」と呼ばれることには違和感があるというか、そんなに立派なことはしていないよと思ってしまうのですが、さっきも言ったように、自分でも気づかないうちにフェミニズムや女性たちの運動に関わりを持たせてもらってきたなとは感じています。

大嶋：私も「フェミニスト」として紹介されるのには抵抗があります。性差別からの解放を目指すという意味ではたしかにフェミニストだろうとは思うんですが、名付けられてしまうことでその中での多様性が隠されてしまう、その人が持っている「フェミニスト」のイメージに自分が勝手に入れられてしまうように感じるんです。自称というよりも、人からそう括られるのに抵抗を感じるというか。

　「フェミニズム」「フェミニスト」にはいろいろなイメージがくっついていると思うんですよね。いまだに「女の人に優しい男」という意味で使う人もいるし、あるいは政治的に活動する運動家というイメージで使う人もいるし。でも、先ほどの山口さんがこの言葉を使っ

た経緯を聞くと、「フェミニスト」という言葉に山口さんが込めた思いはよくわかります。

工藤：私は逆に、最近になって「フェミニスト」を意識的に名乗っていきたいと思いはじめました。神学を学び始めた頃はフェミニスト神学ではなくクィア神学の方に強い興味があったんですが、クィア神学を学んでいくにつれて、フェミニスト視点とクィア視点の不可分性というか、両方が大事なんだということをしみじみ実感するようになって。「クィア」の方が新しい言葉で、「フェミニズム」を超えるものという誤解がされていたり、また「フェミニスト」には強い警戒感・嫌悪感を示すのに「クィア」の方は安心してなぜか自称として使うシスヘテロ男性がいたり、という例にいくつも出会って、今の日本では意識的に「フェミニズム」「フェミニスト」という言葉を使うことが必要なのではないかと思うようになりました。これは、現実の差別構造を覆い隠すような形で「性の多様性」がもてはやされる現状に対する危機感でもあります。フェミニズムがずっと取り組んできた性差別はまったくなくなっていないし、「いろんな性のあり方があるよね」というだけではいけない。その思いを「フェミニズム」「フェミニスト」という言葉で示していきたいというか。

藤原：私は思春期の頃から「クリスチャン」というアイデンティティの引き受けに困難を抱えてきたんですけど、実はそれよりもさらに前から「女」というアイデンティティの引き受けに困難を感じてきました。物心ついた頃から、男か女かに分けられることも、女の子に配分されている遊びや色といったものもすごく嫌で、かといって男の子に配分されているそれ

らがすべて好きというわけでもなくて。今知っ
ている言葉を当てはめれば「ノンバイナリー」
とも分類できるかもしれないんですけど、む
しろ私は物心ついた頃から「女でありフェミ
ニストだった」という表現もできるかなと思っ
ています。

　大学を出てしばらくは男ばかりの広告業界
で激務をこなしていて、そこでは女として見
られたくない、と一生懸命でした。今振り返
れば自分は男たちの成果主義社会に「リーン
イン」する（直訳すると「身を傾ける」。「リーイ
ンフェミニズム」とは女性たちが組織のトップに上
りつめることでジェンダー平等を実現しようとする
姿勢のこと）ことによって、むしろ「女」であ
ることや他の女性との連帯からから逃げてい
たのかもしれないなと思います。その後仕事
を辞めて神学を学ぶために大学院に行きまし
たが、そこで初めてフェミニスト視点に出会っ
て、こういう視点があるのであれば自分は「ク
リスチャン」も「女」も喜んで生きられるか
もしれないと初めて思ったんです。

　今の社会や教会、キリスト教主義学校や神学
校にはまだまだ保守的・愛国的なキリスト教
が染み付いていると感じていて、そういう文
脈の中であえてフェミニスト神学の視点を躊
躇せずに前面に出すこと、若い人たちに伝え
ていくことが大事だと思うようになりました。
つまり、フェミニスト神学の視点をきちんと
紹介することで、いわゆる主流派の神学とい
うものが価値中立的な無色透明な立場から作
られたものではない、ということを知っても
らいたいと思っています。

堀江：私は「フェミニスト」「フェミニズム」
という言葉にはずっと違和感があって、当初
は受け入れられなかったし自称としても使っ

ていませんでした。90年代には性差別の問題
に関わりながら、「私たちはフェミニストでは
ないよね」ということを互いに確認するよう
な場にいたので。そこで共有されていたのは
「フェミニスト」とはどこか自分たちとは違う
遠くにいる、現場から離れたイメージでした。
そんな私がこの言葉を自分に当てはめて使い
始めたのは、社会学の分野で学問を始めてか
ら、具体的には2003年以降です。具体的な出
会いの中で「フェミニスト」である人たちの
背中を見つめ、「フェミニズム」って面白いん
だと教えられてきました。そこで初めて自分
もフェミニズムをやっていくんだと決断した
んです。

　たとえば、岡野八代さんは2018年にレズビ
アンであることをカミングアウトされました
が、それ以前から研究者としての岡野さんの姿
勢を見てきて、レズビアンがカミングアウト
していようがしていまいが、言葉を紡いで思
いを伝えていくというその姿を一つのモデル
ケースとして、私は当時、受け取っていました。
もちろんレズビアンとしては1990年代から文
筆活動をしてきた掛札悠子さんなどもいたん
ですが、学問をやってきたいと思っていた自
分の目の前にレズビアンの研究者がいたとい
うのはすごく大きかった。それが自分の「フェ
ミニズム」の営為につながっていったと思っ
ています。

　先ほどフェミニスト神学かクィア神学かと
いう話が出ましたけど、私自身はキリスト教の
中では「クィア神学」をしていると名乗って
います。もちろん工藤さんが言っていたよう
にフェミニスト神学とクィア神学はつながっ
ているし、またクィア神学といってもさまざ
まな定義がありますが、やはりそれは何より
「性の規範を問う」という作業だと思うんです

よね。

　「フェミニスト」も「クィア」もカタカナの言葉なので、日本ではどこかマイルドに受け止められてしまうところがあると思いますが——ここは山口さんと受け止め方が違いますね——一方で「性差別」はもっと当たりが強い言葉なのかなと。だから『キリスト教文化』2017年春号（かんよう出版）で特集に協力したときには「フェミニスト」という言葉は使わないで、「性差別と東アジアのキリスト教」という言葉を選びました。そういう意味でも、キリスト教の中では「規範を問う」作業としてクィア神学をしていくんだという気持ちを強く持っています。

大嶋：ありがとうございます。「フェミニスト」「フェミニズム」について多様な捉え方があるということが、この研究会の話し合いでも、今それぞれ挙げてくださった意見からもよくわかりました。

3. 今後の課題

大嶋：では最後に、今後のキリスト教フェミニスト運動の課題について話しましょう。本研究会では1970〜2010年代までを対象としましたが、すでに2020年代に入って3年経っています（章末「2020〜2022年年表」参照）。この間もいろいろな動きがありましたが、今後の課題としてどのようなことが挙げられるでしょうか？

山下：2020年に新型コロナウイルスが広がり始めて、これまで少しずつ変わってきていた日本文化の旧来の構造がぶり返しているように感じています。つまり、みんなが自分自身よりも周りの動きを見ている。そんな中で何より大事なのは個人の解放だと私は思うんですよね。解放された個々人がそのうえで横につながっていく、シスターフッドを形成していくことが大事だと。コロナのような状態になることで、個の解放と連帯、特に女たちの連帯がすごく大事だと改めて思いました。

大嶋：今山下さんからコロナ禍への言及がありましたけど、私はこれからのキリスト教フェミニズム運動の課題としてセックスワークを挙げたいと思います。今回のコロナ禍でセックスワーカーが公的な援助から外されそうになり、それに対して抵抗運動が起こりましたよね。さらについ数日前の東京新聞に、戦後続いてきた「婦人補導院」がようやく廃止されるという記事が掲載されていました（東京新聞「売春防止法の『負のシンボル』婦人補導院　なぜこれまで廃止できなかったのか…」2022年3月21日付）。そこにも記されていたのは、こうした大いに問題のある施設がつくられ、維持されてきたのは「売春をする女性は性道徳や婚姻秩序を乱し、性病を蔓延させる『加害者』」であり「補導処分は不可欠」という「蔑視と排除の思想」（戒能民江）が根強くあるためだと。私はこうした思想形成に対するキリスト教の責任は重いと思います。19世紀のキリスト教性道徳に縛られてきたんですから。特に矯風会は具体的な活動を展開してきただけに影響力が大きい。矯風会は、国籍や在留資格を問わない女性と子どものためのシェルターをいち早く開設したり、日本軍「慰安婦」問題の解決に向けて取り組むなど、大切な働きを続けてきたけれ

ども、根っこのところではこうした蔑視と排除の視点を作り出し、強化してきたのではないか。そこのところを立ち止まって考える必要があるのではないでしょうか。

堀江：そうですね。私はセックスワーカーの活動をしている人たちからこんなことを指摘されたこともあります。講演の案内などを出したときにその会場が矯風会館だったりすると「怖くて入れない」という人もいる、と。キリスト教にはそういうイメージがあるんですよね。また「フェミニスト」と呼ばれる人はみな性産業に従事することは間違っていて、早くそこから抜け出すようにと言ってくる、「フェミニストは入口と出口の話しかしない」という意見もよく聞きます。セックスワークにスティグマを付与してきたこの二つ、すなわちキリスト教とフェミニズムがかけ合わさったのがキリスト教フェミニスト運動なので、セックスワークは重要な課題だと思います。

大嶋：私は論考でキリスト教における結婚の神聖化の問題を扱いましたが（論考5参照）、それとセックスワークに対する蔑視はセットになっているんですよね。

堀江：私も常々、異性愛主義が排除するのは同性愛者だけではないということを言っています。そこでは婚姻外での性行為に従事するセックスワーカーも排除されていると思うのです。

工藤：私の論考テーマは『福音と世界』誌（新教出版社）のジェンダー／セクシュアリティ表象でしたが（論考1参照）、そこでも少しだけセックスワークのことに触れています。『福音と世界』は2010年代後半になって初めてセックスワークを一つの労働として捉え、その視点からの論考を掲載するようになりましたが、本当に長い間、売春防止法を支持する廃娼運動の立場からの論考をたくさん載せてきた雑誌なので、蔑視と排除の思想の強化に多少なりとも貢献してきてしまったという事実はあると思います。

山口：私も蔑視や排除は大きな問題だと思います。ただ、性産業に携わる多くの女性が身体的にも心理的にも大きな傷を負うようなひどいことをされている具体的な話をいろいろと聞いています。つまり、女性に対する性虐待を楽しむような男たちに使われていて、生きるためにやむを得ずそんな仕事や経験をしている女性たちが、声を出せない状況が続いたままだと。こういう現実をどう変えていくのかを、一緒に真剣に考える必要を痛感します。

山下：現実としてアジア諸国から「いい仕事がある」と騙されて日本に連れてこられた人たちの大半がセックスワークに従事させられるという問題もあります。そこでは同じ仕事をしている日本人よりもずっと低い賃金で働かされるというような実態もあるんですよね。

堀江：今おっしゃったのは明らかな性虐待・性暴力であり、人身売買の問題だと思いますが、それは労働としてのセックスワークの議論とは切り分けて考えるべきではないでしょうか。暴力を受けている人がいるからその産業全体をなくさなければいけない、という論理は、同性同士での合意のない性行為についての聖書の話を引っ張ってきて同性愛は罪だ、という論理とどこか似ているような気がして。

工藤：私もそう思います。虐待も暴力も人身売買も絶対にあってはならない。でもそれはセックスワークに限定された問題ではなく、農業や工業や他のあらゆる労働においても同じことです。セックスワークの課題をそこに一元化してしまうのは危険だし、むしろそういう危険を減らすためにもセックスワークを非犯罪化した上で、きちんと働く人々が守られる環境を作るべきだと思います。

大嶋：セックスワークの他に今後の課題として挙げておきたいことはありますか？

山口：私の経験で言いたいのは、キリスト教界は女性が多いにもかかわらず、女性たちの運動や神学が長く続いても周縁化されていることです。これを変えていくためには、キリスト教界の構造や体制を根本的に変えていかなければならない。例えば牧師や司祭になるために学ぶ神学校で、どういう人々がどういうことを教えるかということに注意を向ける必要があります。そして教会でも、「聖職者」と教会員のタテ関係を問う必要も感じます。神学校と教会の体制を根本から再構築していかないと、古い神観や人間観が「正しい信仰」として染みついたままで、差別が再生産され続けると思っています。

　また、コロナ禍で格差社会の女性差別がより顕著になりました。こういうこともきっかけにして、社会の経済・労働に関する体制に取り組むことも必要と思います。社会体制はすぐには変わらないから、教会がしてきた奉仕活動は大切だけれども、キリスト教は「奉仕」を女性中心にする形で、結局は既存のジェンダー差別・社会構造を下支えしてしまう側面もあります。ですから、宗教と政治経済を分離せず、霊的・精神的世界と政治的・経済的世界の構造自体の変革につなげていくことが、大きな課題だと思います。

水島：私は女性も含めてすべての人がその人らしく生き生きと命を輝かせて生きられたらいいなといつも考えていて、イエスもそれを望んでいたのではないかと思っています。今日もこれから子ども食堂のボランティアに生徒と一緒に行くんですけど、この活動に継続的に関わっていると貧困と格差の拡大が常態化してしまっていることを感じます。地方にいると、男の子には学費をかけるけど女の子には学費をかけないという人も多くて、貧困の世代間連鎖とジェンダー問題の絡み合いを実感しています。山口さんがおっしゃった通り、こういう構造自体をなんとかしないといけないと思います。

藤原：私はこの研究会に参加している期間にNCCの役員会メンバーになったんですが、いろいろと勉強する中で、NCCの第1回宣教会議（1998年）の宣教宣言に先ほど山口さんがおっしゃっていたようなことがきちんと書かれていたのを発見しました。

　日本のキリスト教会の構成員の7割は女性であるにもかかわらず、決議決定機関は男性・成人・教職者中心に占められ続けてきた。加えて青年・子ども・女性は常に宣教の対象として位置づけられ、共に宣教を担うものとして正当に扱われてはこなかった。このような状況の積極的な改善をここに決意する。そのことによって私たちの宣教の業がさらに豊かにされることを確信する。

これはすごく大事な理念だと思うんですが、はたしてこの理念がきちんと維持されてきたのか、その実現のためにみんなで働いてきたのかという点には疑問を感じています。

また今総会期（第44回総会期）の活動方針には、初めてジェンダーだけではなく「セクシュアリティにおける正義」という言葉が入りました。この言葉が入るのにはとても長い年月がかかって、多くの人たちが活動してきた重みも感じますし、この機会を逃したくないと強く思っています。今、世界中のNCCやキリスト教関係の団体でジェンダー正義に関わるポリシー（基本方針）を作ろうという運動をしていて、そのリサーチの中で2011年の国連人権理事会で「SOGI」（性的指向と性自認／性同一性）という言葉が使われたのを契機に、世界の教会でもこの言葉が使われるようになってい

ることを知りました。日本のエキュメニカル運動もそれに続いていくことができるように働きかけていきたいと思っています。

大嶋：それぞれ大切な課題を挙げてくださってありがとうございます。この研究会では、自発的に女性たちが動いた運動を中心に歴史を辿ってきました。そうした自発的な活動に携わる人が少しずつ集まって連帯し、そこからまたそれぞれの教派や教会、あるいはNCCなどの組織に戻って変化をもたらす、という循環があったのだろうなと改めて思います。そうした動きを大事にしていきたいなと思いますし、この本を通してほんの一部でもその重要性を伝えていくことができればと願っています。

（2022年3月25日、オンラインにて実施。まとめ・工藤）

【参考】2020〜2022年年表

●は国内の動き、○は国外の動き、★は書籍

年	キリスト教界の動き	社会の動き
2020	○知的障がいを持つ人々とその生活を支える組織「ラルシュ共同体」の創設者ジャン・バニエが1970年から2005年の間にフランスで女性6人に対し性的虐待を加えていたことが発覚(2.22) ●日本福音ルーテル教会社会委員会、セクシュアリティに関する初めての小冊子『多様な性を知るために』を発行(3月) ○ACTアライアンスにジェンダー正義に関するアジア太平洋CoP（Community of Practice）発足(5.7) ○スウェーデン教会、初めて女性聖職者の数が男性聖職者を上回ったと発表(7.22)。しかし男女の聖職者間では月平均2,200クローナ（約2万7000円）の報酬差があるとの報道も ●日本バプテスト連盟性差別問題特別委員会、杉田水脈発言に対し、内閣総理大臣・自民党総裁宛の抗議声明発表(10.10) ●日本カトリック正義と平和協議会、女性国際戦犯法廷から20年を迎えたことを受け「日本軍『慰安婦』制度が『本質的に国家が認めた強かんと奴隷化』であったことを認めること」等を政府に要望(12.12) ○ロンドンを拠点として 「LGBT+のいのちのためのグローバル・インターフェイス・コミッション(The Global Interfaith Commission on LGBT+ Lives) 発足(12.16)。「すべての命の神聖さと尊厳」についての宣言文を公表	●安倍晋三首相、新型コロナウイルス感染拡大防止のため、3月2日から春休みまで全国の小中高および特別支援学校の一斉臨時休校を要請(2.27)、その後緊急事態宣言を発令(4.27)。外出自粛や休業要請などで、非正規雇用のひとり親家庭への経済的打撃が深刻に。また、DV被害や10代の妊娠相談が増加 ●新型コロナウイルスによる経済的影響への緊急経済対策の一つとして中小企業と個人事業主らに現金を給付する持続化給付金制度開始。性風俗事業者が対象から除外される(5.1) ○「ブラック・ライブズ・マター」(BLM)運動、全米で展開(5月)。2013年に運動を起こしたのは女性たち ●杉田水脈衆院議員、性暴力被害者の相談事業に関連して「女性はいくらでもうそをつけますから」と発言(9.25) ●選択的夫婦別姓・全国陳情アクションと早稲田大学法学部・棚村政行研究室の合同で47都道府県「選択的夫婦別姓」意識調査実施。70.6%が選択的夫婦別姓に賛成、反対は14.4%（11.22) ●東京都渋谷区のバス停ベンチに座っていて殺害された60代の路上生活の女性を追悼し、暴力と排除に抗議する集会とデモが同区で開催される。主催は渋谷・新宿周辺に住む女性ホームレス団体「ノラ」をはじめ4団体。賛同38団体(12.6)
2021	●ミャンマーの軍事クーデター（2.1)の後、女性を中心に毎週金曜日にオンライン祈祷会が開催される。また、不服従運動に従事する人びとへの支援などを目的に「アトゥトゥミャンマー支援」が立ち上げられる(8.1)	●韓国の元日本軍「慰安婦」と遺族らが日本政府に損害賠償を求めた訴訟で、ソウル中央地裁が原告の請求通り1人当たり1億ウォン（約950万円）の支払いを命じる判決。加藤官房長官は「1965年の日韓請求権・経済協力協定で、完全かつ最終的に解決済み」として判決を「断じて受け入れることはできない」と述べる(1.8)

年	キリスト教界の動き	社会の動き
2021	●日本YWCA、森喜朗の女性蔑視発言に対する抗議声明発表(2.5)、日本キリスト教婦人矯風会、森喜朗の辞任を求める要望書および同氏の処遇を求める要望書提出(2.9)、日本バプテスト連盟性差別問題特別委員会、森喜朗の発言に抗議声明発表(2.11) ●日本YWCA「ミャンマーにおける軍事クーデターに対する抗議声明」発表(2.12) ○CCA、国際女性デーにウェブ上でセミナー(ウェビナー)開催、「リーダーシップを発揮する女性たち──COVID-19の世界において平等な未来を実現するために」と題する声明を発表(3.8) ○世界改革派教会共同体(WCRC)、ジェンダー正義に関する基本方針(ポリシー)採択(3月) ●日本ルーテル教団、第18回総会にて牧師に関する教団規則から「男子」の文言を削除し、女性への按手を成文化(4.29)。同教団の宣教母体である米国ミズーリ・シノッドはこれに反発、同教団に悔い改めを求める手紙を送付 ●日本バプテスト連盟性差別問題特別委員会、自民党の簗和生衆院議員が性的マイノリティをめぐり「生物学上、種の保存に背く。生物学の根幹にあらがう」と発言したことに対し抗議声明を発表(6.14) ○イタリアで性的マイノリティや女性、障害者に対する差別や暴力を扇動する行為を処罰する法案が審議されていることに対し、バチカンはこれを「信仰の自由を抑制するもの」だと抗議(6.17) ●鈴木伶子(NCC元議長、日本YWCA元理事長)死去(8.5) ●日本キリスト教婦人矯風会、「名古屋入管収容施設におけるウィシュマ・サンダマリさん死亡事件調査報告書に抗議し、真相究明のためのビデオ開示、再発防止徹底を求める要望書」を菅義偉首相、上川陽子法相、法務省出入国在留管理庁長官、名古屋出入国在留管理局局長に提出(8.24) ●NCCに「ジェンダー正義に関するポリシー策定のためのワーキンググループ」発足。ACTアライアンスとの連帯によるもの(8.26)	●東京オリンピック・パラリンピック大会組織委員会会長森喜朗が日本オリンピック委員会(JOC)臨時評議員会で「女性がたくさん入っている理事会の会議は時間がかかります」と発言(2.3)、批判を受け辞任(2.12) ●「結婚の自由をすべての人に」訴訟、札幌地裁で初の判決。原告の請求を棄却したものの、原告の訴えのうち同性同士の婚姻が認められないのは「法の下の平等」を定める憲法第14条に違反するとした(3.17) ●多くの反対にもかかわらず、一年延期の後、東京五輪を強行開催(開会式7.23)。招致前の2013年より東京では「反五輪の会」等が女性たちを中心として活動を継続。アジア女性資料センターは、開会式当日に「オリンピックに反対するフェミニスト・スタンディング」をした他、「東京オリンピック・パラリンピックにおけるジェンダーにもとづく暴力・ハラスメント対策に関する質問状」を五輪組織委員会、JOC、日本パラリンピック委員会宛に提出(8.16) ★堅田香緒里『生きるためのフェミニズム──パンとバラと反資本主義』タバブックス ★高麗博物館朝鮮女性史研究会編『朝鮮料理店・産業「慰安所」と朝鮮の女性たち』社会評論社 ★反五輪の会『OLYMPICS KILL THE POOR──オリンピック・パラリンピックはどこにもいらない』インパクト出版会 ★アリシア・ガーザ『世界を動かす変革の力──ブラック・ライブズ・マター：共同代表からのメッセージ』人権学習コレクティブ監訳、明石書店、原著2020年 ★パトリシア・ヒル・コリンズ、スルマ・ビルゲ『インターセクショナリティ』下地ローレンス吉孝監訳、人文書院、原著2020年

年	キリスト教界の動き	社会の動き
2021	●約束の虹ミニストリー『なんで教会がツライのか考えてたら出来た性理解のためのブックレット』(エメル出版)発行 ★神山美奈子『女たちの日韓キリスト教史』関西学院大学出版会 ★小林昭博『同性愛と新約聖書——古代地中海世界の性文化と性の権力構造』風塵社	
2022	○WCC中央委員会「WCCジェンダー正義に関する諸原則」承認(2.9-15) ●日本YWCA、ロシアのウクライナ侵攻に対する声明文「わたしたちはロシア軍の即時撤退と対話による解決を強く求めます」を発表(2.28) ●日本バプテスト連盟性差別問題特別委員会、ロシア政府に対し「ウクライナにおけるロシア兵による性暴力を含む戦闘停止を求める声明」を発信。「軍隊・兵士に追い詰められ、精神的、身体的苦しみ、痛みのなかにある力なきものへの性暴力は究極の虐待」であるとし、ロシア軍の即時撤退を求める(3.14) ●日本キリスト教婦人矯風会、ロシアのウクライナ侵攻に強く抗議し、ウクライナ侵攻に乗じた日本の「核共有」議論に断固反対する抗議書を岸田文雄首相宛に(3.16)、ロシア軍の停戦を求める要望書をプーチン大統領宛に(3.30)それぞれ提出 ●日本ホーリネス教団『「K元牧師 性加害事件検証」から——課題を再検証する』(日本ホーリネス教団人権対策室編集)発行(4.1) ●日本聖公会、笹森田鶴司祭を北海道教区主教に按手。日本と東アジアで女性が主教となるのは初めて(4.23) ○ミュンスター大学の研究チームの報告書により、ドイツ西部ミュンスターで1945年から2020年までの間に、少なくとも610人の子どもがカトリック教会の聖職者らによる性的虐待を受けていたことが明らかに(6.13)	●「困難な問題を抱える女性への支援に関する法律」成立(5.19。2024年4月施行予定) ●「結婚の自由をすべての人に」訴訟、大阪地裁で2例目の判決。原告の請求を棄却し、婚姻制度の目的を、生殖をふくむ男女の関係性に法的保護を与えるものだと断言。憲法第14条にも反しないと判断(6.20)。11月には東京地裁で3例目の判決。原告の請求を棄却したものの、憲法24条2項に反する「違憲状態」との判断(11.30) ○米国連邦最高裁判所、人工妊娠中絶をめぐり「中絶は憲法で認められた女性の権利」だとした49年前の判断を覆し、「憲法は中絶する権利を与えていない」と判断(6.24) ●持続化給付金や家賃支給給付金の対象から性風俗事業者を除外したのは違憲として派遣型風俗店を営む会社が国に給付金や慰謝料を求めていた訴訟で、東京地裁はこれを合憲と判断。国側は「性風俗業は本質的に不健全」との答弁書を提出していた(6.30) ●安倍晋三元首相、奈良市で演説中に銃撃され死亡(7.8)。政府が国葬を決定したことをめぐり、女性団体などでつくる「国葬させない女たちの会」が議員会館前で抗議行動(8.3-5) ★菊地夏野、堀江有里、飯野由里子編『クィア・スタディーズをひらく2 結婚、家族、労働』晃洋書房 ★清水晶子『フェミニズムってなんですか?』文春新書

年	キリスト教界の動き	社会の動き
2022	●神道政治連盟の国会議員懇談会(6.13)で配られた冊子に弘前学院大学教授・宗教主任の楊尚眞の講演録「同性愛と同性婚の真相を知る」が収録。同性愛を「回復治療や宗教的信仰」等によって「抜け出すことが可能」な「精神の障害、または依存症」だと主張。これに関しキリスト教界からは、マイノリティ宣教センター、全国キリスト教学校人権教育協議会、NCC教育部、「セクシュアルマイノリティと宗教を考える会」等が意見表明や抗議声明などを発表(7月-) ●「性の聖書的理解ネットワーク」(NBUS)設立(7.14)。「同性愛の不道徳やトランスジェンダリズムを認めることは罪」という文言を含む「ナッシュビル宣言」(2017年、米国福音派指導者たちの連名)を採択、賛同者を募る。これに対し「NBUSを憂慮するキリスト者連絡会」が立ち上がり、署名を募る ●安倍晋三の国葬に対し日本キリスト教婦人矯風会(7.22)、NCC（7.25)がそれぞれ抗議声明を発表 ○WCC第11回総会(ドイツ・カールスルーエ)のプレイベントとして「女性と男性の公正な共同体に関するプレ総会」開催(8.29-30) ●日本聖公会京都教区『H牧師性暴力事件における京都教区による二次加害検証報告書』(H元牧師性暴力事件における京都教区による二次加害検証報告書作成チーム編集)発行(8.31) ●聖路加国際病院のチャプレンを務めていた日本基督教団所属牧師から2017年に性暴力を受けたとして被害者が訴えていた裁判で、東京地裁は牧師と病院側の責任を認め、賠償命令(12.23)。これを受けて日本聖公会と日本基督教団が「対応の遅れ」や「組織的な不備」を謝罪するコメントを発表 ★工藤万里江『クィア神学の挑戦——クィア、フェミニズム、キリスト教』新教出版社 ★平良愛香監修『LGBTとキリスト教——20人のストーリー』日本キリスト教団出版局	

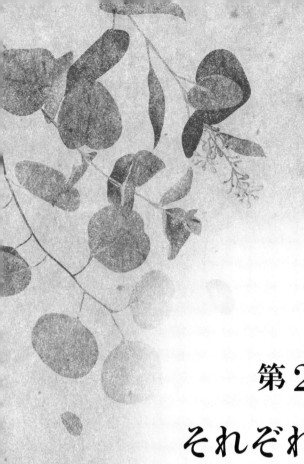

第2部

それぞれの経験

第1章　キリスト教フェミニスト運動における
それぞれの経験
——横田幸子さんと申英子さんに聞く

1. 問題の所在

1-1. 声を聴くこと、記録すること

　本研究会[1]では、1970年代以降のキリスト教女性の運動をめぐって、文献調査から年表作成、またそれぞれの時代の特徴と変遷についての検討を進めている。現在、散逸が危惧される諸集会の報告書やミニコミ誌の収集にも尽力している途上だが、その過程において、とくに実際に運動にかかわった人々から、具体的な状況について聞き取り調査を実施することとなった。文書からの知見のみならず、実際の経験や背景にある思いを聞き取ることによって、キリスト教女性運動のより立体的な視角を得るためである。

　本章では、2名のインタビュー調査をおこない、そこから浮かび上がってきた事柄を分析する[2]。次節にて調査の内容を紹介し、その後、調査者の聞き取り後のふりかえりを掲載する。本研究会では、文書資料と同様、具体的な声を聞き取り記録していくことの重要性も確認してきた。インタビュー調査依頼状において大嶋果織座長が「私たちの先輩の思いや願いを受け継ぎながら、性をめぐる困難な状況を変革していく営みを次代につないでいきたいと思っ

ています」と述べたとおり、本研究会の課題は、まさに記録していくことと同時に、それをどのように後の時代に継承していくかを模索することである。この点に着目し、インタビュー終了後の調査者のふりかえりを並べている。

1-2. 研究方法

　本調査では半構造化面接法の手法を採用し、それぞれ研究会メンバー2名によるインタビュー調査を実施した。大嶋座長が中心となって共通の質問項目を設定し、事前に被調査者に送付したうえで、インタビューの準備を依頼した。質問項目は以下のとおりである。

①フェミニスト神学との出会いはどのようなものだったのか（興味を持ったきっかけなど）

②活動の中心はどのようなものか（かかわったグループ、人、内容など）

③闘いの中心は何と考えているか（何に抵抗してきたか）

④ご自分の運動をどう評価するか（うれしかったこと、心残りなこと）

⑤今のキリスト教会についてどう思うか

1　富坂キリスト教センター「日本におけるキリスト教フェミニズム運動史研究会」（2019～2022年度前半期）。

2　計画段階では2020年度に4名のインタビューを実施する予定であったが、コロナ禍のなか、実現できなかった。他者の声を聞き取るという行為もまた、時代状況のなかでさまざまな制約を受けることを記憶にとどめておきたい。

⑥後の世代に一言

　また、調査者である４名のうち３名は、これまでにもさまざまな場で活動をともにしてきた経緯があり、インタビューに十分なラポール（相互の信頼関係）を形成してきた。しかし、よく知っている関係性であるからこそ、共通の前提や思い込みを無意識のうちに共有するなど、聞き取りの内容に不十分さをもたらす危険性もある。そのような危険を回避するためにも、共通の質問項目を立てたうえで、ある程度、自由度をもたせることができる半構造化法という手法は、本調査にとって有効だといえる。調査を終え、インタビュー・データを整理し、事実確認などをおこなった後、インタビュイーに原稿確認を依頼した。複数回にわたるやりとりの後、最終原稿を作成した。以下、聞き取りの内容を具体的にみていきたい。

2. 具体的な声を聴く（1）──「孕みの性」からの出発

2-1. 横田幸子さんの場合[3]

①フェミニスト神学との出会い

　「フェミニスト神学」という言葉に出会う以前に、女の子としてキリスト教に出会った時から、私自身の問題意識として、子どもなりに女性なりに「生かされる」視点をもって聖書を読み取ることが始まっていたと思います。特に出産を機に感じた問題意識と、読書の二つがその視点を養ってくれたと思います。

　私は1962年に長女を出産しましたが、その際「いのちを産む」ことにまつわる深い罪意識を持ちました。つまり小さないのちに対する、女の持つ直接的な支配性に気づかされたということです。子どもに対する女の支配性は男より直接的だと思います。母は「グレートマザー」になる危険性を持っているのです。その意味では、私は「フェミニスト」の「まるごとの自己肯定」という出発点とは真逆の「罪意識」から出発したのだといえます。

　歴史的にも優れた王や英雄の誕生は女性の生理によらない誕生とされることが多いですよね。ここには、いのちを授けるのは母ではなく神であるというひそかなメッセージがあると思います。マリアはそれを全面的に受け入れました。その意味でマリアの「聖霊受胎」は、マリア個人のことにとどまるのではなく、「孕みの性」をもつすべての女性へのメッセージとして捉えることができます。聖霊の介入なしには、私は自分の「母親性」を承認できないのです。

　次に読書ですが、成人してから読んだものに限れば、森崎和江の『産小屋日記』『からゆきさん』、高群逸枝『女性の歴史』『母系制の研究』、もろさわようこ『おんなの歴史』などに大きな示唆を与えられました[4]。特に森崎の感性に共感することが多かったです。森崎は『産

3　横田幸子さん（日本基督教団隠退教師、日本基督教団波田教会協力牧師、長野県松本市在住）へのインタビューは大嶋果織、工藤万里江が実施した（日時：2020年3月16日〔月〕14～16時、場所：松本市の横田さんご自宅）。

4　それぞれの書籍は以下の通り。森崎和江『産小屋日記』三一書房、1979年、『からゆきさん』朝日新聞社、1976年。高群逸枝『母系制の研究』恒星社厚生閣、1938年（＝『高群逸枝全集』第1巻、理論社、1966年）、『女性の歴史』女性新書、1948年（＝『高群逸枝全集』第4巻、理論社、1966年）。もろさわようこ『おんなの歴史』未来社、1970年。

小屋日記』で「子産み」を「不浄」とされ、産小屋に隔離された女性たちが、生まれることのなかった胎児や生まれてすぐに葬り去られた子と対話を続け、そのいのちを愛でたことを記しています。歴史を通して差別されてきた女性の見直しといってもいい。私は出産をめぐる罪意識をマリアの聖霊受胎で乗り越えましたが、森崎はここで、男たちには見えなかった、そして、のちには歪められて伝えられている女たちのいのちを慈しむ営みを描きだしていて、とても心を動かされました。

森崎は同じ本で三池炭鉱の女たちのことにも触れて、「人権」などという発想もない納屋制度（ヤマの役人を頂点とした労働者組織）のもとで、女性たちがはっきりと人格の対等意識を持っていたことを描いています。炭鉱婦がこういう場面があるんですよ。

あんた、喧嘩する時は相手を役人とか先生とか思うちゃ、いかんよ。人間じゃと思いない。人間と人間の勝負じゃ。そう思えば恐いもんはなか。りくつと尻の穴はひとつばい。男も女も、役人も坑夫もりくつに区別はあるもんかね[5]。

こういう姿に、人間としての基本的な感覚を自覚させられたのです。産小屋でいのちを愛でてきた女性たちの思いも含め、こういう視点から聖書を読んでいこうと思ったんです。

②活動の中心

大まかにいえば、雑誌への寄稿などを通して「女性性」について考えたこと、そして社会活動への参加の二つが中心でした。

70年代には『月刊キリスト』『福音と世界』といったキリスト教雑誌や、労働者の雑誌『新地平』などに女や男の「解放」について、家庭教育や学校教育についてなどいろいろなテーマで寄稿しました。「女性と天皇制」論文集への寄稿文については『思想の科学』に。これはのちに単行本になりました[6]。

また60年代後半から70年代には、当時働いていた日本基督教団大泉教会[7]を足場にして様々な社会活動にかかわりました。ベトナム反戦運動として大泉市民の集い、月1回のデモをしたり、狭山事件に関しては部落解放同盟と協力して石川一雄さんの裁判を支援し、映画上映会や講演会、被差別地域への訪問などを教会主催でしたりしました。この活動のなかから教会員になった人たちもいましたね。他にも、「侵略＝差別と斗うアジア婦人会議」（代表・飯島愛子）[8]に参加して、1972年に私ともう一人が会の代表として中国を訪問しました。また、成田空港闘争に三里塚村の人たちと参加。連れ合いの横田勲が代務（牧師）となって三里塚教会を応援することになったので、日曜礼拝は勲が月2回、私と三里塚教会役員が月1回担当するような形です。家庭訪問も。地元農家の生産品を大泉教会で引き受けて売ったりなんかもしました。今も「みどりの会」として三里塚の玉子と水俣のミカンを扱っているようです。

大泉教会ではその地域でPTA役員になった人たちと勉強会をしたり、また家永教科書裁判で知り合った保健所の女性とのつながりで、窓口相談に見えた障がい者を教会で受け入れ

5 森崎和江「死者のことばと私」『産小屋日記』三一書房、1979年。
6 加納実紀代編『女性と天皇制』思想の科学社、1979年。
7 東京都練馬区に所在。
8 1970年8月個人参加の運動体として発足。

たりもしました。「青い芝の会」[9]の人たちと協力して24時間介護が必要な人のサポートを、教会は夜間部分を引き受け、議論や喧嘩もしながら2年間くらい協力しました。行政からの支援金配布（交渉闘争の結果）でアルバイトを頼めるようになるまで。

それから、教会でいわゆる共同保育を始めました。週2回、最初は教会員同士で、天気がよければ、あちこちの公園で一日中。そこで出会った他の親子も加わって、30組ほどで「やかまし村」を設立。火木のどちらかを母親が2グループに分かれて担当しました。雨の日は教会堂を利用して。さらに水曜は午前中を加えて「保育のふりかえりの話し合い」を教会で。78年に始まり、15年間続きました。

振り返ってみると、こうした活動へのかかわりが聖書の読みにつながったと思います。神学書ももちろん読んできましたけど、そこからは思索する力は与えられなくて、むしろ現場の経験からですね。

③ 「闘い」の中心

福音宣教は時代のなかで展開されると考えてきたので、フェミニズムも含めて時代との関わりを持つことを否とする伝統的な教会との闘いが、開拓伝道の大泉教会で牧師として働いていた私たちの「闘い」でした。教会役員会からこのことについて問題提起を受けることにもなりました。当時、教会員のなかに社会主義青年同盟の人たちがいて、教会の掲示板に集会案内をはったりビラをまいたりしていたんですけど、それに不安を覚えたためか、役員から教会や牧師の社会活動の是非を問う声が上がったんです。それ受けて役員6名と牧師2人が週に3回も夜の討論を、1か月続けました。その結果、役員6名は全員辞任することになって、教会員十数人の賛同を得て、その人たちと共に隣町にある集会に移っていきました。残ったのは老人と青年の20人余り。ところが移った先の牧師が病気になって、集会が中止となりました。そこで、半年を過ぎた頃、役員のなかの1人と信徒たちが、やはり大泉教会がいいといって戻ってきました。去っていった役員の方たちは信仰者としては信頼できる方たちだったので、心を痛めることはなかったですし、それぞれ違う立場であることを了解できたと思います。

その後大泉教会では教会運営の新しい形として食事会と共に、話し合いの会を毎月持つようになりました。それから、東京神学大学に機動隊が導入されたこと（1970年3月）を受けて抗議活動を神学生や牧師たちとともに続けたりしましたね。

80年代に入ってからは、キリスト教内外の女性運動にも関わりました。その頃、欧米のフェミニスト神学書が翻訳・出版されて、むさぼるように何冊も読みましたけど、「同じことを考える人たちがいるんだなぁ」という共有感覚だけで、特別に新しいこととは思いませんでした。

「女性と神学の会」（1984年）を始める1、2年前にカーター愛子さん、河瀬伊勢子さんから呼びかけられて「シスターフッドの会」という会に参加しました。全国からいろんな教派の女性が集まっていて、カーターさんたちによると、女性は自分たちのことを話せないという状況があったようです。みんな家庭の事情や社会のなかで経験やらを話していまし

9　1957年に発足した「脳性マヒ」当事者たちのグループ。以下を参照のこと。横塚晃一『母よ！殺すな』すずさわ書店、1975年（＝『母よ！殺すな』第4版、生活書院、2010年）。

た。私にとっては自分の経験とはかなり違っていたので聞くばかりでしたけど、興味深かったですね。

「女性と神学の会」の第1回を始めるにあたってカーターさんが文章を寄せているんですが、そこにはこんな風に書かれているんですね。

「女が考える」ということの許されない時代が、かつてあった。〔…〕神学は男性の領域とされる論理構造の中でのみ成立すると思われて来た。「女に神学がわかるはずがない」「男のみが神の学問を語り得るのであって、女が神学を考えることはできない」と、女をしめ出してきた時代であった[10]。

これには個人的には賛成できなかったのですが、ただ、「シスターフッドの会」で聞いたようなみなさんの話や状況を考えると、そういう表現も必要なのかなと思って認めたんですよね。それで、カーターさんと河瀬さんと一緒に準備を進めました。

「声を与えられていない」と強く感じていた女性たちと自分の感じ方が違ったのは、育ってきた環境の違いだったのかなと思います。私自身は小さい町の教会で育ったので、幼少時から率直に発言することができていました。高校の時にも先生からキリスト教の話をしてくれといわれて先生たち3人に3回にわたって話をしたことがあります。戦争中には通っていた教会が中断していたのですが（出張してきていた牧師が帰ったため）、戦後再開する時点では女性の会員3人で始まりました。それから、大泉教会でも夫の勲と対等に牧師として働いてきたので、自分の考えはちゃんと聞かれて

いた感覚があったんですよね。謝儀がいただけるようになった時には、別々に手渡されていました。

歴史社会に対する怒りから出発した「フェミニスト」とは自分は違うと思うのも、自分の言葉は聞かれてきたし、主張してきたし、まがりなりにも自分で考えてきたというところがあるからなんでしょう。私はむしろ女性としての「罪意識」から出発してるので。歴史社会的に女性差別があったのは確かだけれども、そちらに重きをおくというよりは、生の広がりに目を向けて、むしろ罪意識を出発点にしてきた実感がありました。自己主張しつつ自己批判を怠らないということです。

「女性と神学の会」はその後1988年から「日・韓・在日の会」[11]のほうに合同していく感じになって、私はこちらには関わらなかったんですけど、同じ年に開かれた「教会女性会議」には深く関わりました。会議第1回目のテーマ「教会は活きる　女性によって──わたしたちは教会のどこを変えたいか」、これは私がつけたんですけど。この会議で本当にたくさんの人がどんどん発言してくれて、ああ、よかった、この人たちが教会に戻ってどんどん教会を変えてくれると思いましたね。私が担当していた家庭集会に都議会の速記をしている方がいて、彼女もこの集会に参加し、5時間にわたるみなさんの発言を記録してくれました。大助かりでした。素晴らしい会議になりました。

④自分たちの運動への評価

ひとつは、今お話しした「教会女性会議」で、会議の終わりに1年ごとに開催したいと思う女性たちに名乗りを上げてもらって、テーマ

10　女性と神学の会『「女性と神学」研修会報告──それぞれの言葉で』（1985年5月10日発行）1頁。
11　「在日・日・韓　女性神学フォーラム」。ただし、回によって名称が異なる。

も場所も開催通知も出してもらうことを決定しました。この方式を提案したのは私ですが、活動を自分たちのものにするという意味でよかったと評価したいです。

二つめは、「自己の確立」を基底に据えることは間違いではなかったということ。

そして三つめは皆さんに導かれて1995年に『イエスと呼応しあった女たち――女性の目で聖書を読み直す』(新教出版社)を出版できたことです(1年の内に3,000部売り切れて絶版になりました)。

⑤今後のキリスト教会について

ひとつは、おこがましいようですが、牧師に思索力を持ってほしい、これが一番大きな願いですね。今でもいろいろな教会に行っている方からお手紙が来てがっかりするような牧師の教会運営の話を聞くので。それぞれの地域の方たちとも付き合うことが思索力を養うことになると思うのですけれど。

もうひとつは、礼拝参加者への聖餐授与を規則違反として教師職を取り上げた、北村慈郎牧師への処分[12] を撤回してほしい。日本基督教団が不当な権力行使をしてしまったことを自認してほしいと願っています。大泉教会の場合は、1982年に一種教会(教会員93名)となり、教会規則には礼拝参加者全員が聖餐授与。東京教区北支区長、教団議長の許可を得ています。

⑥次の世代へ

政治・社会・教団・教会に身を置いて、「然りは然り、否は否」ということ(ヤコブ5:12)

のできる自主性を育て合いましょうということを一番伝えたいです。そうした思索力を育てるためには、神学校で学ぶ神学だけでなく、たくさん本を読んでほしいです。絵本も含めて。また許される範囲で内外での社会活動への参加を。それから自主性は、人の話を聞いたら常に自分を省みるというところから養われていくと思っています。

⑦自由な意見交換

大嶋：横田さんは「女性」ということで差別されたり辛い思いをしたりしたことが少なかったとおっしゃっていましたが、実際の社会ではいろいろありますよね。そういう女性の固有の経験のなかで、闘うとはどういうことだと思いますか？

横田：私は、何か問題が起こった時に、すばやく周りに訴えて行動を起こす「やり方」には、ちょっとどうかなと思うんですね。とくに性差別の問題など、当人にとって予期せぬ辛さに襲われるようなことがあったケースを聞いています。なので、まず当人がどう考えていくか、自分の問題として心の準備ができるように、頼りにできる友人と話し合ってみる。それから公にしてくというような前後の「対策」が必要ではないかと思うんです。

大嶋：でも問題化することで全体が変わっていくということがあるのではないですか？
たとえば「セクハラ」など、明るみに出て問題化されることで、初めて認識が広がることもありますよね。

横田：もちろんそれはあるでしょう。裁判に

12　日本基督教団常議員会において、「記録をとらない」前提で実施された協議会で、当時、常議員であった北村慈郎牧師が所属教会(日本基督教団紅葉坂教会＝当時)での聖餐式執行方法について発題した。その内容が「未受洗者への陪餐」を含むものであったため。最終的に牧師職免職の戒規処分が行われている(2010年1月)。経緯等については以下に詳しい。北村慈郎牧師の処分撤回を求め、ひらかれた合同教会をつくる会編『合同教会の「法」を問う――北村慈郎牧師の戒規免職無効確認等請求訴訟裁判記録』新教出版社、2016年。

至るほどのものではない些細な出来事なら、まずは近しい友人と話し合う形でよいと思います。それでも皆さんに向かって訴える場合、当人としてはどう思うか、まず自分を基準にして考えてみることが必要だろうと思うんですよね。

大嶋：数年前から「性と人権　キリスト教全国連絡会議」[13] という会議を始めて、今そこで大切なテーマになっているのは「家族」（家族主義）なんです。70年代に横田さんが書かれていたテーマも「家族」ですし、キリスト教での性の問題を考える際に、昔も今も「家族性」が重要なテーマだと思うんですが。

横田：そうですね、私は、家族、つまり父、母、子ども体制のなかで一人一人は別人格という捉え方をしていましたから、おたがいが必要とする「知恵」あるいは「知識」は聞かれれば応えるという方式が当然と思っていました。ただ、「考え方」「感じ方」というのは一人ずつ違いますから、それを大切にしようということで、了解できていたと思います（夕食時は突然の参加者もたびたびあったりして、まるで"会議"のようでした）。

　いまはもう「結婚して家庭を持つ」という形が普遍的でなくなっていて、どういう風に「家族」のことを考え直していったらいいのかは大きな課題ですね。夫婦別姓はかなり早い時期から始まり、血縁ではない「共同性」という形をとって一緒に暮らすという考え方や、実践も出てきていますね。つまり、国家の一単位としての家族にノーです。教会もその辺のことを視野に入れる必要があるでしょう。教会には「神学」が柱としてあるから、「神学」の中身を考え直していくことにもなるのでしょ

うね。

大嶋：教会や神学の枠組みに囚われた「縦」の神学ではだめで、その枠組みから離れた「横」の広がりのなかで思考し実践するのが大事なんでしょうね。

横田：そうですね、聖書のなかでも同じようなことがあるでしょう。エルサレムとかサマリアとかの「場所」で信仰が成り立つのではない。神様が求めているものは「神殿」を足場にしてではなく、各自が神に対して「霊と真」をもっての礼拝の時が来ていると。

大嶋：横田さんの本がフェミニスト神学に分類されたらどうですか。あるいは、横田さんはフェミニストだといわれたらどう思いますか。

横田：フェミニスト神学に分類されても、フェミニストと呼ばれても、まあ、いいと思います。ただ、フェミニストが「自己肯定」を初めて主張できるようになったと声高にいわれることに多少ひっかかっているのです。

工藤：横田さんは「もっと自分を肯定しよう」という方向ではなく、むしろ「自己批判をしよう」ということなんですね。

横田：多分ね、私は小さないのちを「支配してしまう」孕みの性としての罪意識から「女性性の思索」を始めているからでしょう。ただ社会的な思想の流れからいえば、「フェミニスト」になるのだろうと思います。そういえば、私の説教集を読んだ男性牧師から「これはフェミニズムではない、聖書の読みの問題だ」という意見と、フェミニスト云々ではなく「女性の視点からの読みに気づかされた」という2人の方から手紙をいただきました。正直、うれしいと思いました。今まで男性学者の注解が主流でしたから。

13　初回は2012年10月に京都で開催。実行委員会形式により、第3回（2016年）まで開催されている。

大嶋：女性と男性とでは聖書の読み方は違うと思いますか？

横田：はい。それは経験だったり、身体性だったり、それこそ歴史社会におかれた女性・男性の位置などの違いがあるでしょう。

工藤：私は社会構造に問題があって、まずそれを改革していかなければ個人の解放はないというのがフェミニストの立場だと思いますが、横田さんは社会の構造とか教会の構造についてはどう思いますか。

横田：それはその通りだと思います。そのような視点に立って説教したことも文書にしたこともあります。が、それと同時に、一人の人の生きてきた、あるいは生きているところでの感覚というか、存在から出てくる言葉に耳を傾けたい。たとえば、難しいことなんかわからんというおばちゃんであっても、考え方や心の在りようを全面的に否定できない。人はどんな時代であっても、その人なりに他者に対するひそかな愛、自分自身への愛を培ってきているところに気づいていたい私なのです。

　社会的な構造ゆえに女性が解放されていなかったことは確かなのですけど、存在の基底にあるものに関して「女性の被差別性」をもって括ることはできない。私のいうことは、学問をしている方には共感してもらえないかもしれないけれど、たとえば、小学校に３年しか行っていない女性であったとしても、その人のいっていることに教えられること、心動かされることがある、ということです。

工藤：論理的、学問的な説明でこういう社会構造が問題だとはいえるが、そのなかで生きている女性たちの実際の経験や感覚というものを否定されたくないということですね。

横田：そうです。先ほどもいったように、雑誌なんかにものを書くときは、そういう「構造問題」に視点を当てていたと思います。でも、やはり隣で生きているいろんな人たちの真理に心打たれることも大切にしたい。森崎の本で知らされたような女性たちの姿に心動かされたのと同じです。

大嶋：長時間にわたり、ありがとうございました。

2-2. 横田幸子さんのインタビューを終えて

●横田さんにインタビューして気づいたことは、まず、出発点が私とは全然違うということだ。横田さんの出発点は、出産体験を通して自覚した、「いのちを産む」ことにまつわる深い罪意識だという。自分が産んだ赤ん坊を前に、「小さないのちに対する、女の持つ直接的な支配性に気づかされた」。だから横田さんにとって大切なことは、女性が持つ支配性に自覚的になることであり、「自己批判」は不可欠なことなのだ。

　一方、私の出発点は「小さないのち」の抹殺に加担する男たちに対する怒りである。神学校時代に私は、性関係を持った女に人工妊娠中絶を強要しても、自分は身体的にも社会的にも傷つかないですませられる男たちの姿を目の当たりにした。なぜ男は自分の行為に責任をとらないで、女と、その胎内の子を傷つけるのか。そういう怒りから出発しているので、私は「男性批判」「社会批判」「キリスト教批判」に向かう。「小さないのち」を産むことが女にできるかどうか。それは、男の在り方にかかっているのではないか。問わねばならないのは、「男の支配性」のほうではないのか。そう思ってしまうのだ。

　そんな私にとって、横田さんの「セクハラ」との闘い方についての発言は、今回のインタビューのなかで一番腑に落ちない部分だった。

まず「裁判にするほどでもない些細な出来事」という表現に引っかかってしまう。何が重要で何が些細かは人によって違うし、仮に「些細な出来事」であったにしても、セクハラはたぶん「些細な出来事」の積み重ねなのだ。そうした「些細な出来事」をどんなふうにハラスメントとして認識していくのか、女たちは苦労してきたのだと思う。その苦労の一つが周囲に訴えていくという方法であった。

　横田さんが指摘しているように、訴えた人がさらに傷ついてしまう状況は確かにある。研究会では神学校におけるセクハラの深刻さがたびたび話題になった。多くの神学校では、セクハラがあってももみ消されてしまうのだそうだ。そこには強固な男社会がある。それを変えていくには傷ついても訴えるしかない。私にはそんなふうに思えるのだが、それは私が社会変革のほうに関心を持っているからなのだろう。横田さんが、一人の女性に寄り添うことに集中しているのに対して。

　今回のインタビューで横田さんは「自己批判」の方向を強調していたが、私は横田さんのベースにあるのは「まるごとの自己肯定」だと感じた。「まるごとの自己肯定」があるからこそ、「自己批判」ができるのだ。そんな横田さんを「フェミニスト」と認識しない人たちもいるようだが、それは「フェミニスト」を矮小化して理解しているからではないか。「社会批判」から「自己批判」まで、「フェミニスト」の範囲は広い。では、「フェミニスト」を「フェミニスト」たらしめるものはなんだろう。もしかしたら「まるごとの自己肯定」かもしれないと、今回のインタビューを通して私は考えた。　　　　　　　　　　（大嶋）

● 2019 年度から始まった本研究会では、これ

まで年表の作成に多くの時間を費やしてきた。それは 1970 年以降の日本のキリスト教界と一般社会における女性を主体とした動きや性にまつわるさまざまな出来事を抽出し、一覧にする作業である。もちろんこの作業から見えてくることは多くある。特に私のように実際に 70 〜 90 年代の運動を体験していない世代にとって、女性たちがさまざまな問題意識を持って集い、その運動が発展していく様子を確認する作業は学ぶところの多いものであった。しかし横田さんへのインタビューを通して、改めて実際に活動してきた方の生の声を聞くことの重要性を痛感した。年表にたった 1 行で記される「出来事」の内側で、人々がどれほど多様な思いを持っていたのか、あるいは「出来事」として記されることもない大切な物語がどれほど多くあるかを改めて感じたからである。

　横田さんのお話でもっとも感銘を受けたのは、横田さんが常にご自身の体験、運動の現場を出発点にし、整然と組織された神学や思想体系といったものよりも人々の生の声にこそ重きを置いて歩んでこられたということだ。「神学書ももちろん読んできたけれども、思索する力を与えられたのは現場の経験」「福音宣教は時代のなかで展開される」「（次世代の人には）神学だけでなくさまざまな本を読み、また社会活動に参加してほしい」といった言葉は、横田さんご自身がその時代・場所で必要とされる運動や、出会った人々の人生に深く関わってきたからこそのものであろう。

　同時に「フェミニスト」「フェミニズム」の定義をめぐる横田さんの解釈は（私自身のそれとは違うがゆえに）とても興味深かった。インタビューで明らかにされているように、横田さんは女性として社会的に抑圧・差別を受けて

いるという思いからではなく、むしろ自身（「孕みの性」としての女性）への批判的省察から聖書を読み、信仰を培い、社会運動に参与してこられたという。その意味でご自身は「フェミニスト」という名乗りを（他者からそう名指されることは否定しないものの）してこなかった。横田さんのインタビューからは、「フェミニズム」が自己批判というよりはむしろ抑圧的な社会構造を批判しつつ「まるごとの自己肯定」を提唱するものであり、またある種学問的な体系として捉えられていることがわかる。「フェミニズム」「フェミニスト」の定義の多様性については本研究会でも繰り返し議題に上がってきたが、それぞれの定義には「女性」をめぐる課題についての、キリスト教についての、また運動という現場と学問の関係性についての各人の姿勢が如実に反映されており、その多様性を繰り返し確認する必要性を感じている。

（工藤）

3. 具体的な声を聴く（2）——「在日」として、カウンセラーとして

3-1. 申英子さんの場合

①これまでのあゆみ——生まれてからこれまで

1941年12月14日、北海道小樽市生まれ、在日コリアン3世です。父方、母方共に朝鮮の独立運動のとき、祖国を離れました。父は中国の延辺の出身で小樽在住、母は樺太にいたところ、独立運動関係者の紹介でお見合い結婚しました。父がクリスチャンで母は結婚後に日本基督教小樽シオン教会の教会員になりました。しかし、1952年に父が急逝して母子家庭となり、10歳で母と2人の弟と4人で遠縁の親戚を頼って大阪へ。サンフランシスコ条約（1952年4月発効）以降、国籍喪失に伴い、警察にはアルバムの写真を接収されるなど、在留資格を得るためにたくさんの「証拠」を求められ、母はかなりの苦労を強いられました。トイレに立つのも憚られる工場で洋裁の下張りの仕事をしながら子どもたちを育てたのです。1年間に12回引っ越しました。母は64歳に癌で死去。私は中学時代からアルバイトで家計を支えながら大阪府立生野高校を卒業し、大学時代は通名から申英子へと名前を変えて生活するようになりました。大阪では日本基督教団大阪聖和教会の教会員。14歳で受洗しました。

とにかく大阪を出たかったので、音楽家の叔父が東京にいたこともあり、また「真理とは何か」に関心があり、東京神学大学に入学しました。さまざまなアルバイトを掛け持ちし、真夜中になるまで働く生活でもありました。マージャン屋をはじめ家庭教師やラーメン屋、国鉄の荷物運びなど。その後もアルバイト生活は50代まで続きました。

東京神学大学博士課程前期を修了したのですが、入学当初は牧師になるつもりはなかったのです。神学生時代、在日大韓基督教会東京教会に出席し、オルガニストをしたこともあります。卒業後は恩師である李仁夏牧師のいる川崎教会で1年間伝道師となりました。そのころ、カナダ長老教会との宣教協力プログラムの一環で声をかけられ、1年間カナダへ留学する機会に恵まれたのです。日本国籍を持たない者は366日間、日本を離れると在留許可が取り消される時代だったので、ちょうど1年間の滞在。

帰日後、在日大韓基督教会名古屋教会の伝道師になりました。そして結婚して、大阪に移動。夫は韓国からの留学生、在日大韓基督教会の牧師です。

その後、女性会全国連合会総務として働きました（1973～1977年）。初代総務は「本国」から来た韓国人でしたが、「在日」としては私が初めての総務でした。とくに牧師になる按手礼を受けることへのこだわりはありませんでした。1980年代当時、在日大韓基督教会は女性長老、女性牧師を認めていなかったのです。しかし韓国の独裁政権下の「良心犯」の釈放運動などにかかわるなか、また大阪生野に在日大韓基督教会館（KCC）建設のために女性たちが懸命に資金集めをしたのに男性たちだけが会館設計をし、女性会用の部屋がなかったことなど、女性牧師がいたら状況も違うのではないか、という思いもありました。だから、按手を受けようとしたのですが、在日大韓教会のなかでは「申英子を牧師にさせたらいけない」という声もありました。かつて日本基督教団（以下、教団）の教会にも通っていたために、女性も按手礼を受けることのできる教団に移ろうとすると「民族の裏切り者だ」という差別がひどかったです。逆に発憤させられて、日本基督教団の牧師試験（正教師検定試験）を受けることにしたのです。

牧師になることは夫の勧めでもありました。夫が在日大韓基督教会札幌教会で牧師であったころ、私は日本基督教団野幌教会で伝道師をしていました。そのころに牧師試験を受けたのですが、按手礼を受けたのは夫の赴任とともに移動した先の神奈川教区でした。ここでも差別はあったのです。他教派から転籍してきた「在日」の女性であるがゆえに、「川を越えてきた者」に対して「あなたは過激だ」といわれました。1985年、夫は在日大韓基督教会横須賀教会の牧師でしたが、私自身は横浜の鶴見で一軒家を借りて「開拓伝道」をはじめました。

在日大韓基督教会が女性牧師を認めていたら、教団へ移らなかったと思います。男性による女性への差別はあっても、そこで育てられたからです。だからこそ、教団に移った後も在日大韓基督教会の女性たちとのつながりはずっとつづいてきました。

叔父の妻の日本人女性が叔父の死後身寄りがなくなったので、私がその面倒をみるために、2009年に書類上でのみ日本国籍となりました。叔母は高齢で日本人であることにこだわっている女性でした。

現在は、教団大阪教区「心なごむ会」（旧「心病む友と共に」）の世話人であり、日本スピリチュアルケア学会認定のスピリチュアルケア師の資格を取得しています。母との関係に起因する心因反応に、私自身が長く苦しんできたことに気づいたことがきっかけではじめた関わりです。心因反応は、カナダ留学時に日本社会と違う環境で生活したことでほっとしたことからか、発症したのが最初です。帰国後も教会のなかで牧師と長老の暴力を含む険悪な人間関係をみて発症しました。そこでトランスパーソナル心理学を学び、運動よりも人間性が大事だと気づいたわけです。この学びのなかで、東京神学大学に入学した目的の「真理とは何か」を考えていくことと牧会とがつながったと思っています。

教会についてですが、神奈川から大阪に移り、1991年にハニルチャーチ伝道所を開始、2015年6月7日に日本基督教団西九条教会との合併設立式を行いました。そこで主任牧師に就任し、現在に至っています。「ハニル」とは、大いなる愛（神）のこと、そして私たちは一つ

であること。それを伝える仕事という意味でつけた名前です。

②フェミニスト神学との出会い

私にとっては、女性たちとのつながりが最も大きかったです。在日大韓教会での女性たちとのつながり、そして教団に移動してからの神奈川教区での女性たちとのつながりです。

また、女性が牧師になれない、按手礼を受けられないことに疑問をもっていたころ、ローズマリー・ラドフォード・リューサーの書物を通して学んだことも大きかったです。小説家であるアリス・ウォーカーからも刺激をうけました。

女性たちの出会いとしては、NCC の今は亡きカーター愛子さんにも可愛がってもらいました。女性会総務の時代、NCC とのつながりのなかで情報をもらいました。その後、「フェミニズム・宗教・平和の会」の奥田暁子さんや岩田澄江さんとも知り合い、勉強会に参加し、機関誌にも書かせてもらいました。

いろいろな国際会議に参加しました。CCA、カナダ長老教会の集まり、韓国の女性教職の会にも参加してきました。だからフェミニスト神学との出会いについてはこれが決定的というのではなく、いくつかのことが絡んでいます。

③活動の中心

主な活動は女性会（全国連合会）の総務ですから、個々の教会での女性が自らを"第二種"の人間と考えるのではなく、男性と同等であること、教会のなかでの在り様、地方会、全国連合会での研修などに力を入れました。

④「闘い」の中心

先ほどの話と重なりますが、女性が自己評価を低めていることからの解放です。

神奈川にいたときは、教区内の女性牧師である菊池（久保）礼子さん、尾毛佳靖子さんと３人で本当に楽しく、仲良く、学習し活動しました。女性神学を考える会で、それぞれの名前から一字をとってつないで「シルクの会」と呼んでいました。以前に『聖書と教会』（日本基督教団出版局）にもこの会での話し合いについて執筆しました。教区では依田康子さんたちも活動していて、勉強会に参加したりもしていました。

ここ西九条ハニル教会の礼拝でも、礼拝のなかの分かち合いの時間に、異論や反論、また自分が経験したこと、たとえば夫からのDVなどについても話してもらいます。牧師だけが講壇から話すのはおかしいので、教会員で話し合います。たとえば、「あんなに祈ったのに妻が亡くなったのは、どうして？」「神は詐欺師だ」といえる教会です。

⑤自分たちの運動への評価

私は「運動に関わった」というよりも必要に迫られてやってきたので評価することはとくにありません。でも、そのことでつながりができて、発見や出会いもありましたから、心残りはありません。

ただ、シスターフッド（女性たちとのつながり）はできましたが、そのなかで腹が立つこともありました。たとえば、ある男性牧師と衝突したときに、まずこちらの痛みを分かろうとせずに、その牧師を擁護する女性牧師がいたこと。また、夫との関係について指摘されたこともあります。性差別問題に取り組むある女性から、私の夫が「亭主関白」であるのに、

なぜ一緒にいるのかと批判されたのです。日本人の状況ではそれが問題かもしれないけれども、私が選んだ人でもある。これは私の闘いであり、あなたにどうのこうのといわれる筋合いではない、と伝えたこともあります。

　私の夫は韓国からの留学生で日本の常識からみると「亭主関白」的なところもあり、日本語も上手くありませんでした。行き違いがあって辛いこともありました。もし韓国でならば別れていたかもしれません。でもここは日本です。20年ほど前になりますか、「もうやっていられない。別れよう」と考えた時、同時に「看取らなければならない」と自然に思ったのです。本当にユニークな人ですから。

　でも、たしかに大変だからこそいろいろ鼓舞されてきたこともあります。同時に、自分と違った考え、振る舞いをする人との出会いのなかでおたがいが育てられるものだとの気づきが与えられました。1981年に指紋押捺を拒否した日系米国人のロナルド・ススム・フジヨシさんの控訴審で、私は大阪高裁で1989年に2回証言台に立ちました。「愛する権利」がはく奪されていると語りました。これも夫との共同作業から生まれた考えです。

⑥自分が「フェミニスト」と呼ばれることについて

　「フェミニストと呼ばれても平気ですか」という質問でしたら、平気です（笑）。女性やLGBTも含めて居心地の悪い世の中だから、「フェミニスト」といわないといけない世の中だから、あえて使う、という意味で。性をめぐる疎外がなくなれば、「フェミニスト」という必要はなくなるのではないでしょうか。言葉の現実の意味において、です。

　友人に、生まれたときは男性で、性別適合手術をした人がいます。でも、いざ仕事をしようとしたら、「女性になりました」では仕事が得られないのですね。それで彼女は仕事上は「男」のままでいます。在日コリアンの本名宣言の時もそうですね。本人が苦労しているのだから、まわりが「どうして本名を貫かないの？」といってはいけないと思う。「こうあるべきだ」と人を型にはめたらいけない。いつもその人の立場と、その人の思いに沿っていけるのが「フェミニスト」ではないでしょうか。

⑦今後のキリスト教会について

　教会が旧態依然でいたら、社会から取り残されますね。私は問題のひとつに「贖罪信仰」があると思います。「イエス様は私たちのために血を流された」という信仰。これでは信仰者が責任をとらないかたちになる。「神」という言葉もあまり安易に使いたくないけれど、「サムシング・グレート」でもいいけれど、聖書は、人間探求の気持ちを持ってきた人たちが伝え、いまもロングセラーです。でも、宗教が人を殺しているという現実もあります。たとえば、宗教に深く関わる家族をめぐる問題。教会は信徒のために、と説いているけれど、牧師の子どもたちが親に愛されていない現実もある。暴言、リストカットなどで家族がバラバラになっているケースも少なくはない。そこには経済的な事情も関係していることがあります。たとえば、牧師家庭の子どもたちの半分は病んでいるのではないかという話があります。私のところも含めてですが。

　聖餐式も問題です。だから聖餐式をしないのではなくて、名もなき人のために死んだイエス・キリストを覚えると同時に、人のためにいのちを落として忘れられた人たちのことも思う。もしそれがなければ教会は偶像礼拝

の場になってしまう。聖餐式は、名もなく苦しんでいる人、一人ひとりが大事にされる場でもあると思います。私がさまざまな困難がありながらもキリスト教界に残っているのは、今生（いま生きているあいだ）はキリスト教文化のなかに生きてきたし、そのなかでいいものをつないでいきたいからです。

「贖罪信仰」は歴史の途なかでつくられた教義です。だから、立ち止まって考えるべきです。マルコ福音書の終わりの方に、イエスが復活した後、「ちがった姿で現れた」とあります。これが大事です。イエスは誰なのかということを私は考えたい。「復活のイエス」はどんな姿で現れるのかわからないのです。でも、最も苦しい人たちのところに現れる。それをいわない教会は死に体に近いのだと思います。

「シークレット・サンシャイン」（原題：密陽）という韓国映画があります。キリスト教批判の佳い映画だと思います。ヒロインは夫の死後、息子を連れて夫の故郷で再出発しようとするのです。ところが息子は誘拐されて殺される。夫も子どもも失い、半狂乱になっているところに周囲の保守的なクリスチャンたちが温かく接し、彼女に「赦す」ことを勧めます。時間が経って落ち着き、彼女も息子を殺した加害者に会いに行くのです。が、向こうが先に「僕はイエス様が身代わりに死んでくださったので神によって赦され、救われた」という。彼女はふたたび半狂乱になり、精神病院に入る。最後は退院して憑き物が落ちたように爽やかに生きていくという物語です。「イエスが身代わりになって死んでくれた」を問う映画です。

私自身、4代目のクリスチャンです。でも自分が心から思っていないことは、たとえ教義であってもいえません。「神様はそれほどの思いで大切なものを捧げた」と象徴として表現するのは良いかもしれないけど、それを「私たちの罪のためにイエス様はいのちを捧げた」と贖罪論を強調し続けることには問題があると思っています。

臨床スピリチュアルケアに関わるようになりましたが、本当の痛みというのは、肉体的、精神的、経済的だけでもない。スピリチュアル・ペインというものがあります。その関係で宗教を超えて、人間はもっとストレートに出会えるのではないかとこの15〜16年ほど思っています。ただ注意すべきは、組織になったらヘゲモニー争いが起きること。人間は危ない所で動いているので、そのなかでやっていくしかないと思っています。だからこそ一人ひとりが大切にされるということを中心に考えています。

私はカウンセリングに携わっています。訓練と試験を受けて、サイコセラピストの資格も取りました。「申英子に資格をとらせたら、経済的に困難な人もカウンセリングを受けることができるだろう」という配慮から資格を取る支援を頂きました。カウンセリングを受けにくる人たちはクリスチャンとは限りません。

ある精神科医から、宗教的な環境にある人は精神的にしんどい状況にある人たちが多いと聞きました。一人が変われば、周囲が変わる。その分のエネルギーは地球をめぐると思っています。自己評価の低い人たちが立ち上がること。夫の恩師でもある「民衆神学」の故・徐南同さんが、「復活」とは「抵抗、かき混ぜること」といわれました。イエスの「復活」がすごかったら、自分も一度死んで「復活」しないとね。教会がもし変わるとしたら、そういうことなんじゃないかと思います。

⑧次の世代へ

　まずは自分を大事にする、そして他者を「愛する」ってことですね。日本では「愛」という言葉が難しければ、「思いやり」ですかね。そのためには修行が大事です。日常は修行にあふれています。ゲシュタルト心理学のフレデリック・パールズという人が「学ぶということは可能性の発見」だといっています。修行というのは、学ぶこと。修行のための修行ではなく、その人自身のやり方でするのが人間に与えられた権利なのではないでしょうか。

　私もこの新型コロナの感染症が広まったころから身体が痛み、治療を受け始めました。これまで健康だと思ってきたけどあちこちと痛みが出てきました。自分を労わりなさい、ということだったのですね。悲壮になっていくのではなく、修行を楽しむ。楽しくなかったら人生何なのよ、です。

⑨自由な意見交換

堀江：いろんな苦労を重ねてこられたじゃないですか。そのなかで「楽しい」って、どういうことなのだろうかとうかがってみたいと思いました。

申：まず、今日一日、良かったね、と思う。その日ごとに新しい発見がある。それから、「良い」「悪い」という二元論を越える。そうでないと、モノの見方に限界を作ってしまう。歳をとるって、いいことだと思います。こだわりが取れ、ある人との関係のなかに「障害物」があったからこそ進歩ができた、と思える。光は暗くないと見えないでしょう。暗闇があるからこそ、光が見える。

山下：長時間、ありがとうございました。

3-2.　申英子さんのインタビューを終えて

●申英子さんはキリスト教女性センターの会員であり、また関連の会合等を通しても、長年のおつきあいになる。しかし、今回インタビューさせていただいて、知らなかったことや今さらに思い直すこともあった。むろん、人は生涯にわたり変化と成長を止めないものであるが、まさに「今」を生きておられる申英子さんにお会いできた。

　私があらためて知ったことの一つは、申さんと熊野勝之弁護士の共著になる『闇から光へ　同化政策と闘った指紋押捺拒否裁判』(社会評論社、2007 年) である。熊野さんは大阪のアムネスティ活動でもご一緒したし、ロナルド・フジヨシさんの裁判の歴史的な重要さについては承知していた。しかし、その裁判で申さんは在日としての自己形成史を証言されていたのだ。この本はその証言と熊野さんの弁論要旨であり、感動なしには読めない。

　思い直したことは、スピリチュアルケア師の資格をとられてからの申さんの活動が、「真理とは何か」を知りたかったからという東神大への入学時から、その後のハニルチャーチ伝道所、そして現在の西九条ハニル教会での牧会の精神においても一貫してつながっているということだ。そこでフェミニストであることについて訊ねた時も、納得の答えが返ってきた。

(山下)

●私が申英子さんと初めてお会いしたのは、学生だった 30 年ほど前のこと。これまで講演や発題、集会での発言など、何度もお話をうかがう機会はあった。しかし、あらためて宣教の拠点である西九条ハニル教会に赴き、そこでうかがったお話はこれまでとは異なるあらたな発見の連続だった。

今回のインタビューで強く印象に残ったのは、申英子さんが壮絶な人生のなかでかたちづくってこられたインターセクショナリティ（交差性）の視点であった。ご自身が在日コリアンとして日本社会のなかで、同時に、女性として「在日」共同体のなかで受けてこられた差別の体験は、またほかの要素をもつ人々との出会いのなかで、その人自身の経験を受け止めていく土壌をつくりだしているのかもしれない。心の病とともに生きる人々、トランスジェンダーなど、周囲の人々との対話を可能にする。申英子さんが、他者に心を傾け、寄り添い続ける具体的なエピソードは、本章には掲載できなかったものもあるが、"あれかこれか"という二項対立では語れないあり方を体験のなかで育まれてきたのだと学ぶことができた。

別の教派・教会で牧師という役割を担ってきた夫に対し、20年ほど前に離婚を考えた時、同時に「看取らなければならない」と思ったというエピソードはにわかには理解できないものでもあった。「そうとしか表現できないも

の」として、申英子さんは「愛する」という言葉を選択する。それは「思いやり」という言葉に置き換えることもできるかもしれない、と。もちろん、「民族」という背景もあるだろう。同時に、異性愛の家族関係という規範を超えた"何か"がそこには存在しているようにも感じた。しいていえば引き受けてもよいと表現された「フェミニスト」としての営為は、そのあたりにもヒントがあるのかもしれない。ただ、規範を問う、差別に抵抗する、というだけではなくて、一見矛盾しているように思える事柄や割り切れない様々な出来事を引き受けながら、関係性のなかで思考していくこと、行動していくことの重要性がそこでは示唆されている。

インタビューを終え、私はしばらくその余韻に身を置きつつ時間を過ごすこととなった。「牧師」という教会での役割が何をめざすものなのか、誰と伴走すべきなのか、いくつものヒントをいただけたような気がしている。　　　（堀江）

4. 女たちの運動、差異と共通点──今後の課題に向けて

今回インタビューをおこなったのは、横田幸子さん（1933年生）、申英子さん（1941年生）という少し世代が異なる女性たちであった。また、世代や民族のみならず、それぞれが教会へと至る経緯、教会外の市民運動とのかかわりやスタンスにおいても異なる点は少なくはない。それぞれの個別の状況を記録し、現在の教会女性たちに自身のあり方と重ねながら読めるように提示することの意義が、ここにはあるだろう。

また、インタビューから見えた2人の共通点もあった。

まず、とくに1980年代後半より、2人とも各教派あるいは各地域の女性たちの運動のみならず、草の根のエキュメニカルな女性たちのネットワークにおいて重要な役割を果たしてきた人物であり、協働の場も存在した点である。今回は個別のインタビューであったため、情報共有をおこなったわけではないが、長年

NCCで活動してきた故・カーター愛子さんの名前が双方であげられており、現在へとつづく女性運動の出発点が感じられた。

つぎに、牧師としての現場があった点である。横田さんの場合には同じ教会で、また申さんの場合には別々の教会で、という違いはあるものの、牧師の夫とともに生活してきたという点でも共通している。また、新規教会形成（いわゆる「開拓伝道」）により、あらたな教会のあり方を切り拓いていったという立場も共通している。女性として牧師になる／であることの困難や差別は横たわっているものの――まさに彼女たちをはじめ多くの女性たちの働きによって、現在、女性牧師に教会の現場が開かれていることも強調せずにはいられないが――、教会の権力構造を考えた場合、牧師‐信徒のヒエラルキーが存在し続けている現状を踏まえ、より声があげにくい、あるいはあげてもかき消されていくと指摘されてきた女性信徒たちの働きを意識的に記録していくことも今後の課題であろう。

最後に、「フェミニスト」あるいは「フェミニスト神学」という言葉への向き合い方についても共通していた。2人とも自らを積極的に「フェミニスト」として位置づけることはなかった。あえていえば「女性神学」という運動や思想の担い手として活動を継続してきた様相がみてとれる。本研究会でも当初より議論しているところではあるが、女性解放運動と思想を担う人々をあらわす「フェミニスト」という言葉をどのように定義し、引き受けていくのか／あえて引き受けないのかについて、立場はさまざまである。いわゆる「世俗」の――キリスト教以外の――運動においても「フェミニスト」は、一方では学問偏重のイメージが語られたり、他方では貼られたレッテルのためにあえて引き受けていくことの必要性が語られたりもする。「フェミニスト」とは何か。この点についても議論を重ねていきたい。それがまさに、1970年代以降、現在に至るまでのキリスト教の女性運動で積み重ねられてきた議論を特徴づけるものでもあるように思えるからだ。

第2章　講演

沖縄におけるキリスト者フェミニズムの視点

たかざとすずよ
高里鈴代

　沖縄におけるキリスト者フェミニズムの視点として、自分史を振り返りつつその中で感じてきたことを話したいと思います。

1. 幼少期から中学校まで──痛みの経験から

　私の母は沖縄県立一高女時代に洗礼を受けたクリスチャンでした。故郷の宮古島で小学校教師となり、同郷の東京農大在学中の父と結婚。そのまま宮古で教師を続け、父の卒業後、台湾総督府農林省で働くことになった父とともに台湾に渡り、15年間生活しました。私は1940年に四女として生まれ下に弟がいます。父はその後農林省技術者として徴兵され、インドネシアで終戦を迎え、母は4人の子どもを連れて台湾から宮古に引き揚げました。戦後、父は群島政府立宮古農林高校の初代校長になり教育と農業生産に取り組み、母は祖父母と共に養豚や畑仕事、またお琴の教師をこなしつつ宮古教会につながっていました。夜の祈祷会ではいつも最後に祈るのが母だったことをよく覚えています。小学校4年の夏休みに父の転職で宮古から那覇に移りましたが、母はすぐに教会の女性たちと地域の子ども会を作り、紙芝居や歌を教えていました。

　私が中学校2年生の時に「琉球ガールスカウト連盟」が設立され、私は友だちと入団してスカウト活動に夢中になりました。そして通っていた中学校が分離して新しくできた中学校に移りました。中学3年の新学期初め、性暴力未遂被害に遭いました。陽が落ちた夕暮れ、翌日必要な英語のノートを買った帰りに、「自分は新しくできた中学校の英語の教師だ」という男性に声をかけられたのです。その言葉を素直に信じた私は、彼が「訪ねようとしている家が見つからない」というので、大きな畑の向こう側まで案内しました。すると男性は「ちょっとここで待っていて」といって畑の真ん中に私を残して住宅のある方向に行き、しばらくして「家は見つかったけど留守だった」と戻ってきました。そして「これから教師になるからよろしくね」といって握手するふりをして、私をいきなり抱き寄せたのです。私はとても恐ろしくなって「先生でも失礼します！」と相手を強く押したら、その人がひっくり返ったので、必死になって畑から溝を飛び越えてすぐ近くにある我が家に逃げ帰りました。家族に「先生と名

乗る変な人がいた」と話すと、弟は男が追いかけてくるかもしれないとバットを構えていましたが、男性は来ませんでした。次の日に母が学校に行き担任教師に確認したら、新しい教師が来る予定はないとわかり、職員会議でも取り上げ、那覇地区の学校に情報を出しましたが、実際に被害にあった子がいることも明らかになりました。性暴力被害は未遂だったとはいえ、その時の恐怖と、必死で逃げた経験や痛みは、今でも「強姦救援センター・沖縄」の相談でさまざまな体験を聞きながらよく思い出します。こうした経験をする子ども・女性たちが今もたくさんいるのです。

　そして子どもの頃のもう一つの痛みの記憶は、母に厳しく左利きを矯正されたことです。母はとても愛情深い人でしたが、明治生まれで左利きを認めませんでした。その当時は、左利きはなにか「間違っている」ものであり、障がいとも見なされるほどのものでした。そのため母は私が小さな時から左手を使う度にその手を叩いて右手に持ちかえさせていたのです。それは学校でも同じで、小学2年生の時に教室で左手を使っていたら担任の男の先生が「また左手を使って」といって私の筆箱を窓の外に投げ捨てたことがありました。つまり家庭においても学校においても、左利きを「直す」ことが大切な教育だと思われていたわけです。

　これらの性被害体験と左利きを矯正された経験はいずれも自分にとって痛みの記憶ですが、いま振り返ると私が人権問題に敏感に反応し、ガールスカウト活動に熱心になったことともつながっているのではないかと思います。つまり社会の中で暴力にあったり、排除されたり、馬鹿にされたり、あるいは「普通」じゃないと思われたり、そういう経験が自分の内側にもあって、それが人権問題に対する怒りにつながっていったのではないかと。自分も含め多くの人が「正しい社会の仕組み」というものを内在化して、そこから差別や偏見や排除をしている、それをしている側は「正しい」と思い込んでいる社会の仕組みに則っているに過ぎないのだけども、それを受ける側はとても傷を負う、そのことをこうした経験から感じてきたと思います。

2. 高校から大学卒業まで──キリスト者として歩み始める

　私が洗礼を受けたのは高校1年生の時でしたが、それはアジアで初めて開かれたフィリピンでの「ガールスカウト世界キャンプ」に2人のスカウト代表のひとりとして参加したことがきっかけでした。世界22ケ国から約1,000名のスカウトが参加したキャンプの期間中、それぞれの宗教で礼拝を守る時間があり、その時に自分が生き方の基本としての信仰を持っていないことを痛感しました。そこで帰国後すぐに教会の高校生会の活動に関わり、その年のクリスマスに洗礼を受けました。洗礼を受ける日の早朝に家のうしろに広がる畑の端っこで、「私にしっかりと愛の働きをさせてください」と一生懸命に祈ったことを今もよく覚えています。

高校卒業後の進路を神学校と決めていましたが姉に「考えが小さく固まってしまう」と反対されて、創立3年目の沖縄キリスト教学院短大キリスト教学科に入学しました。入学して3ヶ月後に石川市宮森小学校に米軍の戦闘機が墜落して、児童生徒と教師の18人が死亡するという大惨事が起きました。ニュースを聞き全学生40名が授業を中断して現場に駆けつけたのですが、あまりにひどい状況の中必死で活動をしたためか、自分自身はそのときの記憶が抜け落ちているのです。沖縄の現実を突きつけられた出来事でした。

短大を卒業した1961年からは2年間、フィリピン・メソジスト系のハリスメモリアル大学に留学し、宗教教育科で学びました。その大学はマレーシア、シンガポール、インドネシア、台湾、そして韓国からの留学生を受け入れていて、毎週の教会実習と全学生合唱発表会は素晴らしい経験でした。特に留学中に強い影響を受けた経験が二つあります。一つは夏休みに地方出身のクラスメイトの家に滞在した時、楽しい祭りが終わった後の夜更け、大人たちが集まって戦争体験を語っていたことです。戦後15年目で、まだ多くの人々が日本軍による殺戮で家族を失った恐怖の体験を語り合っていました。大人たちは私の存在にハッと気づき、「あなたは沖縄だから、沖縄は日本ではないから」といって慰めてくれましたが、私はその時初めて、過去の戦争は沖縄の戦争被害だけではなく、アジアの人々に多大な傷を残しているのだということを実感しました。もう一つはクリスマス休暇に別のクラスメイトの家を訪ねた時です。マニラからバスで約4時間のオロンガポ市の街は、沖縄に戻ったかと錯覚するほど沖縄のコザの街にそっくりだったのです。オロンガポ市にはアジア最大の米海軍スービック基地があって、沖縄のコザの街と同じく基地の街だったのですが、"Pawnshop"（質屋）、"Bar"と英語の看板が並び米兵にあふれる街を目にして、改めて米軍の駐留とそこで生きる女性たちの状況をフィリピン留学で知らされました。

フィリピンから帰国後には聖和女子短大宗教教育学科3年制の最後のクラスに編入しました。卒業後の1965年4月に結婚し、夫はキリスト教学生センター主事となり、私は沖縄キリスト教団の教育・青年・婦人会担当主事、キリスト教学院教務などを務め、その後沖縄キリスト教団主事となりました。主事の仕事の中で、矯風会の高橋喜久江氏の来沖を受け、日本では1956年に成立している「売春防止法」が沖縄ではまだ成立を見ない理由を立法院議会議員数名に面会・説明して法成立に向けて促し、また、売春問題に取り組む女性たちへの聞き取りを行いました。彼女に同行する中で、私自身は沖縄の売春の実態、沖縄の女性の問題を強く意識するようになりました。1969年2月には沖縄キリスト教団と日本基督教団との合同が成立しました。

3. 東京での10年──アジアの女たちの会、東京都女性相談センター

1970年初めに夫の母の看病のため、夫婦とも仕事を辞めて大阪へ移動し、私は毎日子どもを連れて病院通いをしましたが、義母が回復し、その秋に東京へ引っ越しました。親子3人住み込みの仕事として得たのは早稲田大学YMCA信愛学舎の寮母の仕事です。男子大学生18人の朝晩の食事を約6ケ月担当しました。当時の舎監は東海林路得子さん・勤さん夫妻です。翌年から夫は早稲田奉仕園の主事となって「足で体験する東南アジアセミナー」や「アジアの語学講座」などを開設しました。私も早稲田奉仕園で女性たちと「アジア女性セミナー」という勉強会などを開催しました。

1975年は国連婦人年でメキシコの第1回世界女性会議が開催されましたが、それに関連したシンポジウムが東京YWCAで開かれて、私もシンポジストのひとりでした。同じ出席者であった新宿区婦人相談員の兼松佐知子さんの発言に強い感銘を受けて、シンポジウムが終わった直後に「あなたのようになるにはどうしたらよいですか」と彼女に相談したところ、売春防止法が成立してからずっと婦人相談員をしてきたが、その前に1年間東京都立社会事業学校で学んだことを知りました。それを聞いて私もすぐに決意して、翌76年に35歳でその学校に入学して1年学びました。実はその1年は東京の女性たちの運動が実を結び、東京都婦人相談所が女性のさまざまな相談に門戸を開くため電話相談が新設されたのです。そこで1977年に私は女性電話相談員第1号に採用され4年働きました。

電話相談では、DV（家庭内暴力）の相談をたくさん受けました。相談者の夫の職業には、労組の委員長、弁護士、精神科医、大学助教授、あるいは牧師がありました。社会的に地位の高い夫の体裁を守るため、外に相談することもできず、密室の中で暴力を受け続けている女性たちがたくさんいることを知り、愕然としました。実父から性虐待を受け続けていた若い女性を、電話線を手繰るようにして何とか保護したこともあります。

実は、勤務3年目に女性相談センター所長から、離職する男性相談員の後任に誰か紹介してほしいと頼まれ、まだ面識もなく、書かれた文章に感銘を受けていた大島静子さんを紹介して、採用になりました。彼女と同僚として働く中で、毎日どれほど多くの学びがあったか計り知れません。

4. 沖縄に帰郷し婦人相談員、市議会議員に

1981年、東京神学大学を卒業した夫が沖縄の西原教会から招聘を受けて一緒に帰郷しました。その西原町には、ベトナム戦争時代米兵相手に売買春の仕事についていて、その後心身にさまざまな支障を抱えた女性たちが生活する「うるま婦人寮」がありました。私はそこにボランティアとして1年通い、女性たちと一緒に袋貼りなどの作業

をしながら彼女たちの半生を聴きましたが、翌年からは7年間那覇市婦人相談員として働く中で、何人かの女性たちとつながっていきました。

　女性が女性であるがゆえに受ける暴力には、性暴力やDVなどの直接的な暴力のほか、社会慣習に根付いた差別もあります。家族を支えるための売春や、男性に巧妙にいいくるめられて川崎のトルコ風呂に送り込まれたりする例などもありました。トルコ風呂で働くことに抵抗して男から暴力を振るわれ、トルコ風呂で一緒に働いていた他の女性たちが彼女の体の青アザに気がついて、旅費をカンパして沖縄に逃がしてくれたという人にも出会いました。

　慣習による暴力では、たとえば沖縄で娘を4人産み続けた女性からの相談がありました。彼女は本家の長男の嫁として、後継ぎの男児を産む期待が強く、3人続けて娘を生み、姑に「もういい加減にしろ」といわれてしまった。ところが4人目も女の子だった。出産後退院して家に戻り、朝外にごみ袋を出していたとき、お隣の女性に「奥さん、予定日、いつ？」と聞かれ、とっさに「来週」と答えてしまった。そして彼女は家に駆け戻り、部屋に寝ている赤ちゃんを抱いて泣いたというのです。つまり彼女は自分と同じ性で産まれた子を誇れなかったのですね。もし3人目に男の子が産まれていたら、彼女は4人目を産む必要もなかったのでしょう。そんなふうに、沖縄の慣習の中には男児を産むべしと期待する地域もあり、それに応えなくてはいけないと思わされています。だからこそ、それに応えられない女性たちの痛みが大きいのですね。

　またある女性は、アパートは安全ではない、すぐに"組織"に侵入されてレイプされるという強い恐れを持っていたため、荷物をコインロッカーに預けて、昼間は映画館で眠り、夜は24時間営業のハンバーガーショップで過ごしていました。そういう風にして必死で暴力を受けないようにして生きていた彼女が、ある時本当にひどい暴力を受けて入院したのです。知らせを受けて病院に行ったら本当に目を疑うようなひどいけがを負っていて、「あーっ」とびっくりしました。そうしたら彼女が「高里さん、やっとわかったでしょう」というんです。おそらく彼女は自分がずっと訴え続けていても私が本当には彼女の抱く恐怖を信じていないと気づいていたのだと思います。私自身、女性たちのさまざまな悩みや苦しみに出会って関わっていく中で「支援する」といいながらも、実際にはどれほど相手のいうことを受け止めて、言葉面だけではない「信じる」ことをできていたか、それを突き付けられました。

　また、ひどいDVから逃れる母子を、カトリックのシスターにお願いして修道院に保護してもらった後、県外に逃がしたこともありました。DV夫はいろいろな人を脅して、その修道院付属の幼稚園児まで拉致すると脅しました。それで公的な機関の関係者が市役所に集まり対処策を協議しました。行政の長たちは幼稚園児を拉致すると脅されているような状況では行政の対応も限界だ、母子の居場所を加害者に知らせるべ

きだ、と言い出したのです。そこに同席していた幼稚園の園長でもあるシスターが「弱い人を助けるのはたやすいことだと思っていましたが、実際にはどんなに力のいることか、そしてどんなに大事なことかをいま私たちは経験しております」といって、頑としてその母子の居場所は明かさないとおっしゃったのです。それで、行政の人たちも「シスターがそうおっしゃるなら、もう少しがんばりましょう」ということになりました。こんな風に教会の現場で素晴らしい働きをしてくださる方もいらして、勇気づけられます。

　そんなさまざまな相談を受ける中で、婦人相談員をしているだけではだめだと感じさせられる事件が起きました。ある悪徳売春業者の下で働かされていた女性が逃げて婦人寮に保護され、決心してその業者を警察に訴えました。警察が内偵を進めなんとか事件化まで漕ぎ着けました。ところが警察から書類を受けた検察庁の担当検事が、婦人寮の課長を呼び、「これはやりがいのないケースだ」といって訴えを取り下げさせてしまったのです。実は彼女は3人の子どもを抱えた生活苦の中で、小売り電気店で短期ローンを組んで購入した商品を、すぐリサイクル店に売って現金を得ていたため、何軒かの電気店に借金を負っていました。検察官の目には、彼女のそういう行動も悪徳売春業者の犯罪行為と同類に見えたのでしょう。それで事件を取り下げた婦人寮の課長の判断を知って、女性は怒り失望していなくなってしまいました。

　これを知った私は、もう婦人相談員をしている場合ではないと思い、1989年那覇市議会議員に立候補しました。相談を受けてひとつひとつ対応することも大切だけども、検事や課長も含め、こういう社会の意識構造自体に取り組まなければ女性への差別はなくならないと思いました。女性たち中心の選挙運動でのキャッチフレーズは「嬉しい町、作りませんか」というものでした。「嬉」という漢字は「女＋喜」です。みんなが本当に伸びやかに、一人一人が大事にされる、一人一人の人権が尊重されるような社会、という思いを込めました。座右の銘は「喜ぶ者と共に喜び、泣く者と共に泣く」です。私は、一貫して無所属の革新議員として働きましたが、4期目をあと1年残したとき、革新政党から那覇市長選挙の統一候補として出馬しました。しかし残念ながら落選しました。

　那覇市の市議会議員になるためには、西原町の牧師館から那覇市に転居する必要がありました。実は立候補することを私の両親に伝えたら、キリスト者の母は「牧師の妻としての仕事もたくさんあるのに、議員になっていいの」と驚きましたが、夫が「僕は自立した男ですから、大丈夫です」と答えてくれました。

　選挙には、多くの女性たち、西原教会の会員やクリスチャン総出の応援もあって、連続4期当選することができました。一方で私の中では、市議会議員はキリスト者としての職業の一つという意識が強くあったので、「私には教会があります」と日曜日の

予定を入れないようにしてもらっていました。さらには市議会議員をしながら沖縄教区の総会議員、常置委員、沖縄教区からの教団総会議員、そして教団常議員として信仰生活を続けていたわけです。

5. キリスト者として働くとは

　日本基督教団の性差別問題特別委員会委員にもなりましたが、教団の問題は本当に多方面で感じていました。沖縄教区に対するあまりにもひどい扱いや、同性愛者に対する差別事件など、ひどいことにたくさん直面して、私自身日本基督教団を離脱しようかと思うくらい、その差別性や偏狭性を感じ続けてきました。夫は 1996 年に亡くなりましたが、当時彼は沖縄教区の総会議長でした。議長としての最後の仕事は教団総会に向けて、日本基督教団の名称変更を求める議案を準備したことで、彼の死後の沖縄教区総会で採択されました。そもそも 1969 年に沖縄キリスト教団と日本基督教団とが合同した際には「復帰の先取り」というように言われましたけど、それは決して対等ではなく、大が小を飲み込むような形でなされてしまった。だから沖縄教区としてはその合同を捉え直すという意味で「日本合同キリスト教会」という名称を教団総会へ提案したのです。その議案は各教区総会での十分な審議もなく、日本基督教団の 3 総会期を持ち越された後、審理未了廃案となってしまいました。「日本基督教団」の名称は、戦時下に政府から与えられたものですが、この名称を神の摂理によるもの、伝統あるものとして後生大事にしているのですよね。戦後日本基督教団からはホーリネスやバプテストなどが出ていったにもかかわらず、です。もしあの時、小さい者である沖縄教区の提案とその意図が全教区でも審議されていたら、日本基督教団自体も改革される契機になったのではないかと思いますが、まったくそうはならなかったのが現実です。

　沖縄は独自の歴史・文化を持ち、日本に併合され、過去の戦争では本土を守るための捨て石戦で、人口の 4 分の 1 を失う壮絶な地上戦場となり、生存者は例外なく強制的に 16 ヶ所の収容所に入れられました。その収容所の中で賛美歌を歌い、祈り合い、戦後の沖縄の教会活動がスタートしています。戦前の沖縄の教会牧師たちは県外に戻り、戦後の沖縄は信徒たちにより教会が形成されてきました。戦後、圧倒的に男性人口を戦争で失い、生活困窮の母子家庭を支援するため、教会女性たちは鶏を配って養鶏を指導し、母子家庭が卵を食べて栄養をつけるのもよし、収入を得るのもよしとしたといいます。また、母子寮建設と幼児教育に取り組み、米軍の払い下げ衣類を新しいものに編み直して販売し資金を生み出しました。教団婦人会の事務所にはそういう織物の材料などがたくさんあったのを憶えています。当時教会の男性牧師たちは女性たちが教会を超えてつながり活動するのを必ずしも快く思わなかったそうですが、そ

んな批判はものともせず、女性たちは必要な支援のために助け合ってきました。そういう女性たちの働きの上に今の沖縄の教会があるんですね。そういう背景を持つ沖縄の教会だからこそ、沖縄という地が排除され米軍占領地となった歴史と同時にこの地が抱えている矛盾、ひどい慣習にしっかりと向き合った働きをすべきだと思っています。沖縄の教会は沖縄が歴史的に置かれているこうした状況に対してしっかり「ノー」といえる存在になっていかなければいけないと思います。

　それと同時に、婦人相談員や議員の活動と並行してキリスト教会での活動をしながら、この社会の中での差別や排除にしっかりと目を向けない教会のあり方や意識に強い怒りを感じていました。たとえば時々「苦しんでいる人を助けるあなたの仕事は本当にとても大事よね、きっとそういう人たちに神さまの御言葉を伝える機会もあるんでしょう」とキリスト者からいわれることがあります。そういう時「いえ、反対なんですよ。彼女たちの口から御言葉が聞こえてくるんです」と答えます。実際にさまざまなケースに関わっていて、自分自身が問われる経験をたくさんしてきました。

6. キャロリン・フランシスさんという同労者を得て
——神は必要な助け手を送ってくださった！

　沖縄で女性に対する差別、暴力の問題に取り組んできた私たちには、確かな同労者が与えられていました。その方は、キャロリン・フランシスさん。彼女はアメリカ合同メソジスト教会から派遣された宣教師として来日し、30年間、教育、社会問題、アジアの女性のためのシェルター（HELP）のケースワーカーなどとして働いてきました。そして最後の10年間を沖縄の女性たちの運動に注ぎ込んでくれました。キャロリンさんは日本語が完全に自由に使えるばかりでなく、フェミニスト神学を共有できる人で、沖縄の女性が置かれた歴史的、政治的、社会的な歴史を見据え、運動の担い手の一人となってくれました。米兵の性暴力を演じる無言劇では、加害者米兵役を一手に引き受けた迫真の演技を見せましたが、米国人の彼女には心中複雑な思いがあっただろうと想像します。

　1991年、フィリピンで起こった今世紀最大のピナツボ火山噴火により、完全に灰で埋まってしまった状態のフィリピンの女性たちの苦境を訪ねて、HELP代表の大島静子さん、キャロリン・フランシスさんそして私の3人でオロンガポ市の女性たちを訪ねて、フィリピンの女性たちとの連携を深めました。また、1995年に北京で開催された第4回国連世界女性会議に向けて、沖縄の女性たち71人は1年がかりで準備して沖縄の女性たちの課題を11ワークショップにまとめて発表しましたが、キャロリンさんはその事務局の中心メンバーとして資料を英訳し、国連本部へのNGO世界会議の登録を担ってくれました。そして、キャロリンさんと私を含め8人の女性で準備した「軍隊・

その構造的暴力と女性」ワークショップでは、軍隊組織の侵略と暴力性の構造を告発しました。その内容は、①日本に開国を迫ったペリー米海軍総督率いる艦船が1853年琉球王国の泊港に停泊して水兵が沖縄の女性を強姦し、②日本帝国軍隊は第2次世界大戦中、戦争に勝つ手段として「慰安婦」制度を組み入れアジア諸国の女性たちを「慰安婦」に駆り出し、③戦後は、沖縄は米軍の占領下に置かれて米兵による暴力被害が社会を覆っている、というものでした。

　1995年に起きた3米兵による12歳の少女強姦事件は、女性たちが声を上げたことから県民大会にもつながったといえます。当初は、被害者の身を案じるあまりの配慮から、行政の長たちも事件の矮小化に努めました。しかし、北京から帰国した空港でその事件を知った女性たちが、翌日には記者会見を開き被害者への支援と米軍撤退を求めました。そのような経緯からようやく事件が公になったのですが、それがなかったら沖縄の為政者も被害者ではなく加害者を守ることになっていたでしょう。被害者を守るという口実のもと、実は暴力を黙認、容認し増強させる社会構造があるのです。

　北京後もキャロリンさんは「強姦救援センター・沖縄REICO」（Rape Emergency Intervention Counseling Center Okinawa）の設立に関わり、「基地・軍隊を許さない行動する女たちの会」を共に立ち上げ、1996年に行った米国市民に沖縄の現状を訴える2週間の「アメリカ・ピース・キャラバン」ではサンフランシスコ、ワシントン、ニューヨーク、ハワイ行動で通訳・運転手・コーディネーターとして働き、そのピース・キャラバンの結果生まれた「軍事主義を許さない国際女性ネットワーク」の立ち上げにも関わってくれました。また、そのピース・キャラバン中『性差別主義と戦争システム』（山下史訳、勁草書房、1988年、原著1985年）の著者であるコロンビア大学平和教育センターのベティ・リアドン教授の授業に招待され、現在まで支援と連携が続いています。さまざまな声明文、抗議文など、さらに「沖縄・米兵による女性への性犯罪」年表の英訳作業も受け持ってくださいました。そのほかにもキャロリンさんと多くの行動を共にする中で、米国メソジスト合同教会のアジア宣教委員会、米クエーカー教会の会議、アメリカ社会学学会に招待されました。「軍事主義を許さない国際ネットワーク」につながる韓国、フィリピン、グアム、米国、ハワイ、プエルトリコの女性たちの運動は、軍事主義、ジェンダー差別、植民地主義と向き合い、軍事力によらない真の安全保障の構築こそ重要だという信念のもとで闘っています。

　キャロリンさんが1999年に宣教師を引退し沖縄での働きを終えた時、教会内外、県内の多くの女性から彼女の働きに感謝と惜別が寄せられました。そして、この沖縄のもっとも必要な時期に、キャロリンさんが沖縄に与えられていたことの大きさを改めて思います。キャロリンさんは2001年に「多田謠子反権力人権賞」を受賞しましたが、その内容は「基地の島沖縄における女性を支える運動」でした。

7. 尊厳の回復を求めて

　既存の教会制度や牧師中心主義に疑問を持つようになった私は、ある時から横田幸子さんや依田康子さん、絹川久子さんなどのフェミニスト神学や女性神学の本を貪り読むようになりました。山口里子さんの本は全部持っています。それからフェミニスト聖書注解なども生きるために切実な思いで読んできました。ですから、私自身を支えるものはそういったところから来ていると感じています。

　2019年の日本フェミニスト神学・宣教センターの最後の集会で、山口里子さんが「キリスト教の核心を受け入れなくてクリスチャンといえるか」という問いかけをされましたけれども、私は自分を隠れキリシタンのように感じることがあります。つまり、たとえば私はイエスが処女マリアから生まれたとはとても思えない、でも思わなくて十分だと考えています。それよりも大切なのがイエスが示したような愛、そしてそこから出てくる救いのはずだ、と。イエスが女性の曲がった体をまっすぐにしたという話からは、さまざまな事柄にがんじがらめにされている人を回復させる、その人の尊厳を回復するというメッセージを受け取って、イエスの存在、イエスの救いはまさにそういうところにあるのだと感じます。

　私がいま取り組んでいるのは、たとえばベトナム戦争時の沖縄で排除され、殺され、捨てられた女性たちの尊厳を回復するという作業です。もうだいぶ前から「沖縄・米兵による女性への性犯罪」年表作りにも取り組んできましたが、その過程で気づかされたのが、たとえば家庭の貧困のため売春を強いられた女性や米兵から暴力を受けた女性がたくさんいたということです。彼女たちが従事した売春業が、ある意味でベトナム戦争期の沖縄社会を経済的に根底で支えていたといえます。そういう女性たちのことを記憶し、記録して、その尊厳を回復したいと思うのです。

　それから、戦前まであった沖縄の辻遊廓にも貧しい地方の子どもたちが4〜5歳で売られていました。この辻遊廓は琉球王朝の中で中国の役人、商人の接待の場所であり、富裕層や中国から来た人が行くような場所でもあった。そしてそこの売り上げが当時の那覇市の税収の6分の1から4分の1を占めていたというほど、経済的にもその社会を支えていたわけです。そして、こうした暴力を行使してもいい地域を特別に設置することによって社会全体の安定が図られていた。

　こういう過去の事例を思い起こすと、いま私たちが謳う平和とか調和とか、あるいは教会の安定だとかそういうものが実はそもそも暴力の上に成り立っているのではないか、だからむしろそれを壊していかなければならないのではないか、と思うのです。ベトナム戦争時、沖縄では1年間に5人もの女性が殺されています。殺されて、裸で溝に放り込まれた女性たちについては、新聞で3行ほどの小さい記事になっただけです。そのようにして女性たちの存在はまったく知られないままに来てしまいました。私自

身も知らなかった。そんな女性たちの存在の上に、現在があるわけです。

　ベトナム戦争の時期に沖縄で女性たちを絞め殺した米兵たちは、しかし、戦争の武器となり、女性への差別を刷り込まれ、アジアへ戦争に行かされ、恐怖に放り込まれた人たちだったのだろうと思います。私はこれまで、米兵に絞め殺されそうになった多くの女性たちに出会ってきました。その米兵たちは特別な人ではなくて普通の兵士たち、家庭では善良な夫、息子たちであったかもしれない。ベトナムのジャングルから戻ってきてその恐怖をなお引きずっている男たちが、ジャングルでベトコンと戦っているつもりで隣に寝ている女性を絞め殺そうになることがあるのです。以前アメリカの「デモクラシー・ナウ」というテレビ番組で、海兵隊の退役軍人が、就寝中に妻を絞め殺しそうになり、それ以来寝室は別にしている、と話していました。みな激しいトラウマから、そのようなことを起こしてしまう。

　そしてもうひとつの大きな問題は、このような暴力の犠牲になった沖縄の女性たちがまったく記憶されていなかったということです。ベトナム戦争時代、女性が絞め殺されても、抗議の県民大会は開かれませんでした。この社会には性差別だけではなくて、いろいろな問題があります。先住民の問題も、LGBTの問題も、新しい問題がどんどん出てきますよね。たとえば私の左利きがかつては問題とされたけどいまはそうではないように変わっていく部分もありますが、しかしイエスの生きた時代から2000年経っても社会的な抑圧にがんじがらめにされている人はなおたくさんいますし、誰かを排除し、切り捨てて成り立つ制度、特定の人に暴力を振るうような社会がいまだに続いている。このことを、どう捉えたらいいのかと考えます。たとえば日本では、2017年にようやく強姦罪が改正されて、強制性交罪等となり、親告罪が廃止され、量刑が少し重くなりましたが、これは110年ぶりの改正でした。改正に110年もかかったということは、やはりこの日本社会に深く家父長制が根付いていて、税制にしても労働環境にしてもすべてその枠組みの中に組み込まれているということの証しだと思います。いくら憲法で個人の尊厳や平等が謳われていても、父権制社会は脈々と続いている。このことに愕然とします。

　それから天皇制がいかにこの社会に張り巡らされているかということも実感しています。私は人間の格差を是認する天皇制を否定しているのですけど、議員を4期務め、副議長も経験した人間として叙勲の通知がきました。明確に断ったのにその数年後、もう一度「お気持ちは変わりませんか」という問い合わせがきたのです。そんな形で天皇制が網の目のように私たちの社会のシステムを包んでいるのだなとよくわかりました。残念に思いますが、長年調停委員など一定の公務を務めた人、行政、議会、国会議員などを務めた者は叙勲や褒賞を受けるのです。叙勲を受けてホテルで祝賀会などをしていますが、この天皇制があらゆる領域、あらゆる職業に網の目のように張り

巡らされていることを痛感します。こういうシステムをどうしたら変えていけるのか
は大きな課題だと思います。

　しかし一方で私が希望を見出しているのは、さまざまな国際会議などで出会う女性
たちの存在です。女性の性的搾取の問題や売春のことをテーマにした国際会議などで
は、草の根でがんばっている女性たちに出会ってきました。それぞれの国、地域には
各地の慣習に深く根付いた差別の問題が必ずあります。けれど女性たちはそれぞれの
場所で諦めずにそうした強固な壁を少しずつ壊すような活動をしてきたのです。どん
なに強固な壁でも、必ずどこかから劣化が起こる、変化が起こる。それを信じて活動
している女性たちの姿を見ると、ああ、また沖縄でもがんばろうと思えます。

（2021 年 3 月 27 日、第 8 回研究会にて）

【応答】高里鈴代さんの講演を聞いて

　敬愛する鈴代さんの話には共感がいっぱい。鈴代さんは沖縄基地関連で性暴力のリス
クを経験し、幼い頃から「左利き」を否定されることの「傷」の記憶が、強い人権
意識と活動につながった。また、留学でアジア諸国などの人々との出会いで視野を広
げられ、あまりに酷い女性状況が続く現実に直面して、植民地主義、天皇制、父権制
社会構造・意識の変革を不可欠と痛感する。こうして議員になられた。

　私は乳児期の大火傷で傷・虚弱な体を持ちつつ育ったが、経済問題で大学入学を断
念し、仕事と学び両立のために苦闘する中で社会の差別に直面。そして女性解放運動
を始めアイヌ・部落・障碍などの差別と闘う草の根運動につながって視野を広げられた。
しかし教会には疑問だらけだった。これは、鈴代さんが痛感した日本基督教団のひど
い沖縄差別や、既存の教会制度、社会の抑圧状況などにきちんと向き合わない教会の
偏狭性ともつながる。結局、社会も教会も父権制構造が根底にある。

　それで私はキリスト教を根本から問い直そうと奨学金留学でフェミニスト神学を学
ぶことにした。実は留学は連れ合いの提案だったが、決意したら「牧師夫人なのに」
と女性たちから非難された。そんな中で留学して、世界のさまざまな人々と出会い学
び合い、憤りも希望も与えられた。それは鈴代さんが、世界のいろいろな地域の人々
とのつながりで学び合い闘い続けるなら、どんなに強固な壁でも変化が起きていくと、
勇気と希望を与えられたのと結びつく。

　鈴代さんは、特にキャロリン・フランシスさんとの出会い・同労の貴重さと共に、
人々との出会い・共働の意義を述べられた。それは、沖縄の教会女性たちが困窮女性
たちに寄り添い支援し、そういう働きで今の教会があるということにもつながるだろ

う。ちなみに、私は学生時代に「知的障害者施設」でのボランティア活動でキャロリン・フランシスさんと出会い、彼女が寄り添う女性たちの現状を、作業しながら聞かせていただいていた。それが、女性解放運動に参加するきっかけの一つと思う。

鈴代さんの座右の銘、「喜ぶ者と共に喜び、泣く者と共に泣く」という姿勢が本当に大切で、意識をしっかり持たなければならない。たとえば、女性を犠牲にする地域を設定かつ隠蔽して、表面的な社会安定が作られる現実に、沖縄女性たちは直面させられ続けている。これは東京生活の私として強く痛感させられた。

いま、鈴代さんは、非常に困難な中での重要な行動が看過・忘却されてきた女性たちや、排除され生命を奪われた女性たちの尊厳回復を求めて、沈黙の声を聞き歴史の真実に向けて記憶・記録する取り組みをしている。これはとても難しく大変な働きだろう。けれど、それこそ差別の再生産に加担せず、明るい未来に向かうために必要不可欠と思う。私も根底でつながる思いで、父権制的キリスト教で削除・歪曲された「女／他者」たちの声・尊厳・正義を回復し、歴史・記憶の再構築で新しい道を拓きたい。

今回、深い印象を受けた言葉がある。「神の言葉は、苦しんでいる人々に伝えるよりも、その人々からこそ聞こえてくる」。まさに「行いの神学」の先輩のこの思いを心底から共感して継承したら、キリスト教も社会も変えられるのではないか？　　　　　　　　（山口）

第3章　講演

在日キリスト者女性とフェミニズム

おー　す　へ
呉寿恵

　今日は「在日」「女性」「キリスト者」をキーワードとして、その歴史を振り返りつつ課題を考えたいと思います。

1. 日本における外国人

　日本における外国人とは「日本の国籍を有しない者」であると出入国管理及び難民認定法（入管法）第2条で規定されています。一方、いくつも国籍を持っている人は、その中の一つとして日本国籍を持っていれば日本人として扱われます。

　1980年代における在日外国人の大半は在日コリアンでした。1990年代には移住労働者や国際結婚移住者が増加して在日外国人の数が100万人を超え、2010年には200万人となりました。2020年時点の在日外国人の数は288万5,904人となっています。

　2006年までは外国人の中でも韓国・朝鮮籍の人がもっとも多かったのが、2007年からは中国籍が第1位となりました。さらに2012年からは韓国籍と朝鮮籍を分けて統計を取るようになったため、2020年時点では韓国籍の人は43万5,459人となります。朝鮮籍の人は3万人弱いるのですが、統計の上位に入らなくなったためその存在が見えにくくなっています。

　外国人の在留資格の内訳は、「特別永住者」「永住者」「定住者」「日本人の配偶者等」「永住者の配偶者等」「留学」などに分けられます（この他にも「家族滞在」「技能実習1号、2号、3号」「技術・人文知識・国際業務」「特定活動」など全部で14項目あります）。「特別永住者」とは入管特例法により、戦前から引き続き日本に居住している平和条約国籍離脱者（ほとんどが韓国・朝鮮人および台湾人）とその子孫を対象に定められた在留資格です。平和条約国籍離脱者といっても、植民地時代には在日は否応なしに「日本人」にさせられ、1952年4月28日サンフランシスコ条約の時には突然日本籍を剥奪されて「外国人」になりました。剥奪するのも与えるのも全部一方的な措置だったのです。

2.「在日」について

　日本社会では在日のことを「在日コリアン」「在日韓国人」「在日朝鮮人」「在日韓国・

朝鮮人」と呼んだり、またこの最後の「・」（中黒）が38度線を表していると考える人は中黒なしで「在日韓国朝鮮人」と呼んだりします。あるいは単純に「在日」と呼ぶ人もいます。本国では「在日僑胞」「在日同胞」と呼ばれます。私自身は、かつては「在日韓国・朝鮮人」という表記を使ってきたのですが、中黒があるのもないのもすっきりしないと感じて、今は「在日コリアン」を使っています。

　先ほど述べたように、1980年代までは日本における外国人登録者数の約80％を在日コリアンが占めていましたが、その数は年々減少しています。それは日本国籍取得者（帰化する人）が増えていることや、国際結婚などによって新しく誕生する者は日本国籍を取得する場合が多いからです。2020年時点で約40万人いる在日コリアンの内訳は、特別永住・永住資格を持つ日本の旧植民地出身者およびその子孫（「オールド・カマー」）と、1970年代後半以降に韓国から来日した「ニュー・カマー」に分けられます。

　在日コリアン社会は非常に多様化してきています。まず、世代の多様性です。植民地時代を経験してさまざまな事情で日本へ来て定住した一世、日本出生の二世・三世・四世そして五世までが出現しています。

　次に国籍の多様性です。在日コリアンの国籍には、日本国籍（すなわち日本国籍取得者＝帰化した人、また両親の一方が日本国籍者であるダブルの人など）、韓国籍、朝鮮籍があります。1952〜2019年の間に日本国籍を取得した在日コリアンの数は37万6,878人です。近年は毎年1万人規模で日本国籍取得が進行しています。それから中国国籍を持つ朝鮮族の人たちも増えています。またそれ以外にも、外国人登録をしていない非正規滞在者あるいは不法滞在者と言われるオーバーステイの人たちがいます（10万人程と思われる）。1952〜2019年の総計では、国際結婚から生まれた子どもは12万8,119人です。

　在日コリアンは日本社会で定住外国人として暮らしてきましたが、日本は、日本国籍を保持していないという理由で在日コリアンの権利制限を前提とする差別的な政策をとってきました。「韓流ブーム」にのって一般民衆の韓国への対応が少しはましになったと思う反面、「北朝鮮」へのバッシング・キャンペーンが繰り広げられています。

　2013年頃から「ヘイト・スピーチ」という言葉が出現してきました。在日コリアンに対するヘイト・スピーチとして、「在日コリアンは大嘘つき」「帰れ、コリア半島へ」「殺せ」「死ね」などと叫びながらのデモ行進や街頭宣伝、集会が挙げられますが、これらは現在も全国各地で続いています。2016年5月には日本で初めての「反人種差別法」が施行されましたが、この法律は「ヘイト・スピーチは許さない」と宣言するだけで、禁止規定も罰則規定もないものです。

　本国（韓国）では、1965年の「韓日条約」が結ばれた時、在日は「棄民」とされました。棄てられた民族です。

2-1. 差別・偏見

差別には、意識による差別（偏見）と制度的差別があります。日本では植民地時代の教育が継続して、日本人以外のアジアの人々が劣等民族と位置付けられ、それがステレオ・タイプとして日本人の意識に刷り込まれました。「朝鮮人は汚い」「朝鮮人は乱暴だ」「朝鮮人は頭が悪い」などが意識による差別（偏見）です。在日の子どもの約90％は日本の学校で教育を受けるので、かれらもこうした偏見を刷り込まれて劣等感をもち、自分の出自がばれるのではないかといつもビクビクしながら隠れた存在となっています。そのために「本名」を名乗れず、約90％の子どもが「通名」である日本名を使って、日本人のふりをして生きていくのです。

制度的差別としては、かつての「外国人登録法」（外登法）と「出入国管理法」（入管法）という二つの法律によって差別が固定化してきたことが挙げられます。外登法では「外国人登録カード」の常時携帯と指紋が定められていましたが、それが撤廃された後もサインと４年ごとの切り替えが継続して、管理体制が組まれていました。そして入管法によって、日本国外に出て帰ってくるための「再入国許可」が必要とされています。

2-2. 民族差別撤廃運動

こうした差別政策の撤廃に向けて1970年代から大きな運動が展開されました。その代表が指紋押捺撤廃運動です。20年をかけた運動によって、1992年に在日の指紋押捺制度が撤廃されました。そして2000年にはすべての外国人の指紋押捺制度が撤廃されました。同時に、1979年の国際人権規約、1981年の難民条約など国際的人権条約の批准・発効にともなう国内法の整備によって、制度的差別が少しは是正されました。約200もある社会保障の門戸が開かれたのです。

在日コリアンを含めた在日外国人は、「すべての国民は納税する義務がある」の「すべての国民」に含まれ、納税義務を負っています。納税だけは平等、つまり義務はあるが権利はないのです。もちろん選挙権もありません。しかも2007年11月より指紋押捺が復活しました。日本政府がアメリカに追随して行った入管法の改定で、指紋・顔写真登録制度が定められました。それは特別永住者・外交関係者・16歳未満の者などを除いたすべての外国人に対して入国・再入国時に強制されるものです。20年の運動をかけて勝ち取ったものが、わずか7年で壊されたということです。

2009年7月、日本政府は外登法を廃止して新たな在留管理制度を定めました。それは中・長期在留者を対象としてICチップ付きの「在留カード」を交布し、常時携帯を義務付け、罰則を強化するものでした。特別永住者には「特別永住者証明書」を交付しました。そして中・長期在留者と特別永住者に対して外国人の住民台帳制度を導入しました。オーバーステイの人は住民基本台帳から除外し、すべての各種行政サービ

スから除外しています。この改定法は 2012 年 7 月から実施され、これによって外国人に対しての管理体制がますます強化されることになりました。

2-3. 内なる女性差別

　以下は、東京自治研究センター・DV 研究会編『笑顔を取り戻した女たち ── マイノリティー女性たちの DV 被害在日外国人・部落・障害』（パド・ウィメンズ・オフィス、2007 年）に収められた金静寅「在日コリアン女性の場合」の一文です。

> 　在日コリアンコミュニティは、マイノリティーにありがちなことかもしれないが、長年にわたる日本社会での露骨な差別や同化政策を撥ね除けるため、老若男女をとわず一致団結する必要があったため、コミュニティ内部の問題、高齢者や障がい者、女性や子どもなどの弱者の問題はなかなか表面化されづらいという傾向があった。とりわけ、儒教に根ざした男性支配の家父長制、あるいは女性に良妻賢母といった伝統的な役割をもとめる封建的な思想は、むしろ民族の文化や伝統と一緒に一括りにそのまま受け継がれてさえいる。そのため、男女ともにそれぞれの役割意識や家族意識が日本人に比べても強いといっても過言ではないだろう。（111 〜 112 頁）

　2002 〜 05 年と 2016 年 1 〜 5 月に実施されたアプロ女性実態調査プロジェクトのアンケートによれば、在日女性たち約 1,000 人を対象に日常生活で感じている差別の問題や社会意識に関して質問したところ、次のようなことがわかったといいます。

①選挙権がないにもかかわらず、政治意識が高いこと。政治にアクセスする権利を剥奪されている在日が、日本の政治動向に左右される不安定な位置に置かれている状況を反映している。
②北朝鮮の拉致問題以降の政府やマスコミによる過去の歴史の歪曲や在日コリアンに対するバッシングや差別発言をめぐり、怒りやいらだちを感じている回答者が多い。
③在日女性は民族差別だけでなく、日本社会および在日社会における女性差別を受けてきたこと。そしてこうした複合差別からの解放として、日本社会の民族差別をなくし、男性優位の価値観を捨てることが有効であると考えていること。

　さらに、女性たちが特に問題に感じている差別的な具体例として「チェサ」と「女性への暴力」の二つが挙げられています。

（1）チェサ（祭祀、法事）

　チェサとは、先祖の霊を供養する儀式です。儒教の影響で代々継がれてきました。故人の命日に親戚一同が本家に集まり、午前0時を回ると儀式が始まります。儀式での礼は男性のみに許されており、5代ほど前の先祖にまで遡ってその人の命日に行うため、年に数回から十数回行う場合もあります。経済的にも長男の負担が大きく、儀式での料理の準備はおもに長男の妻が担っています。

　チェサは儒教的家父長制に基づく祭祀であるため、在日社会において民族文化を継承する場であると同時に女性差別の問題を内包しています。チェサは家族の変容が避けられない状況にあって、親族ネットワークをつなぐ場としての役割を担ってきました。民族的アイデンティティを否定される日本社会にあって、民族的アイデンティティを確認し育む場であったことが、チェサに対して異議をとなえたり、形式を変えたりすることを難しくしています。在日の女性は、その役割をずっと担ってきました。

　アプロ女性実態調査プロジェクト第1回目のアンケート（2002〜05年）によれば、チェサに対して「よくない」と回答した人は全体の55.5％にのぼり、その理由として「女性の負担が大きい」「女性差別的な行事」「長男夫婦、特に長男の嫁に負担が偏っている」などが挙げられています。最近では簡略化されて回数も減ってきているようですが、10年後の第2回目のアンケート（2016年）でもチェサを行っている家は66.1％にのぼっていて、まったく行わない家（19.9％）の3倍以上であることがわかります。チェサのもつ女性差別の問題を問い直して、継承すべき民族文化を取捨選択し、変えていく方法を在日女性みずからが模索している最中です。

（2）女性への暴力（DV）

　植民地時代、日本人からの朝鮮人蔑視と差別を日常的に経験していた男たちはそのはけ口をアルコールに求め、その結果が家庭内での暴力となって現れました。在日の作家たちはその小説に、父親によるDVを克明に描いています。それが在日社会の現実だったのです。先ほどのアンケート調査によると、叩かれたり蹴られたり殴られたりしたことがあるかという質問に対して、「何度もあった」「1〜2度あった」が約20％もおり、また0.8％の人が過去1年間に通院または入院するなど、何らかの治療を要するほどのDVを受けたことがあると答えています。第2回目のアンケートによれば、蹴られたり殴られたりしたことが「ある」と答えた人は6.6％で、「ない」は36.7％でした。相談先はほとんどなく、「どこにも相談しなかった」がもっとも多く約40％でした。ここからは、封建主義的な考え、儒教的思想、男尊女卑の価値観の中で在日女性たちが身体的・精神的暴力を受けてきたことがわかります。アンケート調査だけでは計り知れないものもあるでしょう。

在日女性は、日本社会で人脈や情報などを十分に持っていない上、生まれて以来の経験から日本人の中に一人で入っていくことには不安があります。鄭暎恵は次のように言っています。

　　植民地時代の創氏改名以来、朝鮮名を隠し「日本人であるかのごとく装って生きる習慣」を強いられてきた「在日韓国朝鮮人」の存在は、日本人からは"見えない"。「在日韓国朝鮮人」は、自分の存在に気付かずにいる日本人たちの挙動を、毎日見ていることで、日本人にも自分にも不信感を募らせていく。「実は、朝鮮人なんだ」とばれたら、相手が手のひらを返したように豹変するのではないかという思いから、日本人を信頼することが難しくなる。その反面、最初は自分の選択ではなかったにせよ、気が付いたら「日本人であるかのごとく装って生きる」自分は、「虚構で塗り固められた嘘つき」なのではないかと思えて、自分すら信じられなくなる。そのうち、自分でも自分が「在日韓国朝鮮人」であることを「忘れてしまう／忘れたいと願う」者もいるくらいだから、この日本で「在日韓国朝鮮人」と日本人が心底向き合って〈出会う〉ことは、それほど簡単ではないだろう。(「在日韓国朝鮮人女性とDV」『笑顔を取り戻した女たち』94〜95頁)

　このような在日女性がDVに遭ったらどうするのでしょうか。在日であることを隠して生きていれば、日本社会の中で信じられるものは家族だけです。儒教文化から家族は何よりも大切なものと教えこまれていることもあって、家族主義が強まり、個人主義は悪だとすら思っています。また在日にとって日本人とは民族差別の構造を生み出し、温存し、傍観してきた人々であり、信頼を寄せることが難しいのです。このような状況で家族から逃げ、「安全な場所」であるシェルターへ駆け込むことには躊躇があります。シェルター内でも排除されるかもしれないという不安が拭えないからです。一方で、「日本全国でシェルターを開設すると、真っ先に駆け込んでくるのはコリアン女性だ」とも言われています。日本社会に不信感を持ちながらも、日本社会に頼るしかないほど弱い立場にいるのが在日女性なのです。また電話相談にも頼れないのは、在日社会の身内意識が強いためDV被害を訴えにくい実態があるからで、そのため暴力の問題を宗教や前世の問題として捉え、解決しようとする傾向が強いといわれます。また日本の行政機関の相談所に行っても、在日のことに理解がない担当者によって挫折します。このようなことからDVに遭ってもなかなか家を出られない、また出ることができたとしてもその後の自立がうまくいかないのです。
　在日女性が本来受けられるはずのDV当事者支援・公的施策・制度の利用が疎外されている現状があることを受け止め、これらの問題の解決として、東京自治研究センター・DV研究会は次の三つを提言しています。

①「同じ歴史的背景をもち、あるいは同じ言葉と文化、さらには痛みをも共有できる女性同胞による同胞女性のための安全な場」が確保されることが最重要。在日女性による在日女性のための電話相談、シェルター活動などの具体的な支援活動が必要。

②DV当事者支援は一人の人間、一つの支援機関で対応できる問題ではないので、第三者である専門家の日本人支援者を含む個人や団体の存在との連携が必要不可欠。DV当事者支援者養成講座なども有効。

③在日の社会的背景や現状について配慮・対応できるための行政窓口、DV支援機関の専門家への研修体制の確立・強化も必要不可欠。

3. キリスト者（在日大韓基督教会、KCCJ）

次に、キリスト教について見ていきます。1970年代後半から、在日や日本人と結婚するために韓国からたくさんの女性が日本に来ました。それに伴って単立の韓国教会も増えてきましたが、今日は私の属する在日大韓基督教会（以下KCCJ）の女性たちの闘いについて述べたいと思います。

1908年に始まったKCCJは121年の歴史を有しています。現在、全国に90あまりの伝道所と教会、三つの機関——韓国基督教会館（KCC70年〜）、在日韓国人問題研究会（RAIK74年〜）、西南KCC（83年〜）、協力機関としてマイノリティ宣教センター（2017年〜）——、一つの神学校（96年〜）、そして関係施設として七つの保育園、三つの老人ホームを有しています。関係機関として、全国教会女性連合会（全国女性会）と青年会全国協議会（全協）があります。2019年1月当時の信徒数は女性2,715名、男性1,411名で、計4,126名です。女性が3分の2占めていることがわかります。

1908年、併合以前から東京に来ていた留学生を中心に在日朝鮮基督教会が始まりました。同胞たちは差別・偏見・蔑視の中で苦しむ苦難を共に担いつつ歩んできました。ですから教会は同胞のオアシス、情報交換の場となり、国の言葉で思いきり話し合える場、「信仰共同体」であると同時に「民族共同体」でもありました。

1968年、KCCJは宣教60周年を迎えるにあたって標語を「キリストに従ってこの世へ」とし、目標として今までの教会の取り組みにおける反省と悔い改めによる「教会に革新を」、在日同胞の重荷を共に担う「同胞社会に変革を」、キリストの福音に生きるものとして「世界に希望を」（世界宣教）を掲げ、取り組むことになりました。これはKCCJにとって大きなターニングポイントとなりました。そして70年代から始まった差別撤廃運動、特に指紋押捺撤廃運動などを日本の教会の良心的な人々と共に闘ったのです。KCCJの特徴は「エキュメニカル性」「マイノリティ性」「多様性」だということができます。

しかしKCCJの現状は、いまなお女性にとって決して平等な場とはいえません。先

のチェサの問題にしても、そのことを話し合う機会をもっている教会はほとんど聞きません。家族の中で一人だけがクリスチャンで、家庭内での立場上（特に長男の妻など）、チェサをしなければならない女性がたくさんいます。教会はそれに対してきちんとした対応をしているとは思えません。

　DV に対する具体的な動きとしては、全国女性会の働きが挙げられます。2004 年 9 月 11 日に「女性のための電話相談セットン」が開設されました。開設のきっかけは 2002 年に起きた関西地方の牧師によるセクハラ事件でした。また、家庭内や教会内外で女性であるための痛みと抑圧――移住女性労働者、国際結婚で日本に来た人、夫から DV を受けている人、オーバーステイの人など――を法律的、精神的に受け止める場所の必要性を感じて、2003 年の第 54 回全国女性会定期大会で創立 60 周年記念特別事業「心のケア基金」を決議したのが始まりでした。ここは同胞女性のための同胞女性機関として期待されていましたが、残念なことに財政的な問題から 2019 年に中断しています。

　次に、70 年代から差別撤廃運動・人権獲得運動が高揚したこと、そして本国の民主化闘争の高まりに影響を受けた在日キリスト者女性たちの気づきのプロセスを三つの観点から振り返ってみたいと思います。

3-1. 定期総会での総代（代議員）

　まず、KCCJ の定期総会に参加できる「総代」の歴史を辿ります。

　1941 年に日本基督教団に吸収された在日朝鮮基督教会は 1945 年 12 月に日本基督教団より脱退しましたが、脱退に先立つ 11 月に第 1 回定期総会が開催されました。この総会には総代として 21 教会・伝道所から 47 名が出席しています。その中には女性伝道師 4 名、女性執事 1 名、女性神学生 1 名、その他 1 ～ 2 名の合わせて 7 ～ 8 名女性が含まれていました。1946 ～ 51 年までの 6 回の総会に参加した総代は牧師、伝道師、長老、執事（信徒代表）、宣教師でした。伝道師と執事の中には女性がいましたし、長老にも一人の女性がいました。つまり第 7 回までは、少しではありますが女性がいたということです。第 8 回総会（1952 年）では、日帝下で女性長老となっていた人の資格が執事に格下げられました。第 9 回（1953 年）では女性伝道師は傍聴者の資格であり、発言権のみを認めるという決議がなされています。第 10 回（1954 年）の総会では婦人伝道会連合会（現在の全国女性会）会長を総会準会員にしようという提案があり、発言権のみ許可されました。この時には女性伝道師を総代にしようという献議案も出ましたが、否決されています。そして KCCJ の憲法が改定されて、長老は男性のみとなりました。第 11 回（1955 年）では婦人会連合会会長への総代権付与に関する件が出ましたが、会長が代表として出席して、婦人会に関しての報告と発言権のみ許可されることが決

まっています。このような形で、女性はいっさい総代になることができなくなりました。

　1955〜97年までの40年間には、後で見るような女性の牧師・長老問題への取り組みがなされました。牧師と長老になればその女性たちは総代になることができます。1978年に憲法が改定されて女性が牧師と長老になれるようになり、その結果女性牧師と女性長老が総代になることが可能になりました。しかし女性会を中心とする女性たちは、一般信徒からも女性総代を出したいと何度も交渉し、その努力の末1997年に憲法改正が決議され、以下のように定められました（翌1998年施行）。

　　総会憲法第60条（定期総会の組織）：「総会総代は各地方会が派遣する視務牧師、視務長老とする。但し、女性会代表と総会が派生した宣教師は会員権を与え、その数と資格は総会規則に定める」
　　総会規則第3条2項：「全国女性会代表8名。（会長、副会長、書記、5地方会会長）。但し、総会の3分の1以上が女性になった場合、この項を削除する」

　つまり、全国女性会代表8名の内に必ずしも女性長老ではない、一般信徒が入る可能性が開かれたということです。また、女性総代が全総代の30％になるまで全国女性会代表者の正代議員が認められました。さらに女性会会長がKCCJ任職員会（常任委員会）の正会員として認められるようにもなりましたが、現在もまだ女性総代の割合は30％になっていません。

3-2. 女性牧師・長老問題の変遷と取り組み

　次に女性牧師・長老が認められるようになった経緯を憲法の変遷と共に辿ってみたいと思います。戦前の1934年に在日朝鮮基督教会は自立して初めての大会を開き、長老規定を作りました。そこでは以下のように定められています。

　　「長老は年齢27歳以上の男子で、洗礼を受けて5年、家族と共に本会に入会して満2年以上経過した者。正会員20名当たり1名の比例で、投票者の3分の2の得票で選ばれ、テモテ前書3章1節より7節に該当するものとする。当選後6ヵ月間教養して、中会で聖書、信条、そして憲法の試験を受けて合格したものとする」
　　但し書き「任期は3年、再選の場合は牧師による留任式で継続視務する」

　以後、戦前・戦後を通じて300人以上が長老となりました。戦後1947年の第3回総会では、「長老は、27歳以上の男女で洗礼を受けて5年を経過した者」と「男女」になりました。しかしこの頃はまだ女性が長老になるべきではないという考えが強かった

と思います。

　1954年の第10回総会では再び改定がなされ、牧師は「27歳以上の成婚者」であること、長老は「27歳以上の既婚男子」であることという規定ができます。第14回総会（1958年）では「未婚長老と女性長老将立案に関する件」が出されましたが否決されました。その後も女性たちは粘り強く働きかけて、例えば全国女性会が「未婚長老と女性長老将立案」を総会に建議することを決議しています。第16回総会（1960年）では、関東地方から「独身長老及び牧師と女性牧師の件」が出されましたが、宣教研究委員会に一任されました。その後宣教委員会からの報告はありますが、なかなか決まらず、第19回総会（1963年）では、「独身牧師・長老按手制度は、可否を即決せず、宣教局に一任」となっています。第20回総会（1964年）では宣教局から憲法第15条但し項「年齢は27歳以上、成婚者とする」を削除するという修正案が提出され、それが通過し、翌第21回総会（1965年）で可決されました（ここでは性別についての修正案はなし）。1973年には全国女性会が再び「女性長老将立要望書」を提出しています。

　この間、今あげた他にも女性たちの要望は何度も出されていたことが想像されます。第33回総会（1977年）では「女性長老将立の件」について投票されましたが、否決されました。しかし翌78年の第34回総会でようやく憲法が改正され、女性牧師・長老が認められることとなりました（会員76名中賛成66票）。その後1980年に戦後初めての女性長老が、1983年に女性牧師が誕生しました。それから1998年までの18年間で女性長老は8名、女性牧師は5名出ています。

　1999〜2009年の10年間で女性長老は累計20名出ていますが、70歳で引退と定められているため数は減っていきます。この期間に誕生した女性牧師は9名です。

　2019年の統計によれば、現役の女性長老は11名、女性牧師は8名となっています。憲法が改定されて30年以上が過ぎた今日でも、定期総会における総代の女性割合が30％になるにはほど遠い状況です。なぜ女性長老・牧師はなかなか選出されないのでしょうか。3分の2もいる女性たちの中にも家父長制度が刷り込まれていて、女性を選出するのを拒んでいるのでしょうか。

3-3. 性差別問題への取り組み

　次にKCCJにおける性差別への取り組みを概観します。

　始まりは1998年1月でした。同年7月に予定されていた青年会全国協議会（全協）伝道部主催の「全国聖書講演キャラバン '98in 関西」の講師としてレズビアンの牧師が招かれていたことに対して再考要請と教会使用の拒否が起こったのです。さらに2月には青年局主催で行われた第29回青年指導者研修会で牧師2名が同性愛者への差別発言をしました。2名の牧師は発言内容を認めています。

性差別という根深い問題を掘り下げ、その根本的解決に向けて取り組む必要があるという認識から、社会局に「性差別問題小委員会」が設置されました。その報告書が『麦の目』と題する印刷物として1998年10月に発行されています。委員会の構成は社会局から3名、全国女性会から3名でした（委員長のみ男性かつ牧師、他は女性）。

　委員会の活動方針は、①KCCJ総会内における性差別撤廃への啓発活動、②聖書を読み直す作業、③「日本軍慰安婦」問題の解決に向けての取り組み、④性差別問題と取り組む人々との連帯と定められました。報告には、以下のような記述があります。

> 私たちの総会が在日外国人人権確立のために指紋押捺制度撤廃など、差別撤廃の取り組みを行い、被差別者と共に歩む宣教の使命を担ってきたにもかかわらず、在日同胞社会に根深く下ろされた儒教的体質からくる女性差別、あるいは被差別者の立場の中でもまたそこで差別されている女性の存在を見落としてきた反省がありました。私たちの社会が真の女性と男性の対等な関係を構築するために、まず私たちの教会がその先駆者となるべく委員会として取り組んでいくものであります。

　さらに課題として「教会内の性差別の実態を総会全体の在り方を検証する試金石として捉え、あらゆる不義が許されることのない公平で平等な社会の実現のため、教会が果たすべき責任と役割を明らかにして実践していく」と記されています。

　翌1999年3月にNCC関西青年協議会より「抗議と要望書」が提出され、1998月と7月の牧師たちの発言が明らかな「同性愛者差別事件」であるという抗議と共に、事実確認を行なって総会の見解を明らかにすること、学習会等を開催することという要望が伝えられました。4月には全協中央委員会より教会使用拒否および差別発言についての対応と教会を会場に学習会を開催してほしいという「要望書」が提出されます。任職員会と呼ばれる常任委員会では「性差別問題小委員会」の設置が決まり、事実確認会が3回持たれました。9月にはその委員会が継続的事実確認をしています。10月には、KCCJの第45回定期総会があり、「KCCJの社会的責任に関する態度表明1999」が出されました。以下はその一部です。

> 在日同胞の差別撤廃運動を担う中であきらかになってきたことは、差別構造の多様性である。我々は今や「障がい者」差別、性差別、セクシャル・マイノリティ差別などの問題を担おうとする時、総会自ら内包している差別性を厳しく見つめなおさなければならないのである。

　さらに「性差別等問題特別委員会」がKCCJ直轄組織として設置されました。2000

年にはこの新しい体制のもと改めて3回の事実確認会が持たれ、その報告書として「教会使用拒否および『性差別発言』に関する事実確認会の性差別等問題特別委員会としての総括」が発表されています。その中では、以下のように報告されています。

> 　KCCJは今回のこの教会堂使用拒否事件を差別事件として深く且つ重く受け止め、再びこのような差別事件がおこらないように最大限の努力をする必要と義務がある。そのため、性差別に関する学習会を継続的に持つこと、そのための場所を保証することを勧告する。青年指導者研修会における発言については、発言の主旨として同性愛者の存在を否定する発言であり、その発言は差別性を持っていたと言わざるを得ない。

　翌2001年2月に第4回事実確認会がもたれ、10月には『教会堂使用拒否及び「差別発言」に関する同性愛者差別についての事実確認会報告書』が発行されています。

　その後、2002年に先述した関西地区の牧師によるセクハラ事件が明るみになり、女性会が立ち上がって粘り強く抗議をしました。2004年にその牧師は免職処分となり、『性差別とセクシャル・ハラスメントについて』という小冊子が発行されています。

　2005年10月には第48回定期総会で「性差別等問題特別委員会」が社会委員会へ組み入れられることになりました。ここでは、性差別の問題は女性差別という次元に留まらず、取り組みの継続が望まれると確認されています。

　これらの闘いは女性たちに大切な気づきをもたらしました。聖書講座、講演会、研修会、大会などを通して女性たちは学び、自覚し、共に闘ったのです。

　2021年に発行された『マイノリティ人権白書』（マイノリティ宣教センター発行）は「マイノリティ性を謳う『理念』とは裏腹に、性的マイノリティに関して差別的であった傷をしっかりと受け止めきれていないことも大きな課題である」と指摘しています。1998年に差別発言を受けた当事者（日本基督教団牧師）に対して、いまだ正式な謝罪がなされていないことを重く受け止めたいです。この問題を通して、「マイノリティ」として常に差別を告発する側に立ってきたKCCJはその内実を問われています。差別発言をした牧師はもちろん、KCCJはこの事実と正面から向き合う必要があります。

おわりに

　現在、在日をはじめ外国人として日本に住む人たちはすでに300万人になろうとしています。先に来ている私たちが、後から日本へやってきた人たちをどのように受け止め、その重荷を分かち合うのかが大切な課題となっています。私たちには、女性問題に関する課題も多くあります。在日コリアンにおけるフェミニズム運動への取り組みは、まだ始まったばかりですし、KCCJにおける性差別問題の取り組みは十分ではな

く、男女平等もまだほど遠い状態です。しかしこのような課題がKCCJに与えられていること、その与えられていることを自覚的に受け止めて取り組んでいくことは神の祝福であると思います。マイノリティとして卑屈になるのではなく、新たな使命をもって生きていくことに意味があるのではないでしょうか。

（2021年10月2日、第10回研究会にて）

【応答】呉寿恵さんの講演を聞いて

　呉寿恵さんの講演を聞いて、わたしは小学生の時の体験を思い出した。それは、祖母と母の母教会である神戸のK教会の夏のキャンプでのこと。ある晩、テントが同室だった一人の女の子が打ち明けたのだ、「うち、在日やねん」。彼女は続けて言った。「別に慰めてほしいとも思わへんし、何も言ってほしくないんや」と。わたしは布団の中で暗い天井を見つめながら何と答えていいかわからなかった。K教会のキャンプにわたしは毎年参加していたが、その子とはそれっきりだった。今回、記憶の底に埋もれていたその子のことを思い出したのは、呉寿恵さんの講演が「在日女性」をテーマにしていたからだと思う。そう、わたしが最初に出会った在日コリアンは女の子だったのだ。そんなこと、忘れてしまっていた。でも、「在日コリアンの女性たち」とりわけ「キリスト者女性たち」がどのような歴史を歩み、どのような課題に取り組んできたかを聞いて、女性には女性の固有の歩みがあると自分に欠落していたものを意識できた。そうしたらあの子とのことが思い出されたのだった。

　講演の中では特に、女性が定期総会に参加できる総代への権利を得るまでの闘いや、女性が長老や牧師になるまでの道のりの厳しさに驚いた。と同時に、困難を切り拓いていく女性たちのあきらめない逞しさに感銘を受けた。わたしの世代（40歳代）では、ここまでのあからさまな差別はないように思うが、と研究員の一人に話したら、実質的な差別は今でもひどいものがあると言われてしまった。それに、わたしより前の世代の女性たちが苦労してきて今があるのだろう。

　わたしは現在（2021年）、四国・松山のキリスト教学校で宗教主事をしている。松山には四国で唯一の朝鮮学校があり、勤務校との間に交流がある。運動会や演劇発表会等の行事の際には、中高YWCAの顧問が生徒たちに呼びかけて朝鮮学校を訪問している。感染症蔓延のために交流は滞りがちだが、この関係をこれからも大切にしていきたいと思わされた。

　教育の現場で大事なことは多くの出会いをつくることだ。なぜなら、出会いによってわたしたちは隣人を見出し、自らを問われ、関係を創造する力を養っていくことがで

きるからだ。あの時、「何も言ってほしくない」と言われて黙るしかなかったわたしも、何らかの形で関係を創造しようとする経験を生徒たちの中に培っていけたらと願うとともに、当時の彼女がその二の句を継がなくてもよかった関係を築いていきたいと思っている。

（水島）

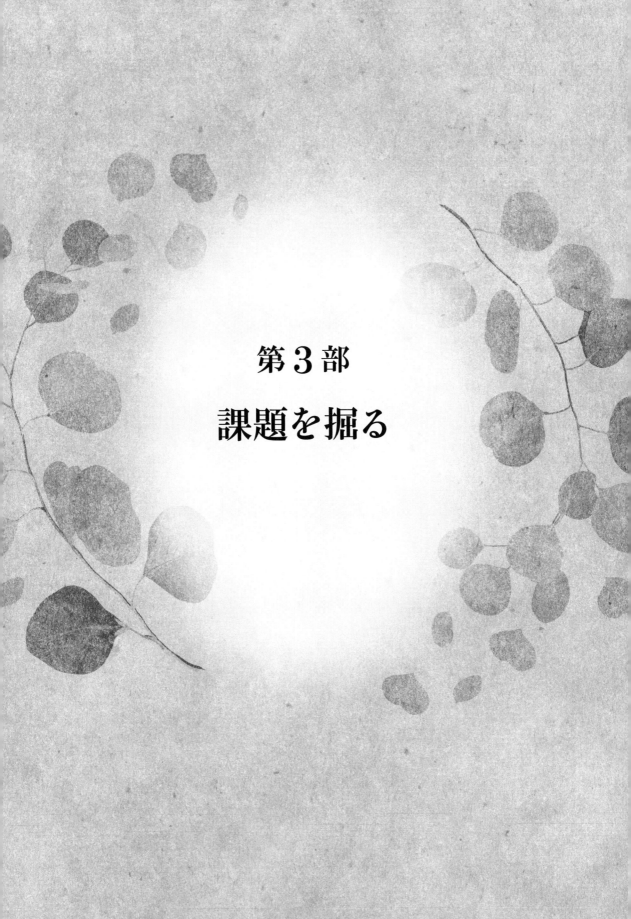

第3部

課題を掘る

論考1 『福音と世界』におけるジェンダー／セクシュアリティ表象

工藤万里江

　日本のキリスト教メディアにおいてキリスト者女性たちの運動はどのように表象され、また女性たちはどのような発信をしてきたのだろうか。本稿では1952年4月に創刊され、現在も続く月刊誌『福音と世界』(新教出版社)を取り上げ、その変遷のアウトラインを描く。具体的には、創刊号から2021年12月号までの本誌における女性執筆者による記事や、ジェンダー／セクシュアリティに関連する記事をすべて調査し、各年代の傾向を分析・描写する（以下、執筆者の敬称・肩書は略）。

1　1952年(創刊)〜60年代

　創刊時から60年代まで、執筆者の圧倒的多数が男性であり、女性はそこに例外的に加わっているにすぎない。しかもその場合女性たちに与えられたテーマは「家庭」(53年6月号、山室善子)、「売春処罰法案について」(53年9月号、山室民子)、「奉仕」(54年11月号、渡善子) などで、ここからは当時何が「女性の領分」とされていたかが読み取れよう。

　本誌で初めてジェンダーの課題を扱ったのは57年2月号特集「婦人の問題」だが、この特集では「女はどうあるべきか」を男がまず語り、諭すという構図になっている。巻頭論文は鈴木正久による「聖書における『女』」。この中で鈴木は「女もまた（男と同じく）人間である〔…〕人間は男と女ととして人間である」(傍点原文通り) と宣言したうえで、こう続ける。

　しかし、男と女との間には在り方の相違が無いのではない。否、それは明白に存在する。男は先に、女は後に造られた。男は働く者として、女はその助け手として造られた。〔…〕かくて、女のかしらは男であり、男のかしらはキリストである（Ⅰコリント一一・三）。また男は神の栄光であり、女は男の栄光である（同一一・七）。〔…〕男である人間はその男として与えられている賜物があり、女である人は、その女として与えられている賜物がある。〔…〕女の人にはどのような賜物が与えられているだろうか〔…〕それは聞き従うことである。

　つまり鈴木は男女の本質的な違いを前提とし、男は「働く者」「神の栄光」「女のかしら」として創造された一方で、女は男の「助け手」「男の栄光」であり「聞き従う」存在として創造されたと述べているのである。

　さらに同特集の佐古純一郎「戦後文学にお

ける女性」は、「女性の問題は、処女と妻と母の三つの問題に帰着すると思います」と述べたうえで「処女であることと妻であることと、さらに母であることにおいて、女性がひとりの人格としての主体性をもつということのほかに、女性にとって喜びと幸福とはあり得ないと思う」と断言している。

こうした男性による記事には紙幅が割かれる一方で、同特集の「キリスト者婦人の生活」と題する記事は複数の女性が「教会」「社会」「職業」「恋愛」「結婚」「家庭」についてそれぞれとても短くコメントするという構成になっている。注目したいのは、これら女性たちの語りにおいても男女の本質的な違いを前提とした「女の役割」の強調が見られることだ（山室民子「婦人に共通した一つの特性は、憐みのこころであり、愛情でありましょう」、渡善子「結婚は神の創造の秩序に、意志と選択とによつて、人間が身をもつて参加することといえよう。神はイヴを、アダムにあった『たすけ手』としてそなえ給うた」）。

しかし面白いことに、同号には女性差別を告発する記事も見られる。それは特集直後に置かれた小さな書評記事「キルシュバウム著『キリスト教女性観』を読んで」だ。評者の橋本ナホは、女性たちは教会で「自然の従属によつて、教会が主に果たさなければならない従属を示す」必要があるとキルシュバウムが述べているところを取り上げ、批判する。そして「キリストの前に立つことによって、男女が差異をもち相補いつつ対等であることは、社会的不平等をそのまま肯定することとは別問題」だと述べたうえで、女性の従属を説く聖書の諸記述は「そのまま当時の男女の社会環境を映し出すもの」であって固執すべきでないとし、同書は「とにかく、読んで対決すべき本である」と締めくくっている。この記事をあえて特集

外に位置づけた編集者の意図を考えてしまう。

50年代末からは「婦人牧師」問題（59年10月号、63年2月号）や「牧師夫人」問題（69年2月号）がわずかながらも取り上げられるようになる。特に後者の69年2月号では依田康子が、67年11月に日本基督教団婦人伝道専門委員会の企画として実施された「牧師夫人生活実態調査」の結果をもとに詳細な報告記事を載せており、読み応えがある。依田はこの調査に寄せられた「牧師夫人」の具体経験（発言の機会がない、経済的にも窮地、生活権は一切度外視、自己を放棄して役割を引き受けることが主体性と勘違いされてしまうなど）を参照しつつ、この問題はキリスト教界の普遍的な問題だと論じている。こうした女性牧師や「牧師夫人」問題への取り組みが、女性差別の問いとして最初に提起されたものだといえよう。この時代にはまた、56年に成立した「売春防止法」をめぐり、同法を強く支持する論考も複数見られる。

2 1970年代

70年代に入っても執筆者の圧倒的多数が男性という状況は変わらない。しかしこの時代には「女」の問題を女性たち自身が語るようになり、男女の本質的な違いの強調から離れて、女性差別構造への明確な批判へとその主張が移っていく様子が見てとれる。

たとえば一色義子は「婦人と人権」（74年11月号）において、同年6月にベルリンで行われた世界教会協議会（WCC）の「一九七〇年代における性差別」協議会への参加を報告している。一色によれば、同協議会では「婦人を、子どもとも、家庭とも結びつけずに、独立した人格として存在する基本姿勢」が確認されたといい、一色は日本においても「女性性」を家庭に結びつけるのではなく、独立した人格

として解放される必要性を説いている。

さらに先述した57年2月号特集と対照的なのが、75年6月号の特集「婦人について」だ。この特集では女性たち自身が社会・教会の女性差別をはっきりと批判しているのである。たとえば依田康子は「女にとってキリスト教とは」と題する記事で「男のかしらはキリスト、女のかしらは男」などの聖書箇所を取り上げて「私には、どう読んでも詭弁としか感じられない」と述べ、「烈しい危機意識に支えられている彼の思想体系を、状況ぬきに、ドグマとしてまき散らすほど危険なことはない」とパウロとその思想の濫用者を批判する。さらに「キリスト教が誇った性倫理は今日権威を失いつつある」として、「キリスト教の家庭論や結婚論は、今や一旦解体して、出直す必要があるのではないか」と問う。

さらに「人間解放をめざして」と題する田口幸子の記事は、2022年現在読んでも刺激的だ。田口は71年1月から女たちで読書会を始め、井上清『日本女性史』(三一書房、1949年)や岡田秀子『反結婚論』(亜紀書房、1972年)を読んで婚姻制度がさまざまな差別(男女不平等、天皇制、階級差別など)の土台となっていることに気づいたという。さらに「教会に育った私は、『性』は口にすべきでない何か恥ずかしいものと信じていました」が、『エマニュエル夫人』を読んで「私たちの新しい生き方の手がかりが、女性解放の問題といっしょに問題にされてきた、性の解放にあるのではないかと感じ始めたのです」と記している。

同特集ではさらに米国のフェミニスト神学が紹介されている(以後90年代に入るまで「女性論的神学」「女性神学」「フェミニズム神学」など表記が混在)。ローズマリー・リューサーの論文「性と人種問題における危機——黒人神学対女性神学」(原題 "Black Theology vs. Feminist Theology," 1974)の邦訳が掲載されるとともに、奥田暁子が「婦人解放のために——メアリー・デイリー『父なる神を超えて』より」と題してデイリーの思想を紹介し、日本において女性解放を実現するためには資本主義経済の搾取体制を変革すること、差別の多重構造を認識することが喫緊の課題だと述べている。

78年12月号にも「解放の福音と女性」と題する特集が組まれ、女性の自立、「婦人教職」の問題が取り上げられるとともに、プロセス神学者ジョン・カブの来日講演(「婦人解放と生態学的危機——プロセス神学の視点から」"Contemporary Public Issues in Process Perspective: The Ecological Crisis and Feminism," 同年7月7日、於・立教大学)が収載されている。また79年8月号ではデイリーの論文「父なる神の死後」(原題 "After the Death of God the Father," 1971)が紹介された。

60年代までとは異なり、70年代は女性たち自身が語り出した年代といえるだろう。この時期は日本社会でウーマンリブが展開された時代でもあり、それに呼応しながらキリスト者女性たちもまたさまざまな思想に触れ、社会のみならず教会の変革を目指し始めていたことがわかる。なお、70年代にはまだ「婦人」という用語がメインで使われているものの、末頃にかけて「女性」という言葉の使用が多くなっている。

3　1980年代

80年代に本誌で大きく取り上げられたのは日本人男性によるアジア諸国への「買春観光問題」である。81年2月号には高里鈴代が「南北問題としての買春観光」と題する記事を寄せ、前年9月にフィリピン・マニラで開催さ

れた「観光問題ワークショップ」（アジア・キリスト教協議会主催）に参加し、そこで日本人男性たちの買春観光が問題として取り上げられたことを報告している。82年11月号では「廃娼運動と現代」という特集が組まれ、日本における廃娼運動の歴史を振り返るとともに「現代の廃娼運動」の必要性が訴えられている（高橋喜久江「売春を生み出すもの——現代の廃娼運動へ」、高里鈴代「沖縄の売買春問題——教会の課題として」など）。

80年代のもう一つの特徴は、フェミニスト神学へのさらなる関心の高まりであろう。米国のフェミニスト神学への関心はすでに70年代から見られたが、この時期にはフェミニスト神学関連著書の邦訳出版も盛んになり、その書評や紹介、またそれらを端緒とした論考がよく見られる。たとえば82年の本誌臨時増刊『読書特集　新教』秋季号では、「フェミニズム神学の黎明」と題して同年に邦訳出版されたE・モルトマン＝ヴェンデル『イエスをめぐる女性たち』（原著 *Ein eigener Mensch werden:Frauen um Jesus,* 1980）とC・クライスト／J・プラスカウ『女性解放とキリスト教』（原著 *Womanspirit Rising: A Feminist Reader in Religion,* 1979）の書評が掲載されている。評者の三浦安子は、「この本〔前者〕もまたマリアの従順、マルタの勤勉を説いているのだろうか」と思ってこれらを開いたが、実際には本書が「私の抱いたような先入観とたたかうためにこそ書かれたものだった」と述べる。そしてモルトマン＝ヴェンデルが「聖書の反女性的な箇所及び女性に不快な箇所を公然と拒否すること」に仰天し、「こんなことを口にしていいのだろうか」「こんなことが口に出せる時代が来たのか」という驚きと喜びが激しく交錯したという。フェミニスト神学との出会いが女性たちに与えた衝撃がみず

みずしく伝わってくる。

84年10月号には飯野かおりが「フェミニスト神学を支えるもの——模索するアメリカの女子学生たち」と題する記事において米国留学で出会ったフェミニスト神学を紹介し、「神学は神学者たちの書斎から生まれてくるのではない。人間の日常生活の只中から生まれるのだ。フェミニスト神学を生み出し、支えてきた多くのアメリカの女たちは、このことを、日本の女たちに語っている」と論じている。同号にはまた、連載「新しい神学の潮流」（毎回執筆者が変わる）第8回として「フェミニスト宗教の現状——アメリカの女性神学者たち」をテーマに奥田暁子が寄稿し、同年6月に発足した「女性と神学の会」に触れたうえで、デイリーやリューサーなど米国のフェミニスト神学者の仕事が「大きな刺激となった」と述べる。日本においてもフェミニスト神学／女性神学のコミュニティが形成されていた様子がうかがえる。

80年代後半に入ると、欧米のフェミニスト神学から学びつつ、日本という文脈でフェミニスト神学を実践するとはどういうことかに焦点が当てられていく。この中では特に差別の多重性の認識と、アジアの女性たちとの連帯が模索されている。たとえば先の奥田は85年11月21〜30日にEATWOT（Ecumenical Association of Third World Theologians）が初めてアジアで開催したアジア女性神学会議（於フィリピン・マニラ）に参加した際の報告を寄せ（86年3月号「アジアの女性との連帯——アジア女性神学会議に参加して」）、この「第三世界の女性たちの会議」に日本の女性たちを入れるべきかについてかなり反対意見があったが、「経済的には第一世界でも女性の状況に関しては第三世界に位置しているから」という理由で日本の参

加が可能になった旨を述べている。ここには、植民地侵略の歴史を持ち、なおアジア諸国への経済的搾取や性搾取を続ける日本に向けられた厳しい視線と、そうした大きな差異を抱えて女性同士で連帯していくことの困難と模索とが読み取れる。88年5月号には申英子による「聖書を女の視点から読む――第四（死）世界からの問いと展望」も掲載されており、「第三世界にも当てはまらない第四（死）の世界に住む在日韓国人（同胞）の女の立場から」聖書を読む試みをしている。

このように80年代にはフェミニスト神学の本格的な追究の動きが見られる一方で、本誌の執筆者の大多数が男性であり、女性の執筆者が登場する時には女性の問題を扱うことがほとんど、という状況は変わらない。しかし80年代末には初めて女性による連載も始まった（88年6月号連載「ジュネーブから」が開始。当初は沢纓、12月号から金纓名義）。

4　1990年代

こうした流れを経て90年代にはフェミニスト神学に関連した特集がいくつか見られるようになり（90年10月号特集「女性・政治・神学」、93年3月号特集「宣教の主体としての女性」、96年9月号特集「父なる神？　フェミニスト神学のチャレンジ」）、フェミニスト視点からの問題提起がある程度定着してきたことがわかる。

また90年7月号から91年1月号まで「おんな神学を織る」（奥田暁子・宮澤邦子・岩田澄江、全六回）という連載が不定期掲載された。この第1回で奥田は「フェミニスト神学とは一つの型にはまったものではなく、また、学者の独占物でもなく、女性の解放を追求している女性であれば、誰でもフェミニスト神学を『行なえる』ことを、いろいろな女性たちの著作

を通して明らかにしたい」と述べ、「タイトルに用いた『おんな神学』という言葉は聞きなれない言葉であるが、普通の女が『神学する』という意味を込めてある」という。この連載とそれへの応答（91年4月号『おんな神学を織る』に答えて」河瀬伊勢子・岡野治子）からは、日本でフェミニスト神学をすることの意味、そして学問と実践の架橋への模索がさらに深まっていることがわかる。

なお、92年4月号は本誌の創刊40周年を記念して、21名の寄稿者が本誌への感想・要望を寄せているが、そのうち女性はただひとりであった。それは前出の奥田で、奥田は「70年代末から80年代にかけて誌上で解放の神学やフェミニスト神学に接するようになった」ことがきっかけで本誌の「積極的な読者」になったと述べ、「〔本誌は〕フェミニズムに関しても、世の中の動きより遅れたとは言え、キリスト教界では先駆者であった。フェミニスト神学を最初に日本に紹介したのは『福音と世界』であった」と評価している。しかし同時に「その〔フェミニズムの〕取り上げ方は量的にも質的にもまだ不十分である」「文化や意識の総体を批判するラディカル・フェミニズムや脱産業主義を目指すエコロジカル・フェミニズムの視点についてはほとんど突っ込んだ議論がされていない」と意見することも忘れていない。

さて、90年代で特筆すべきは同性愛をめぐる課題が扱われるようになったことだ。本誌で初めてこの課題を取り上げたのは93年7月号の寄稿「キリスト教は同性愛をどう見るか――その変わりつつある認識」（ウィリアム・メンセンディク）である。メンセンディクは欧米のキリスト教会における同性愛をめぐる議論と米国の教会の現状を概観したうえで、日本の教会における取り組みの少なさを指摘し、そ

の必要性を訴えている。

その4年後の97年4月号には「同性愛とキリスト教」と題する特集が組まれた。本特集には、異性愛主義そのものを問題化せず同性愛を対象化して、どのような関係性であれば同性愛がキリスト教倫理的に許されるかを語る論考も見られるが、より重要なのはいわゆる当事者たちによる「座談会・同性愛者として生きる」である。参加した4名のうち3名がペンネームを使っているところからも当事者を取り巻く環境の厳しさがうかがい知れるが、その中では社会に蔓延するモノガミーのカップル主義や、キリスト教会が前提とする家父長制的家族主義が鋭く批判されており、同特集の他論考に対する反論とも受け取れて面白い。翌98年6月号には「同性愛と北米教会」という特集が組まれ、また同年10月号の特集「現代の倫理」にも同性愛禁止の根拠とされる聖書箇所を考察した論考（結論としてはいずれも根拠にならない）が含まれるなど、この課題に対する本誌の関心の高さがうかがえる。

ちなみに、この年代ではテーマにかかわらず女性の執筆者も多くなったが、なお執筆者の圧倒的多数が男性という状況は変わらない。

5　2000年代

2000年代にはキリスト教会（界）とジェンダーやセクシュアリティの課題がさらに追究されていく。2000年1月には「フェミニスト神学・宣教センター」が始まり、同年4月号に「日本フェミニスト神学・宣教センターへの期待」と題して発足記念会の報告記事が掲載された。またこの年代にはフェミニスト神学を主題とする特集のみならず（01年12月号特集「宣教の中のフェミニスト神学」など）、他のテーマの特集（聖書学、牧師について、説教論、「愛と赦し」、

日本国憲法など）においてもフェミニスト視点をもった論考が掲載されるようになった。加えて、ジェンダーやセクシュアリティ関連の連載が多く見られるのも特徴といえよう（大嶋果織「聖書の中の男たち」〔01年4月号〜04年5月号、全37回〕、堀江有里『「レズビアン」という生き方』〔02年6月号〜04年12月号、全27回〕、山口里子「新しい聖書の学び」〔08年4月号〜09年3月号、全12回〕など）。これらの連載はいずれも単に北米の例を引いてくるのではなく、今自分たちが生きている文脈にどのような課題があり、どのような発信ができるかを大胆かつラディカルに提起するものであり、異性愛主義や家族主義への挑戦という、以前のフェミニズム運動には見られなかった視点が強調されているのも特徴だ。

一方、ちょうど2000年代初期に巻き起こったジェンダー・バックラッシュをうかがわせる記述もいくつか見られる。たとえば依田康子は05年9月号に寄せた「キリスト教フェミニスト運動の戦後60年　キリスト教と教会の成熟を求めて――『わたしのフェミニズム』の軌跡から」において「日本は右傾化の一途を辿り、今や『ジェンダー』という用語にすら圧力がかかっている。日本基督教団も『性差別問題特別委員会』を、取り組み中の課題も無視して廃止し、伝統的な、つまり父権制的なキリスト教に教団の全教会を統合しようと躍起になっている」と記している。ここからは、社会一般のみならず日本基督教団などキリスト教界においても保守化の波が押し寄せていたことがうかがえよう。

特筆すべきもう一つの動きは、さまざまな集会などで異性愛主義批判が深められてきたことだ。05年7月に開催された「日本フェミニスト神学・宣教センター夏期集中講座」（D・H、

堀江有里、山口里子の発題が06年1〜3月号に掲載）や、05年8月「全国キリスト教学校人権教育セミナー」（比企敦子、八木かおりの発題が06年1月号に掲載）においては、日本のキリスト教会（界）における「ヘテロセクシズム」（異性愛主義）への抵抗がいかにして可能であるかという模索、またジェンダーとセクシュアリティの不可分性への強い認識がみられる。

　さらに98年に日本基督教団で起こった同性愛者差別事件への抗議と闘いがこの年代に入ってから大きく扱われていることにも注目したい。06年10月に開かれた第35回日本基督教団総会では教団京都教区提案の「日本基督教団が自らの起こした『同性愛者差別問題』に真摯に向き合い、性的指向を理由とした人権侵害と取り組むことを宣教の課題とする件」の審議中にさらなる差別発言が起こったのだが、この総会の報告が07年1月号（竹内富恵江「『イエスは一人で十字架についた』——第三五回日本基督教団総会報告」）と2月号（増岡広宣「『差別発言』を越えて——カミングアウト・抵抗と連帯」）に掲載されている。後者で増岡は抵抗運動全体を振り返りつつ次のように述べている。

　　教団における同性愛者差別事件に対する抵抗運動は、さまざまな場で指摘されている通り、性差別を闘った女性たちによって担われてきたという、紛れもない事実がある。その抵抗運動を担ってきた者たちは、ゲイ・コミュニティの一部から「当事者（ゲイと解釈しうるであろう）不在」という批判を受けつつも、「強制異性愛主義を問う」という姿勢を貫き、「（強制異性愛主義を自ら問う）当事者」として立ち続けた。

　この記述からは、ジェンダーの課題を問う

中で家父長制と異性愛主義の不可分性を見出し、それゆえに同性愛者差別事件への抵抗運動を担った女性たちの存在が読み取れる。なお、こうした異性愛主義への批判と抵抗の中で、結婚という制度を問う動きが見られるようになったことにも触れておきたい（本多香織「結婚も、結婚式も、ほんとうに必要なのか？」04年2月号）。

　さらに2000年代の本誌における重要課題として、日本軍「慰安婦」問題への取り組みがある。この問題に本誌で初めて触れた記事は94年2月号の「戦後補償問題から問われるもの」（谷口ひとみ）だが、2000年12月8〜12日の女性国際戦犯法廷を契機としてその前後にこの問題が集中的に取り上げられている。法廷前の2000年12月号には「責任者処罰を求めて立ち上がった女性たち——女性国際戦犯法廷について」と題して東海林路得子のインタビューが、そして法廷直後刊行の01年2月号には特集「女性国際戦犯法廷」が組まれてキリスト者としての応答、傍聴記録、認定概要（抄録）、また閉廷後の記者会見の様子などが詳細に報じられている。その後も数年ごとにこれに関連した記事が続き、関心の高さがうかがえる（荒井眞理「フォーラム『女性国際戦犯法廷』を終えて——『慰安婦』という名の十字架をなくすために」02年3月号、インタビュー「『女たちの戦争と平和資料館』オープンに寄せて——東海林路得子さんに聞く」05年10月号、東海林路得子「NHK裁判控訴審勝訴を手にして」07年5月号）。

　本年代の重要なトピックとしてもう一つ挙げておきたいのはセクハラ事件の顕在化と、それを契機とした教会における「権力」の問い直しだ。03年10月号の「セクシュアル・ハラスメントはなぜ教会で隠され続けるのか——あらためて問う『性』と『聖』」で戸田奈都子

は、性暴力は教会に「入ってきた」のではなく、教会自体が「性差別を生み出す装置」として作用し、それを「積極的に排出してきた」のだと鋭く批判したうえで、「奉仕」の性別役割分業や「結婚式」の問題性、また牧師が信徒に対して持つ「力」の問題を追及している。さらに04年6月号では「『セクハラ』裁判が問うこと」との特集が組まれて、日本基督教団九州教区で起こった性暴力事件が取り上げられた。

このように見ると、2000年代の本誌におけるジェンダーやセクシュアリティの扱いは比較的充実していたともいえよう。しかしそれは具体的な事件を通して差別や性暴力が明るみになったからであり、それを契機とした重要な問い直しにもかかわらず、キリスト教会（界）がなかなか変わってこなかったこともよくわかる。

6　2010年代〜2021年

さて、10年代の本誌には前半と後半でかなり傾向の違いが見られるが、これはその時々の編集部の関心を反映したものと考えられる。前半は日本軍「慰安婦」問題やセクシュアリティの課題に関して多少なりとも継続的な報告が見られるものの（13年9月号特集2「日本軍『慰安婦』——歴史と女性の証言」）、フェミニズムに関しては非常に低調な印象だ。女性の執筆者も少なく、特集の執筆者が男性のみで占められていることも多い（たとえば14年1月号特集「今、神学するとは——」は10名の寄稿者全員が男性であるうえ、ジェンダーやセクシュアリティの視座も皆無）。その中で10年1〜12月号に掲載された連載「聖書の中の彼女たち」（渡邊さゆり）はフェミニスト聖書学の知見から現実の女性たちの経験に根ざしつつ聖書を読むという刺激的な内容で、存在感を放っている。

さて、後半になるとフェミニズムとクィアな視座が顕著に見られるようになる。この時期以降の特徴として、さまざまなテーマの特集においてジェンダーやセクシュアリティの視座を持った論考が頻繁に含まれるようになったことが挙げられよう。たとえば16年12月号特集「降誕物語をどう読むか——聖書解釈の視座と方法」における「マリアのクリスマスの回復——文化研究批評（ジェンダー・セクシュアリティ研究）による解釈」（小林昭博）、17年8月号特集「象徴天皇制・国家・キリスト教」における「『家族教会観』批判に向けての試論——天皇制・家族主義・教会」（堀江有里）、18年12月号特集「カール・バルトと現代——没後50年に寄せて」における「『男か女』の性理解がもたらす限界」（絹川久子）など、これまでも本誌でたびたび扱ってきたテーマ（聖書、天皇制、バルト）の中にこうした視座を持った論考が含まれるようになったのは大きな変化といえよう。

さらに、特に17年以降はより広くキリスト教外の人々にも向けた誌面づくりへと移行し、キリスト教の枠内に留まらないテーマや執筆者が増えた。19年1月号特集「生きるためのフェミニズム」、21年8月号「生きるためのフェミニズム2——何に抗するか」はいずれもキリスト教関連の記事のみならず、広くフェミニズム全般において重要な課題（ネオリベラリズム、「身体–領土」、近代スポーツ、リプロダクティブ・ヘルス＆ライツ、ジェントリフィケーションなど）を論じた記事を収載している。また、マルクス主義フェミニズムや（小田原琳「『キャリバンと魔女』の問い——マルクス主義フェミニズムを再考する」18年5月号）、19年以降顕在化しているトランス女性差別の問題（堀あきこ「誰をいかなる理由

で排除しようとしているのか？──SNS におけるトランス女性差別現象から」19 年 6 月号）、日本軍「慰安婦」問題（菊地夏野「『慰安婦』を忘却させる植民地主義とポストフェミニズム──『帝国の慰安婦』、スピヴァク、ポストコロニアル」19 年 10 月号）、死刑（清末愛砂「究極的な差別としての死刑制度とフェミニズム──命をどうとらえるか」21 年 3 月号）などといったアクチュアルな課題をフェミニズムの視点から扱った記事が多様なテーマの特集に含まれているのも目を引く。

　このようにキリスト教の枠を超えた誌面となったことで社会一般の課題がより鮮明に見えるようになった一方で、キリスト教会の動きを本誌から直接読み取るのは難しくなった。しかし、18 年 7 月号と 21 年 12 月号の二度にわたって組まれた「クィア神学」特集や、折に触れて報告されるエキュメニカルな文脈での取り組み（藤原佐和子「『真に包括的な教会』のために共に歩く──二〇一八年アンプリファイ参加報告（於台湾）」19 年 2 月号など）からも、ジェンダーやセクシュアリティの課題がより広く、より深くキリスト教内部でも取り組まれている様子がわかる。

　もうひとつ本誌における大きな変化として注目したいのは、セックスワークの取り上げ方だ。1950 〜 90 年代にかけて性産業そのものの廃絶を目指す立場（廃娼運動）からの記事が多く掲載されてきた本誌において、セックスワークを労働として捉え、それに従事する人々の人権に焦点を当てた記事が掲載されるようになったことは大きな変化だった。18 年 6 月号特集「労働に希望はあるのか」の「セックスワーカーの人権を考える──『女からの解放』か『女としての解放』か」、19 年 1 月号特集「生きるためのフェミニズム」の「セックスワー

クを通して考える当事者論──個人的なことは政治的なことかつ個人的なこと」はいずれも要友紀子によるもので、廃娼運動の結果制定された売春防止法が現場のワーカーたちにとって危険な状況を生み出していることの指摘や、「保護」を前提とした運動への鋭い批判が展開されている。また、18 年 8 月号の鈴木裕子「天皇制とフェミニズム──『明治 150 年』を考える」は戦前日本の女性運動、そして現在のフェミニストの一部も天皇制の枠内（≒一夫一妻制の婚姻制度）での男女平等を求めているのではないかという指摘がなされ、日本軍「慰安婦」問題についてのフェミニズムの責任を問う批判的な内容であった。しかし日本のキリスト者女性がその多くを担ってきた廃娼運動への内部からの批判的な振り返り・検証はまだ十分でなく、大きな課題として残っている。

おわりに

　以上、限られた形ではあるが『福音と世界』の創刊から 2021 年までのジェンダー／セクシュアリティ表象を年代ごとに概観してきた。筆者自身が 2015 年 12 月号〜 2022 年 3 月号まで 7 年あまりにわたり本誌の編集に関わってきた経験からも、本誌で取り上げるテーマがその時々の編集部の関心を強く反映しており、必ずしもキリスト教界全般あるいは社会全般の状況をそのまま映し出すものでないことはよく理解している。それを念頭に置きつつ、しかしこの概観からは、日本のキリスト教界におけるジェンダーやセクシュアリティの捉え方が大きく変化してきたこと、しかし同時に取り組むべき課題がなお膨大に残されていることがわかるだろう。

日本キリスト教協議会（NCC）加盟教会における女性の按手
——エキュメニカルな課題として

論考
2

藤原佐和子

1　はじめに

プロテスタント主流派において「女性の按手」（ordination of women）がおおむね当然視されて久しいことを理由として、「女性の按手」は現在、すでに終了した議論とみなされたり、聖職（教派によっては「教職」という）を志願する一部の女性だけの問題と捉えられたりしているかもしれない。あるいは、キリスト教があまりにも長きに亘ってミソジニー（女性蔑視）と結びついてきた事実から目を背けたいがために、「女性の按手」についての熟考を避けてきた人々も少なくないことだろう[1]。

しかしながら、「女性の按手」は実際のところ、20世紀以降のエキュメニカル運動における最古にして最大の未解決課題の一つであり続けている。スウェーデン教会（ルーテル）では世界で初めて女性牧師の数が男性牧師のそれをわずかに上回ったにもかかわらず、賃金格差などの差別的待遇が未解決であることが2020年に報道された。世界教会協議会（WCC）は、男性のみによる使徒的継承を堅持してきた東方正教会への配慮から、2022年の「ジェ

ンダー正義に関する基本原則」（Gender Justice Principles）が「女性の按手」に意見するものではないことを明記しなければならなかった。これらを鑑みれば、「女性の按手」をすでに終了した議論とみなすことは不可能であるばかりか、むしろ、これはキリスト教における「排除の問題」の最も際立った典型（按手からの女性の排除）として、意欲的に論究されるべき課題とも考えられる。

本稿では、2021年に発足した日本キリスト教協議会（NCC）「ジェンダー正義に関するポリシー策定のためのワーキンググループ」及び「NCC青年委員会との協働による『ジェンダー正義に関する基本方針』（仮称）策定プロジェクト」[2]のために働く女性信徒の立場から、NCC加盟教会（厳密には「加盟教団」という）における「女性の按手」をめぐる歴史的経緯を概観し、それがどの教派においていつから実現されてきたのか、どのような資料が存在するのか（または存在しないのか）を整理する。続いて、なかでも多数の資料を有する日本聖公会における「女性の按手」をめぐる運動史[3]を検討す

1　筆者は2008年に神学を学び始めたが、「女性の按手」についての研究論文に取り組むまでに10年以上を要した。藤原佐和子「世界教会協議会（WCC）における女性の按手——ローザンヌからクリンゲンタールまで」『関西学院大学キリスト教と文化研究』22号、2021年、73-92頁を参照。

2　2022年度の「NCCエキュメニカル協働基金」（第1期）に採択されたプロジェクトである。

ることによって、日本におけるキリスト教フェ
ミニスト運動史における「女性の按手」が継
続的運動を要するエキュメニカルな課題であ
ることを考察する。

2　NCC加盟教会における「女性の按手」

　NCCに加盟している日本基督教団、在日大
韓基督教会、日本バプテスト同盟、日本バプ
テスト連盟、日本聖公会、日本福音ルーテル
教会（順不同）において「女性の按手」はいつ
から実現されてきたのかとの問いを立て、神
学校・大学図書館で閲覧可能な資料を中心に
調査したところ、教派によって「女性の按手」
に関する記録、歴史の総括、分析の蓄積に差
が見られる点が明らかになった。

2-1　日本福音ルーテル教会

　日本福音ルーテル教会では、門脇聖子[4]が
1970年に初めて牧師として按手を受けている
が、『宣教百年の歩み――日本福音ルーテル教
会宣教百年略史（1893－1993）』の年表には「女
性牧師按手（第1号）[5]」と記されるのみである。
『日本福音ルーテル教会百年史』[6]にも「女性
の按手」についての記述は見られないため、そ
の詳細を知ることはできない。山県順子は『日
本福音ルーテル教会百年史論集』第6巻（1993
年）に収録されている「女性信徒の動員――婦

人会連盟」で、婦人会連盟（現・女性会連盟）の
会報において1988年から「女性と伝道」とい
う主題のもと、「女性牧師を育てる」「婦人と伝
道」「キリストによって新しく造られ――女性
牧師のすすめ」「女性牧師を必要とする教会に
なろう」と題する記事の掲載があったことを
報告している[7]。また、山県は「当教会では女
性教職の按手が認められているにもかかわら
ずその数は極めて少ないため、女性献身者支
援はその後も連盟の重要な課題となっている
（1991年に内藤文子牧師受按、待望の2番目女性教
職誕生）」[8]と記している。このように、日本福
音ルーテル教会では第1番目と第2番目の「女
性の按手」の間に約20年の空白が存在してい
るが、その理由は宣教100年の際に公式に総
括されていない。

2-2　日本バプテスト同盟

　日本バプテスト同盟が宣教100年の節目に
発行した『日本バプテスト宣教100年史』[9]（1973
年）には「女性の按手」についての具体的記
述は見られない。『日本バプテスト同盟に至る
日本バプテスト史年表1860～2005』（2013年）
では、1958年に結成された日本バプテスト同
盟において、高橋文子が1959年10月1日に「受
按」したとの記録を確認できる[10]。前者におい
て、小豆島バプテスト教会の教師として氏名の

3　日本聖公会の事例研究にあたっては、吉谷かおるさんから貴重なご助言と資料をいただいた。

4　門脇聖子「最初の女性牧師として」『日本福音ルーテル教会婦人会連盟創立75周年記念誌（2003）――聖霊に導かれて』
　　2003年、29-31頁を参照。

5　徳善義和『宣教百年の歩み――日本福音ルーテル教会宣教百年略史（1893－1993）』宣教百年記念事業室、1993年、25頁。

6　徳善義和『日本福音ルーテル教会百年史』日本福音ルーテル教会、2004年。

7　山県順子「女性信徒の動員――婦人会連盟――」日本福音ルーテル教会百年史委員会編『日本福音ルーテル教会百年史論集』
　　第6号、日本福音ルーテル教会、1993年、26-27頁。初期の女性伝道師として山内幹枝（17頁）の名が挙げられている。

8　同上、27頁。

9　日本バプテスト宣教100年史編集委員会編『日本バプテスト宣教100年史』日本バプテスト同盟、1973年。1883年にギリシア正
　　教からバプテストに転じた佐藤たつが「のちバプテスト婦人伝道者となり、盛岡バプテスト教会で働いた」（14-15頁）として写真
　　付きで紹介されている。

10　日本バプテスト同盟130年史編纂委員会編『日本バプテスト同盟に至る日本バプテスト史年表1860～2005』日本バプテスト同盟、
　　2013年、332頁。奥付によれば、「日本人教師名簿」を含む『資料集』は未刊である。

み紹介されている仲栄子については、後者において1974年に受按したとの記録を確認できた[11]。以降も、名前から女性と推測される人物の受按は断続的に見られる。1992年には少なくとも4名の女性（横山早紀子、髙月悠己子、田上澄子、佐農貞子）が按手を受けていることから、日本バプテスト同盟においても1990年代以降に「女性の按手」が増加したものと思われる。

2-3　在日大韓基督教会

在日大韓基督教会に関しては、『在日大韓基督教会宣教100年史──1908〜2008』（2015年）に、1978年に開催された第34回総会における改正憲法採択によって、女性牧師・女性長老職の按手への道が開かれた旨が記されている。執事であった芮戌糞（京都南部教会）が1980年6月に初の女性長老として、慶恵重講道師が1983年9月15日に初の女性牧師として、それぞれ按手を受けているとの記述を確認できる[12]。1999年の第45回定期総会名で発表された「在日大韓基督教会の社会的責任に関する態度表明・1999」では、「在日同胞の差別撤廃運動を担うなかで明らかになってきたことは、差別構造の多様性である。我々は今や［障がい者］差別、性差別、セクシャルマイノリティ差別などの問題を担おうとする時、総会自ら内包している差別性を厳しく見つめ直さなければならないのである」[13]と言明された。「教団内外の進歩的な時代背景が女性牧師・長老を認

めていく運動と直接的に連動したと実証することは困難かもしれない」[14]とする李恩子の研究は、在日大韓基督教会における「女性の按手」に関する数少ない資料の一つである。2012年の論文では、以下の見解が示された。

現在女性牧師は男性86人中19人、女性長老は男性18人中12人である[15]。まだまだ、信徒数の男女比からすると低いと言わざるを得ない。また、牧師や長老になることが一つの権威であるとみなす価値観がはびこっており、その価値観が女性牧師や女性長老となった後、本来的なジェンダー意識を深め、その意識をベースとする価値観の構築に弊害になっていたりもする。しかし、女性たちの働きかけで成し遂げたものとして一つの歴史的発展として評価すべきだろう。[16]

2-4　日本基督教団

日本基督教団についてはその性格上、1941年の教団成立以前の「女性の按手」に遡って調べる必要がある。山本菊子の研究によれば、1933年10月に植村正久の娘である植村環が日本基督教会の教師試験に合格し、翌年4月10日に按手を受けたことは、日本のキリスト教界における女性牧師の誕生を印象付ける出来事であったが、実際に最初に按手を受けた女性は高橋久野（1933年12月5日）であった[17]。

11　同上、372頁。

12　李清一『在日大韓基督教会宣教100年史──1908〜2008』かんよう出版、2015年、235頁、243頁。同書の年表（341頁）及び在日大韓基督教会の公式ウェブサイトを参照する限り、9月15日が正しいと思われる。

13　同上、281頁。［ ］は原文通り。

14　李恩子「ジェンダー、エスニシティ、『聖なる権威』への抵抗──在日大韓基督教会女性牧師・長老按手プロセスにおける『民族』の位置」『関西学院大学キリスト教と文化研究』13号、2012年、115頁。

15　原文ママ。牧師は男性86人に対して女性19人、長老は男性18人に対して12人との意味。

16　同上、115-116頁。ただし、女性牧師19人中7人は無任所であると指摘されている。

17　山本菊子『豊かな恵みへ──女性教職の歴史』日本キリスト教団出版局、1995年、49-50頁、59頁。

18　同上、137頁。

1983 年、「日本における最初の女性牧師が誕生して 50 年目にあたる」[18] として、高橋久野の按手を記念する集会が銀座教会で開催されている。日本基督教団の成立以前、組合教会では 1935 年 10 月 5 日に長谷川初音が牧師として、メソジスト教会では真野栄が 1937 年 3 月 14 日に教職の身分の一つである執事としてそれぞれ按手を受けている[19]。日本基督教団の成立は、「女性の按手」について十分に議論する時間的余裕のないままに行われ、その際、日本基督教会は按手を受けた 4 名、組合教会は 2 名、メソジスト教会は 8 名、バプテスト教会は 1941 年 11 月 25 日に牧師の按手を受けた橋本喜代[20] を正教師として届け出ている。このようにして、新たに按手を受けた女性たちを含めて、30 名余りの女性教職が誕生した[21]。

2-5　日本バプテスト連盟

『教会形成ブックレット 7　ひらかれる教会 ——女性の牧師の招聘にむけて』(2018 年) によれば、日本バプテスト連盟 (1947 年発足) では、1958 年から富士吉田伝道所において伝道師として奉仕した注連沢和枝 (末永和枝に同じ) が、1962 年には「牧師」として記録されているが、その名は結婚を機に教会・伝道所一覧から消えている[22]。1972 年から若林恩恵が牧師として奉仕しているが、同じく結婚を機に牧師を

辞している[23]。先に挙げた資料によれば、日本バプテスト連盟では女性牧師に関して、1983 年までの約 40 年間に 4 名の記録しか見られない。その背景には、米国南部バプテスト連盟 (SBC) が主張する「聖書の無謬性」の影響があると見られている。中島久子は『バプテストの宣教を担った女性たち』(2016 年) において、神学校を卒業した女性たちは、長きに亘って、伝道師としての招聘を受けるか、男性牧師と結婚して「牧師夫人」として奉仕するか、ミッション・スクールの教師として赴任するか、留学するか等の選択肢しか与えられなかったと解説している[24]。

『日本バプテスト連盟七十年史』(2018 年) によれば、女性牧師の招聘が増加するのは、西南学院大学神学部で出会い、結婚した夫婦が共に牧師になるという新しい動きが見られた 1990 年代以降のことである[25]。女性牧師や「夫婦牧師」に対する差別的発言が続いていることを受けて、1997 年に「夫婦牧師連絡会」が発足した。同連絡会のメンバーは 2002 年発足の「性差別を考える会」の中心となり、その自発的活動は 2004 年の総会における「性差別問題特別委員会」設置の決定につながった。2000 年 6 月には、伊藤世里江を代表世話人とする「女性牧師・主事の会」が発足する[26]。SBC が 2000 年に信仰宣言を改定し、「男女両方が教会

19　同上、53-55 頁。

20　同上、55-56 頁、155 頁。『日本バプテスト同盟に至る日本バプテスト史年表 1860 〜 2005』261 頁には、1941 年 10 月 3 日に受按と記録されている。

21　同上、114-115 頁、160 頁。当時最も多くの女性牧師を生み出したのは第 11 部の救世団 (軍) であった。山本は「1941 年に按手を受けた女性教職の数は、192 人にのぼり、それまでに按手を受けていた人々に加えられたので、一挙に女性正教師の数は 200 人を越すことになった」(116 頁) と指摘している。

22　日本バプテスト連盟宣教部編『教会形成ブックレット 7、ひらかれる教会 ——女性の牧師の招聘にむけて』日本バプテスト連盟、2018 年、11 頁。女性牧師に対してのみ取り決められる「独身条項」については、藤原、83-84 頁を参照。

23　同上、12 頁。

24　中島久子『バプテストの宣教を担った女性たち』ニューライフミニストリーズ新生宣教団、2016 年を参照。

25　日本バプテスト連盟七十年史編纂委員会編『日本バプテスト連盟七十年史』日本バプテスト連盟、2018 年、243-244 頁。

26　日本バプテスト連盟の事例研究にあたっては、米本裕見子さん (日本バプテスト女性連合) から貴重なご助言と資料をいただいた。

における奉仕のために賜物をいただいている
が、牧師職は聖書によって条件づけられている
ように男性に限定される」という新しい文言
を追加したことに対する反対声明として、日
本バプテスト連盟第49回定期総会は2002年
11月15日に「女性牧師に関する声明」を採択
している[27]。

3　日本聖公会における「女性の按手」

女性の司祭按手20年感謝プログラム実行委
員会が作成している資料によれば、2019年3
月現在、26名の司祭按手を受けた女性たち（退
職、休職、故人を含む）がいる[28]。日本聖公会では、
1978年9月、渋川良子伝道師（中部教区）が「執事」
に按手されたことによって初めての「女性聖
職」が誕生しているが、初めての「女性司祭」
の誕生は、1998年12月12日の渋川良子執事
の司祭按手（中部教区）を待たねばならない。

聖職志願が男性に限られることは当然視さ
れていたため、1887年の日本聖公会成立時、
法憲法規の聖職志願の要件に性別に関する記
述は存在しなかった。その後、第二次世界大戦
を経て行われた法憲法規の再編によって、司

祭志願の要件に「満24歳以上の男であること」
が明記されるようになっている[29]。1977年の
第34（定期）総会では、日本聖公会祈祷書から
「女執事」及び「婦人伝道師」に関する規定が
削除され、主教会は「すべて召されたものは
男女の別なく公会の執事の職務に按手」され
ることを告示した。「女執事」は按手の対象と
されてきたものの、「女と子どもとに信仰の道
を」[30]教えることなど、その職務は限定的であ
り、歴史的三聖職位の「執事職」とは明確に異
なるものである。また、「婦人伝道師」は男性
聖職の管轄下で働く信徒の奉仕職であるため、
按手の対象ではない[31]。

日本聖公会における「女性の按手」（この場
合は司祭按手）の実現はその最高意思決定機関、
すなわち、11教区から主教議員各1名、聖職
代議員各2名、信徒代議員各2名、計55名を
構成員とする総会によって可決されなければ
ならないが、1992年に至るまで、正式に選出
された女性の信徒代議員は皆無であったと指
摘されている[32]。そのような状況で、女性の司
祭按手はどのようにして実現したのだろうか。
以下では、1986年から1998年までの12年間

2022年8月25日発行の機関紙『ネビアー』20周年記念号（No. 38）によれば、「女性牧師・主事の会」は2022年に発足から20年を記念しているが、初回の対面での顔合わせは2000年6月に天城山荘において行われている。

27　『ひらかれる教会』115頁。『日本バプテスト連盟七十年史』444頁。注目すべき動きに、2005年4月「セクシュアル・ハラスメント防止・相談委員会」設置（翌年から「セクシュアル・ハラスメント相談窓口」開設。2022年度より「ハラスメント対策委員会」開設）、同年11月の「セクシュアル・ハラスメントに関する日本バプテスト連盟声明」決議、2013年11月の「いわゆる『牧師夫人』に関する見解」、2017年11月の「連盟70年の歩みから性差別の歴史を悔い改める声明の件」可決がある（『日本バプテスト連盟七十年史』248-251、451頁を参照）。

28　女性の司祭按手20年感謝プログラム実行委員会編『新しい歌を主に向かってうたおう──日本聖公会　女性の司祭按手20年感謝プログラム記念誌』日本聖公会女性の司祭按手20年感謝プログラム実行委員会、女性に関する課題の担当者、正義と平和委員会ジェンダープロジェクト、2019年、51頁「日本聖公会女性教役者・聖職候補生・神学生名簿」（2019年3月現在）。本稿では、紙幅の都合により洗礼名を省略する。同資料に記載の人数は25名だが、正しくは朴美賢司祭（東京教区）を含む26名である。

29　三木メイ「新しい扉を開く──聖公会における女性の聖職叙任問題」『キリスト教社会問題研究』（同志社大学人文科学研究所）106、2010年、125-126頁。

30　西原廉太「聖公会における女性聖職」『神学ダイジェスト』126、2019年、3頁。

31　三木、106頁。

32　同上、112頁。三木は「女性信徒数は全体の約65%で男性信徒数をはるかに上回っているのだが、それでも92年以降も各教区からの選出者はほとんど90%以上男性で占められるような状態が続いている」と指摘している。

に総会、各教区、諸委員会、婦人会などの任意団体、有志グループなどによって展開された運動の歴史を見ていこう。

3-1　1986年以降の運動

　女性司祭の按手を求める議論は、清家智光司祭らが1986年の第39（定期）総会に提出した「女性司祭について考える委員会設置の件」に始まる。女性司祭の按手を求めて発言した初めての女性信徒は、番外議員として総会に出席していた日本聖公会婦人会会長の岡本千代子であった[33]。この議案は、十分に協議されないままに否決され、1988年の第40（定期）総会では「女性聖職について考える委員会」の設置を求める議案が提出されたが、同じく否決されている。

　三木メイの研究によれば、フェミニスト神学を原動力とする日本聖公会の女性たちによる運動は、1988年、東京で始められた小さな有志グループである「女性が教会を考える会」を嚆矢とする[34]。1989年には日本各地から十数名が池袋聖公会に集って女性聖職問題等を話し合い、1991年以降になると大阪、京都においても集まりが持たれるようになった[35]。世界の聖公会で女性として初めて主教となった米国聖公会のバーバラ・C・ハリス（Barbara C. Harris）補佐主教が1990年に来日した際には、聖公会神学院（東京）にて共同聖餐式と女性聖職に関するシンポジウム「バーバラ・ハリス

主教を囲んで」が開催された[36]。1992年には、米国聖公会で女性の司祭按手の実現のために運動してきたスザンヌ・R・ハイアット[37]（Suzanne R. Hiatt）司祭が来日し、聖餐式と講演会が行われるなど、「女性が教会を考える会」は米国聖公会の女性聖職から力を分け与えられてきたと言える[38]。「女性の司祭按手の実現は、教会における女性差別撤廃という意義だけでなく、教会の宣教の革新の課題の一つとして必要不可欠な変革の一つ」[39]としての意義を持つものと捉える「女性が教会を考える会」は、1990年の第42回（定期）総会における「女性聖職実現を促進する委員会」の設置を求める議案等の提出、シンポジウムの開催、会の趣旨と活動方針についてのリーフレット作成・配布などを計画していく。

　1990年の第42回（定期）総会では、正義と平和委員会を含む6つの社会問題関係の委員会を議案提出者とする「女性聖職の実現を促進する委員会設置の件」が提出された。先述の通り、総会議員は全員男性であったが、傍聴していた「女性が教会を考える会」のメンバーはこの時、特別に発言を許可されている。「日本聖公会のすべての聖職位に女性が按手される体制確立を検討するために、とくに女性司祭職の問題に光をあて、その諸問題を研究・協議する」[40]ことを目的とする委員会の設置案に、当時の教区主教の大半は強固に反対したが、「女性聖職実現を『促進』する委員会では

33　同上、112-113頁。岡本は前年に主教会に宛てた書簡で、女性聖職を望む女性信徒の要望を詳細に伝えていた。
34　同上、115頁。
35　『新しい歌を主に向かってうたおう』61頁。
36　同上。
37　当時は「スーザン・ハヤット」と表記された。
38　三木、118頁。
39　同上、117頁。
40　中村真希「日本聖公会における女性司祭の歩み——『日本聖公会総会決議録』を中心に」『神学の声』（聖公会神学院）48号、2018年、160頁。『第42（定期）総会決議録』226頁を参照。

なく、『検討』する委員会と名称と職務を変更する修正案が提出されて可決」[41]した。このようにして設置された「女性聖職の実現を検討する委員会」は、「総会が本委員会を設置し女性聖職の問題を検討させようと決議した事を日本聖公会がその総意をもって教会の革新に一歩踏みだそうと決意したと捉え、委員会の諸活動のとるべき視点として『教会の革新』を基点としようとする」[42]との決意を表明している。同時期には教区レベルでも動きがあり、1990年に中部教区は「女性の司祭の実現を促進する委員会」を設置し、1992年に大阪教区は「女性聖職問題特別委員会」を設置している。

1992年11月11日、英国教会の総会において女性を司祭に登用する動議が3分の2以上の賛成で可決したことは、世界の聖公会における女性の司祭按手の実現への潮流を決定付けるものであった。当時のカンタベリー大主教が「あらゆる分野で女性が活躍している現代で女性司祭の任命を認めないとすれば、教会は社会の声に耳を傾けていないことになる」と演説したことは、日本国内でも報じられた[43]。「女性が教会を考える会」は1992年から「聖公会女性フォーラム」の開催を開始し、このような活動を担ってきた女性たちを中心としつつ、発起人41名のうちの約半数を男性の信徒・聖職および聖職候補生とする「女性の司祭按手をめざす会」（日本聖公会全国有志）が1994年に発足した[44]。他方、英国教会における女性の司祭按手に反対するグループである「聖公会の信仰と職制を考える会」（Association for the Apostolic Ministry）の日本支部「聖公会の信仰と職制を擁護する会」（略称AAMJ）は、1992年から反対意見を表明するニュースレター等の発行を開始している。

1990年からの4年間を任期とする「女性聖職の実現を検討する委員会」は、公聴会、アンケート調査、資料翻訳などを通して議論を蓄積し、1993年には『女性の司祭按手？──さまざまな視点から』[45]と題する小冊子を発行している。当時、東京教区聖職候補生、聖公会神学院専任教員、「正義と平和」委員会委員長であった山野繁子は、WCCが主導する「教会が女性に連帯する10年」（Ecumenical Decade of the Churches in Solidarity with Women, 1988年～1998年）からの呼び声に触れながら、以下のように述べている。

> 女性聖職の問題は、一般的な職業上の差別是正の事柄としてよりも、すべての人間が神の像として創られたという信仰に基づいて考えることが出発点であると思います。「男性が司祭であるからそれと同じく女性も」という考えではなく、すべての人間への神の愛と癒しと祝福のメッセージを伝える教会の福音理解の問題として、教会が自らの福音に生きることが問われているのだと考えます。と同時に私たちの社会で性差

41　三木、116頁。

42　「『女性聖職の実現を検討する委員会』設置決議報告」1990年12月13日。

43　三木、120頁。『朝日新聞』1992年11月12日（夕刊）を参照。

44　同上。

45　日本聖公会女性聖職の実現を検討する委員会編『女性の司祭按手？──さまざまな視点から』日本聖公会管区事務所、1993年。中村、161頁によれば、「聖職の任務が行われるかぎりにおいて、男性でも女性でもかまわない」というのが当時の日本聖公会における最も平均的な意見であると考えられた。この他の重要な資料に、女性聖職の実現を検討する委員会「日本聖公会と女性聖職──女性聖職の実現を検討する委員会　別冊報告」1992年、日本聖公会女性聖職の実現を検討する委員会訳『女性の司祭按手？──話し合いの手引きとして』日本聖公会出版、1992年、塚田理『教会の革新──女性司祭の叙任について』聖公会出版、1993年がある。

別だけでなく、あらゆる差別と闘うことを余儀なくされている兄弟姉妹と痛みを共にし、「共に在ろう」とすることは、教会の宣教に関わる大切な事柄だということを覚えたいと思います。[46]

3-2　1994年以降の運動

「女性聖職の実現を検討する委員会」は任期終了に当たり、1994年の第46回（定期）総会に「女性司祭の実現を検討する委員会設置の件」（任期4年）を提出し、この議案は若干の修正を経て承認された。「女性司祭の実現を検討する委員会」（男女同数、計8名）の主な任務は、女性の司祭按手が実現された場合を想定し、日本聖公会の一致を保つための方策を検討することであり、なかでも最大の課題は、反対者の信仰的意見に対応することであった。反対者の間からは「女性の司祭按手が承認、実施された場合、『反対』の信徒・教役者が日本聖公会内で排除されることのないように留意してほしい」と要望する声が上がっていたからである[47]。

同総会では、東京教区と中部教区が日本聖公会法規第19条（司祭志願の要件）の第1項を改正し、「満24歳以上の男であること」から「男」の削除を求める議案を提出したが、継続審議とされた[48]。議案の可決には、主教議員の3分の2、聖職・信徒代議員の3分の2以上の賛成を要するが、特に主教議員の中に反対論者が多かった[49]。これに対し、東京教区、中部

教区、京都教区などでは、1996年の第49（定期）総会までに女性の司祭実現を要望する決議が行われた[50]。

1996年の第49（定期）総会の開会演説では、反対派の首座主教が司祭志願の法規改正議案は多数決で決めるべきではないと強く主張した。審議の行方が大いに注目されたが、主教議員の賛成票が3分の2に達しなかったため、この議案は否決された[51]。これを受けて、「女性司祭の実現を検討する委員会」は教会の一致を保持する手立てとしてのガイドライン作成に取り組み、「女性司祭の実現に伴うガイドラインを承認する件」「女性の司祭按手に伴う諸問題を取り扱う調整委員会の設置の件」の提出を目指すことになる。

1998年の第51回（定期）総会では「日本聖公会法規の一部を改正する件」が提出され、司祭按手の要件からの「男性条項」の削除について、主教議員による賛成10（反対1）、聖職・信徒代議員による賛成30（反対13）で可決された[52]。「日本聖公会法規の一部を改正する件」（決議第26号）には、以下のように記録されている。

　　神から与えられた福音宣教の使命を、現在の日本社会において忠実に果たしていくために、教会のすべての奉仕の働きにおいて男女が十全に参与することが求められている。とくにわたしたちが日々経験している人間同士の間の断絶、差別、圧迫を克服し、教会が全人類の和解、協働、共生の希望の

46　『女性の司祭按手?』11頁。

47　三木、126頁。

48　中村、162頁。

49　三木、126頁。1994年の総会では、女性の司祭按手に最も強固に反対していた主教が首座主教に選出されている。

50　当時、中部教区の執事であった西原廉太は「女性の司祭按手についての　考察」（日本聖公会編『総会決議録』、日本聖公会、1996年、345-351頁）を執筆している。

51　三木、127頁。

52　中村、170頁。

実現のための器とされるために、またその一つの具体的な実現として、女性の司祭職への道を開くことは緊急の課題である。[53]

　この時、「女性司祭の実現を検討する委員会」から「女性司祭の実現に伴うガイドラインを承認する件」が提出され、審議は紛糾したが、今後の総会において改正が可能であるとの確認を経て、可決された[54]。これらを受けて、1998年に中部教区の渋川良子執事が日本聖公会において初めての女性司祭として按手され、1999年には東京教区で山野繁子執事、笹森田鶴執事が司祭として按手された[55]。しかしながら、「事実、日本聖公会でも11教区中少なくとも3つの教区は意識的に女性聖職を回避してきている」[56]と指摘されているように、1998年の女性司祭の按手の実現をもって、日本聖公会における「女性の按手」をめぐる議論や運動が終了したとは言えない。

3-3　1998年以降の運動

　1998年以降の運動において注目すべきは、2002年の第53（定期）総会を機に「正義と平和委員会」のサブコミッティ（分科委員会、小委員会の意）として発足したジェンダー委員会（「正義と平和委員会・ジェンダープロジェクト」に名称変更[57]）による活動である。ジェンダープロジェクトは、2003年に「プレ・日本聖公会女性会議」を開催、2005年にニュースレター『タリタ・クム』を発行、公開学習会、出前ワークショップ、ハラスメント防止研修の実施などの活動に幅広く取り組んできた[58]。ジェンダープロジェクトのメンバーとして招集された大岡左代子司祭によれば、「女性」を「あらゆる構造の中で、立場が弱くされている人たちの一つのグループ」として捉えるジェンダープロジェクトでは、「『女性』の視点を大切にしながらも、男女二分法にとどまった性別用語としてのみ理解されるより、包括的な意味で理解されること」が意図されている[59]。2006年の第56（定期）総会を機に、管区に「女性に関する課題の担当者（女性デスク）」が設置され、山野繁子司祭（東京教区）と木川田道子（京都教区）がその任を務めた。2010年からは木川田道子、吉谷かおる（神戸教区）、2018年からは大岡左代子司祭（京都教区）と吉谷かおる（北海道教区に転籍）が「女性デスク」を担当している[60]。木川田は、その設置当初からの課題について以下のように述べている。

　とりわけ優先して取り組まねばならなかったのはハラスメントの防止と、按手された

53　三木、128頁。「日本聖公会法規の一部を改正する件」（決議第26号）、日本聖公会管区事務所『日本聖公会第51（定期）総会決議録』1998年、271頁を参照。三木は、「長くこの法規改正を祈り続けて運動しこの総会を傍聴していた女性たちと男性たちは、反対派に配慮して議場では喜びの声をあげなかった。議場を離れ仲間同士で顔を合わせた時に、ようやく歓呼の声をあげて喜びを共にしたのである」と振り返っている。この時、調整委員会設置の件も可決した。

54　同上、128頁。

55　日本聖公会GFS『GFS100年のあゆみ』日本聖公会GFS、2018年、41頁によれば、GFS（Girls' Friendly Society）メンバーから女性の司祭が誕生している。

56　西原、4頁。

57　『タリタ・クム』第1号、2005年3月3日、4頁。ジェンダープロジェクトのメンバー（当時）は大岡左代子、木川田道子、松原恵美子、三木メイ、吉谷かおるである。

58　2006年に「第1回日本聖公会女性会議」、2013年に「第2回日本聖公会女性会議」が開催されている。

59　『新しい歌を主に向かってうたおう』33頁。

60　同上、39頁。

女性の司祭職の正当（有効）性を確実なものにすることだった。後者のことで起きていたのは、当時女性の司祭はすでに認められていたにも関わらず、あるところでは祭壇に上がることが許されなかったり、聖餐式が拒否されたり、男性の司祭が女性の司祭との共同司式を拒否して礼拝の途中で退出したり、ということだった。[61]

「（女性の司祭を）認めない人の意見も尊重するべき」との考えや態度の噴出には、ガイドラインを巡る解釈の違いがあったと考えられている。2013年の「第2回日本聖公会女性会議」を経て、「女性デスク」は2014年の第61（定期）総会にガイドラインの改廃を視野に入れた「女性の聖職者に関わる諸問題についての調整と検証・提言作成のための特別委員会設置の件」を提出し、議案は可決された。これにより設置された委員会の名称は、「女性の聖職に関わる諸問題についての調整と検証・提言作成のための特別委員会設置」である[62]。その任務は、①女性の聖職者に関わる諸問題が生じた時に当事者の申し立てを受け、事実関係を調査する調査チームの設置、②施行から15年以上経過したガイドラインそのものの機能について検証し、必要に応じてガイドラインの修正あるいは改廃に向けた提言を行うことと定められた[63]。

「女性の聖職に関わる諸問題についての調整と検証・提案作成のための特別委員会」は、「司祭として按手された女性に対し、女性である

ことを理由に司祭職の執行を拒否するという事例も含まれている。しかも現行『女性司祭の実現に伴うガイドライン』（以下「ガイドライン」と略す）がそのことを許容していると解釈されている状況がある」[64]点を問題視するものであり、「本委員会設置の経緯」と題する文書で繰り返し用いられているのは「痛み」という言葉であった。

委員会のメンバーは、それぞれの立場の故に痛みや傷を負う経験をした者としてこの委員会に集められた。そのことを主から与えられた機会と捉え、本来の一致と聖餐における痛みの現実をこの委員会として誠実にかつ真剣に受け止めてこの任務を遂行したいと考えた。[65]

2018年の第64（定期）総会では、1998年の「女性司祭の実現に伴うガイドライン」が20年の時を経て廃止され、新たに「日本聖公会における女性の司祭按手に関するガイドライン」が決議された（詳細後述）。また、この時に「女性の聖職に関わる諸問題についての調整と検証・提言作成のための特別委員会設置」が議案提出者となって、「女性の聖職位に関わる委員会設置の件」が提出され、可決している。

吉谷かおるによれば、2018年11月30日から12月1日にかけて行われた「女性の司祭按手20年感謝プログラム」に先立って、新たなガイドラインが施行されたことは意義深いことであったが、「一方では『女性の聖職位に関

---

61 同上、34頁。
62 「聖職位」が「聖職」に変更されている。関係者の間では「女性の聖職に関わる諸問題についての特別委員会」「女性の聖職に関わる特別委員会」などの略称も用いられた。
63 『新しい歌を主に向かってうたおう』46頁。
64 同上。
65 同上、47頁。

わる委員会』が設置されたように、女性の聖職位の有効性が否定される事態に備えることがいまもって必要であり、意思決定機関に占める女性の比率の低さなど、改善すべき問題もあります」[66] と述べて、特に注力すべき3点を挙げている。

①フェミニスト聖書解釈に基づき、聖書、祈祷書などの翻訳やリタジーに包括的言語の使用を徹底するように働きかけること。

②神学教育・研究機関がフェミニスト神学を積極的に取り入れるように要請し、神学の一領域として根付かせること。男性神学者、男性聖職、男性信徒に問題を提起し、いっそう誠実な応答を求めること。

③ジェンダー意識の世代間格差を解消し、女性が闘いとってきた権利と権威は自分たちで守らなければならないものであるという危機感を、続く世代と共有すること。

以上に見てきたように、2006年に設置された「女性デスク」は、当初から現在に至るまで、按手を受けた女性司祭が執行する聖餐式が反対者によって拒否されるなど、その聖職位の有効性や正当性が不当に脅かされる事態に抵抗してきた。次節では、2018年に行われたガイドラインの改定について詳しく見ていこう。

3-4　ガイドラインの改定

1998年の第51（定期）総会決議第28号として可決された「女性司祭の実現に伴うガイドライン」は、男性条項が削除された場合に生じるであろう諸問題に、日本聖公会の一致を保持しようとする観点から対処するために用意されたものであった。この文書の特徴は、端

66　同上、40頁。

的に言って、女性司祭の按手に「反対する者を排除しない」という点の明確な強調にあると考えられる。「（女性の司祭を）認めない人の意見も尊重するべき」との立場を過剰に擁護するものとして利用されてきた文言を例示すると、以下のようになる。

Ⅰ．原則

4. 日本聖公会に属する信徒、聖職その他の教役者が信仰生活を送る上で、女性の司祭按手に対する賛否にかかわらずその信仰的良心は尊重されなければならない。

Ⅱ．聖職の人事或いは待遇に関わる諸件

2.「女性の司祭按手に賛成或いは反対の意思を表明する」聖職及び教役者に対する待遇に差別があってはならない。また、人事の上で不利な取り扱いをしてはならない。

Ⅲ．女性の司祭按手に賛成する主教、司祭、執事、その他の教役者、及び信徒

2. 女性の司祭按手に対する聖職、教役者、信徒の信仰的良心を尊重し、反対者を排除するようなことがあってはならない。ことに反対する教区主教、司祭等の職務執行に関して、それらを拒否すべきではない。

Ⅴ．女性の司祭按手に反対する教区、教会

3. 反対する信徒への牧会的配慮には慎重に対処し、教区主教は定期的に当該信徒の要望する主教又は司祭を派遣して聖奠に与らしめることが必要である。この問題についてはことに主教会の協働が重要となる。

これに対し、司祭按手の要件から「男性」が削除されて20年が経過した2018年の第64(定期)総会では、「女性司祭の実現に伴うガイドライン改定の件」(決議第26号)が可決されたことにより、1998年の第51(定期)総会決議第28号「女性司祭の実現に伴うガイドライン」は廃止され、2018年6月7日から新たな「日本聖公会における女性の司祭按手に関するガイドライン」が施行されることとなった。注目すべきは、以下の点である[67]。

Ⅲ. 立場の違いを越えた交わり

①すべての聖職と信徒は、その人の性に関わらず、それぞれのつとめに応じて教会の働きに参与する。誰もその人の性によって排除されたり、嫌がらせを受けたり、差別されたりすることがあってはならない。

②すべての聖職と信徒は、女性の司祭按手についての立場の違いを越えて、協働者として対話をしつつ、協力しあう。

③いかなる聖職も信徒も、女性の司祭按手についての立場の違いを理由に、聖奠執行や交わりから排除されることがあってはならない。

また、新たなガイドラインの「Ⅳ. 女性の聖職に関する諸問題」では、女性の聖職に関する諸問題が生じた場合には、教区内や教区間での対話による解決が求められるが、「それでも解決困難な状況になった場合には、新たに設置される女性の聖職に関する諸問題に対応する機関(『日本聖公会 女性の聖職位に関わる委員会』)が対応する」[68]と定められた。

3-5 女性主教の按手

2018年の「女性の司祭按手20年感謝プログラム」から3年後の2021年11月3日、笹森田鶴司祭(東京教区)が北海道教区次期主教に選出され、日本聖公会において初であるだけでなく、東アジア初となる女性主教の誕生が決定した。2022年4月23日、北海道教区主教座聖堂札幌キリスト教会において主教按手式及び教区主教就任式が開催されたとの朗報は、教派を超えて、多くの女性たちの間で喜びをもって分かち合われた。他方、AAMJのニュースレター『聖公会の信仰』では、女性の主教按手とその聖職位の有効性に対する疑義が表明される事態となった。

> 司祭は主教の代理者であり、教区主教が認めれば女性司祭でも良いかもしれません。しかし、主教は生ける主のイコンです。もはや、この様な素朴な伝統的な考え方を、新しいガイドラインによって日本聖公会は排除することになりました。[69]

4月に主教按手が行われる教区の信徒から「女性司祭も嫌なのに、今度は、主教です。どうすれば良いのでしょうか」という声が聞こえてきます。わたしも悩むところですが、女性主教巡杖の日は、欠席もやむを得ないと思います。または、他教派とのお付き合いを考えて忍耐することしかないのかも知れません。恐らく、凋落しているフェミニズムの後を追って、アメリカ監督教会と同様に日本聖公会も衰退していくことでしょう。行き着くところまで行くしかない

67　同上、45頁。
68　同上。
69　岡野保信「化石の呟き」『聖公会の信仰』第63号、2022年3月8日、2頁。

のでしょう。フェミニズムは、聖書にも伝統にも基づくものではないのです。[70]

「生ける（主の）イコン」については、『横浜教区報』においても「男の体への託身であり、司祭は、会衆の代表であると同時にキリストの生けるイコンであり、男の体が担わなければなりません。そうでなければ、キリスト信仰が脱肉の偽信仰となり、思想に過ぎなくなります」[71]との主張が展開されている。このように、北海道教区において女性主教の按手が実現した現在でも、強固な反対論で知られてきた横浜教区、神戸教区、さらには、東北教区、北関東教区において女性の司祭按手は実現していない[72]。

それでもなお、日本聖公会の女性たちはジェンダー暴力の根絶、環境、平和、性と人権などの諸課題に行動的に取り組んできたのであり、国連女性の地位委員会（UNCSW）への代表派遣も十数回に及んでいる。現在、「女性デスク」を担当する吉谷かおるは、「これからも女性団体連絡協議会などを通じて国内のネットワークを強めると同時に、IAWN（国際聖公会女性ネットワーク）への参加や大韓聖公会両性平等局との協働など国際的な連携も深めていくように

努めます」[73]と述べている。2022年の第67（定期）総会では、総会議員・代議員に占める女性の割合は、主教議員10名中1名（10%）、聖職代議員22名中4名（18%）、信徒代議員22名中7名（31%）であり、全体では54名中12名（22%）に留まるものであった。正義と平和委員会・ジェンダープロジェクトのニュースレター『タリタ・クム』では、組織において構成人数の30%を少数者が占めると、意思決定に影響力を持つようになるとの「黄金の3割」理論[74]を踏まえて、「やはり女性の比率が30%を超えるには、女性の聖職が増える必要がありそうです」[75]と考察された。

4　おわりに

本稿では、NCC加盟教会、特に日本聖公会における「女性の按手」をめぐる歴史的経緯の検討を通して、①1941年の日本基督教団成立当時に「女性の按手」が執行されただけでなく、それ以前から様々な教派の女性たちが按手を受けて献身してきた点、②ほとんどの教派において1990年代から「女性の按手」が増加または開始している点、しかしながら、③「女性の按手」の実現をもって、按手からの女性の排除の問題は解決を見るのではない点、

70　同上。

71　『横浜教区報』第670号、2021年2月25日。

72　女性の執事按手について言えば、横浜教区と北関東教区では実現されたことがあるが、神戸教区、東北教区では実現していない。本稿では「男の体」と聖職位についての議論に立ち入らないが、エキュメニカルな議論を踏まえれば、「司祭は許されないが、執事は許される」という状況が生じうるのは、執事が原則として聖餐式を執行しない身分であるためではないかと考えられる。月経のある女性、結婚している女性、妊娠している女性は聖餐式を執行すべきではない、女性は生涯を通じて祭司職には不適当であるなどの差別的言説は、1970年代までのエキュメニカルな議論にも散見される。藤原、89頁を参照。

73　『新しい歌を主に向かってうたおう』40頁。

74　米国の社会学者ロザベス・モス・カンター（Rosabeth Moss Kanter）が1977年に提唱した。

75　『タリタ・クム』第41号、2022年6月25日、11頁。常議員に占める女性の比率は55%を超えた（9名中5名）。なお、「女性デスク」とジェンダープロジェクトのメンバーが参加しているセーフチャーチ・ガイドライン・ワーキング・グループでは、2019年に全聖公会中央協議会（ACC）が発行した『アングリカン・コミュニオンの諸管区のすべての人──子ども、青年、弱い立場の大人──の安全を高めるためのガイドライン』（*Guidelines to Enhance the Safety of All Persons – Especially Children, Young People, and Vulnerable Adults – within the Provinces of the Anglican Communion*）の日本語版発行が目指されている。

④日本聖公会における運動は、米国聖公会や大韓聖公会との国際的連帯に支えられてきたものであると同時に、2022年の初の主教按手を通して広く経験されたように、NCC加盟教会をはじめとする他教派で運動する人々を力づけるエキュメニカルな波及効果を持つものである点を確認できた。敷衍すれば、いかなる教派においても、按手を受けた女性たちの聖職位の有効性を確実なものとするためには、信徒・聖職による継続的運動が不可欠であり、その意味で、「女性の按手」は決して聖職を志願する限られた女性たちだけの問題ではなく、むしろ、信徒・聖職からなる神の民全体[76]の問題であると考えられる。

振り返ってみれば、キリスト教において「按手」の対象が異邦人にまで拡張され、あらゆる国と地域の人々（厳密には男性たち）に按手を受ける道が開かれてきた点は、いかなる保守的な教派・教区においても否定されてこなかった。そうであるならば、「女性の按手」は、あらゆる性的指向と性自認／性同一性（SOGI）を生きる人が按手を受けられる可能性を切り開いていくための代え難い緒（いとぐち）であるとも言える[77]。その意味で「女性の按手」は、「すべての人の按手」とその聖職位の有効性が確実なものとされるまで、決して終わることのないエキュメニカルな課題であり続けるだろう。

76　藤原佐和子「世界教会協議会（WCC）における信徒の参加」『宣教学ジャーナル』第16号、2022年、114-144頁を参照。

77　本稿では詳しく取り上げられなかったが、日本聖公会における運動では「女性」という言葉が性別二元論に基づくものとして用いられているのではない点、「ジェンダー」という言葉が用いられるのと同時に、セクシュアリティの諸課題に対する関心が示されている点にも注目したい。

天皇制・キリスト教・女性
——日本軍「慰安婦」制度から考える

山下明子

はじめに

アジア各地の被害者たちによる長い沈黙の後の表明により、日本軍「慰安婦」制度が問題として浮上したのは、日本の敗戦からおよそ40年後の1980年代である。そして1998年、国際刑事裁判所は「武力紛争下の性暴力」は「人道に対する国際犯罪」であると歴史上初めて規定した。「強姦、性奴隷、強制売春、強制妊娠、強制避妊、また同等の重大さをもつ他の形態の性暴力」を戦争犯罪と人道に対する罪に加えたのである（7条1項、8条2項）。

国連の女性差別撤廃条約委員会をはじめ多くの人権条約委員会やILO（国際労働機関）など、戦前戦後を通じて日本軍性奴隷制（日本軍慰安婦制度）ほど国際機関で取り上げられた問題はないといわれる[1]。しかし、2022年現在においても日本は被害女性に対して加害の事実を認めた謝罪と補償をできていない。日本政府が主張する2015年12月28日の「日韓合意」は両国の外相間で被害者の頭越しに行われただけではない。日本を含めた他のアジア諸国の被害者は外されている。被害者が求めているのは「事実を認めた謝罪」であり、それによ

る生活の場での「人権の回復」である。

被害者だけではなく国際社会からの厳しい批判にもかかわらず、加害国の日本はなぜ謝罪して問題を解決できないのか。しかも戦前の日本が犯した罪に対する謝罪である。新憲法下もつづく「国体」としての天皇制ナショナリズムのタブーが原因なのではないか。敗戦後も「皇統維持」されたことで「国体は護持された」と言われる。しかし、元日本軍「慰安婦」や性暴力被害者への謝罪が天皇制のタブーに触れるのはなぜなのか。また、他のアジア諸国の場合と異なって日本では中産階級に、しかも女性に信徒が多いキリスト教は、そこにどのように関係しているのか。これらについて調べることが本稿の目的と主旨である。

1 「日本軍性奴隷制を裁く2000年女性国際戦犯法廷」から20年

日本カトリック正義と平和協議会は、2000年女性国際戦犯法廷（以下、「法廷」）について「20周年にあたっての政府への要望」の声明を2020年12月12日に出した。

---

1 「人権の尊重が日本で進まないワケ——「慰安婦」問題とヒューマンライツ」戸塚悦朗講演録、アムネスティ・インターナショナル日本・関西連絡会、2016年、2頁。

あれから 20 年が経ちました。戦時下ばかりではなく、日常生活においても性暴力はたびたび起きながら、処罰を免れてきたことが、♯ MeToo 運動などによって問題にされるようになったのは、つい最近のことです。カトリック教会内でも、聖職者の性暴力が数多く起きていたのに、表沙汰にされることさえ、今世紀に至るまでありませんでした。これらのこともまた、日本軍「慰安婦」制度が処罰されてこなかったことと同一線上にあるものと私たちは考えます。性暴力被害とはいかなるものであるのか、その暴力の実態とこれを可能にし、かつその隠蔽を可能にしてきた背景について、いまだ正しく認識され、対処されているとは言えず、ジェンダー正義は実現していません。私たちはだからこそ、ここでもういちど、女性国際戦犯法廷の結論を社会と日本政府に訴えなければならないと考えます。

（www.jccp.org）

若桑みどりによれば、「法廷」は「国際的な女性のネットワークによる、すなわち『女性』による『男性とその国家』の裁きである。これはまさに家父長制始まって以来のコペルニクス的転回であり、人類史的な事件であった」[2]。

しかし、20 年後もまだジェンダー正義は実現していない。2021 年 1 月 8 日、韓国のソウル中央地裁は日本軍「慰安婦」被害者 12 名が日本国を相手に起こした損害賠償請求訴訟において原告の請求をすべて認容し、日本国に対して被害者 1 人につき 1 億ウォン（約 950 万円）の支払いを命じる判決を下した。ところが日本の菅政権は「主権免除」を理由にこの判決を貶め、拒否しながらも、提訴はしていない。今日では「主権」については適用範囲を限る「制限免除主義」が国際法の原則となっている。このような日本政府の対応は国際マスメディアから批判されているが、日本のマスメディアは沈黙している。

「法廷」が国際的に果たした役割は大きいが、具体的な成果のひとつは天皇ヒロヒトの有罪判決と日本政府の国家責任の認定である。もうひとつは責任者処罰の担保こそはできなかったが、被害者の証言を通して日本の植民地支配の構造があぶり出されたことである。さらに「法廷」の特徴として 2 点ある。ひとつは松井やより、東海林路得子、尹貞玉（ゆんじょんおく）、インダイ・サホールというアジアのキリスト者女性たちが中心になってこの「法廷」を準備し、成功させて歴史に遺したこと。さらに重要な点は、名乗り出て証言した被害者たち個々人が主体的に人権活動家となったことである。「法廷」の開催には、さまざまな議論があったが、それは世界の女性運動の今日へとつながってきた。

ところが日本の性産業とジェンダー差別の構造、日本軍「慰安婦」問題が普遍的な人権問題であることに対する政府とメディア、社会の態度は変化していない。むしろコロナ禍のなかで差別の構造がより露わになってきた[3]。日本は「人権後進国」のままである。キリスト教フェミニズムについてもこれは言えるから、後述する。

2　若桑みどり『戦争とジェンダー——戦争を起こす男性同盟と平和を創るジェンダー理論』2005 年、大月書店、189 頁。なお、2000 年女性国際戦犯法廷については全 6 巻の記録がある。第 5、6 巻は『女性国際戦犯法廷の全記録Ⅰ』『同Ⅱ』（VAWW-NET Japan 編、緑風出版、2002 年）となる。

3　拙論「女性国際戦犯法廷でも変わらない日本のジェンダー差別構造」『k-peace』2021 年 2 月、第 24 号。

2 天皇制ナショナリズム下の
　　近代日本民衆史

「はじめに」で、戦後の新憲法下もつづく天皇制ナショナリズムのタブーについて触れたが、明治憲法第28条には「日本臣民ハ安寧秩序ヲ妨ケス及臣民タルノ義務ニ背カサル限ニ於テ信教ノ自由ヲ有ス」とある。戦前の国家神道とその下での信教の自由、また国家神道と神社神道の区別も曖昧である。

　このなかでは近代のコンセプトである「信教の自由」も「人権」も、すべて「天皇の恵み」としてあった。近代天皇制の基本概念は、「万世一系の皇統、天皇現人神と、そこに集約される階層性秩序の絶対性・不変性」であり、血統上の日本民族を他の民族よりも優位に置く自民族中心的な秩序である。さらに男性を女性よりも優越させる家父長主義的な秩序である。女性に異論が多いにもかかわらず2022年現在でも日本は強制的夫婦同姓の制度を保持しており、夫婦別姓では結婚できない。これは明治憲法の続きであり、世界的にも日本だけであるが、1985年に批准した女性差別撤廃条約にも違反している。

　明治維新によりそれまでの士農工商の身分制度はなくなったが、代わって天皇制家父長主義の国家ができた。しかも「一君万民」というナショナリズムがヨーロッパのキリスト教国の王室支配とは異なるのは一国主義という点である。この一国主義の天皇制と「日本語」によって日本は他民族である朝鮮を支配した。

　鵜飼哲と前田朗はこのような日本の天皇制の持つ三つの機能について次のように分析している。1. 思考停止装置。天皇タブーの社会で、曖昧をよしとする言挙げしない社会・宗教・文化。2. 排外装置。無自覚のままで排外的に呪縛される。3. 忘却装置。天皇の慰撫によって風化される[4]。

　天皇制の、とくに民衆への徹底化は、新たな学校教育制度を通して行われた。これも新たな国語による支配である。「支配層のことばとして発達した敬語は、近代日本では天皇制維持のための重要な言語装置として機能し、『修身』や『国語』などの学校教育をとおして、敬語によって皇室崇敬、君臣・父子・長幼・上下の分を示す『帝国臣民』の作法が教え込まれていきました。〔…〕20世紀初頭には、皇室への敬語使用も学校教育における礼法として明文化されています」[5]。

　なお、第一次安倍政権は2006年に教育基本法を改定し、「公共の精神」「伝統の尊重と継承」「国を愛する態度」「男女の平等」を追加した。この戦前に帰るようなナショナリズムは明らかにジェンダー平等を阻害する。ジェンダーとは単なる「男女の平等」という価値中立的な概念ではない。LGBTQを含めて性別にかかわる差別と権力の構造を明らかにして、社会を変化させようとする批判的な概念である。しかし、2000年の「法廷」の成果によっても日本の女性運動は安倍政権によるこのように反動的な法律改定を止めることができなかった。

　アジアの友人たちと国際的に組むことで「法廷」は成功したが、キリスト教自体が少数派で、しかも中産階級の宗教であるために、キリスト教フェミニズムは知的にはともかく社会的には非常に弱い。かつてアジアの国々を支配した帝国主義も上からの圧力によってのみ起

4　鵜飼哲・前田朗「週刊MDS」1659、1661号、MDS（民主主義的社会運動）新聞社、2021年。
5　佐竹久仁子「国語・ナショナリズム・ジェンダー」『「国家を超える」とは──民族・ジェンダー・宗教』黒木雅子・李恩子編、新幹社、2016年、131-132頁。

きたわけではない。では、大半の民衆はなぜ軍部を支持し、当初より勝つ見込みが極めて低かった戦争に突入したのか[6]。やはり教育によって洗脳されたと言えよう。後述するように、教会は皇室を支持することで上からこれに加担した。

戦争の加害と被害を両面から描いた映画である池谷薫の『蟻の兵隊』でも、「我々が熱望するのは、無条件降伏によって危機に瀕している天皇制をあくまで護持することであり、焼け野原と化した祖国日本を、早く復興させるということに外ならない」と兵士が述べている[7]。これらの兵士たちに軍が与えた日本人女性を含む「慰安婦」（性奴隷）は、すべてこの犠牲者だといえる。

『戦争・天皇・国家　近代化150年を問い直す』において、猪瀬直樹と田原総一朗が「家長意識」の重要性について論じている。田原は「日本が新しい帝国主義の時代で主体的に生きようと思えばほんとうは世界の平和に貢献する家長意識を持たないといけない」。猪瀬は「戦前のアジア主義には家長意識があった。アジアの家長として途上国の味方になり、日本には欧米列強の帝国主義に対抗する正義もあったと思います」[8]。

その「正義」と「家」のために利用・搾取されたのが日本軍「慰安婦」女性たちであり、侵略地の民衆女性、底辺層の弱者や少数民族だった。「弱者を救う」という家長意識がたとえあったとしても、それが国家意識であるかぎり、ジェンダー平等とは相容れない。なぜ

ならば、社会的・文化的な性の抑圧、不平等をなくするためには、個々人が個々人でありながら互いを尊重し、かつ共同できる社会づくりが必要だからである。これは戦争とはまったく相容れない。

日本の近代史は侵略したアジアの国々においてだけではなく、日本国内においても差別と排除、また天皇制への包摂の歴史でもある。日本に仕事を求めて、あるいは強制されて朝鮮から移住してきた人口は多いが、「朝鮮人」としてのプライドを否定されること、あるいは維持できないことは大変な苦痛であろう。

藤野豊と黒川みどりの『差別の日本近代史』のなかに、付き合っていた恋人から「朝鮮の人だって、いまはもう日本人でしょう」と言われて苦しみ、結局、彼女と別れたという話が載っている[9]。これが当時の「皇民」つくりの政策だった。また、ある吉原の娼婦は「自分たちでも戦争に協力できる、国のために働ける、一級の国民になれるという希望が国家に掬いとられて戦場に送られた」[10]と述べている。

私はインドのダリット（「不可触民」）など、アジアの国々で階層的にその国の底辺の女性たちと面談してきたが、面談では本人が出自を隠す必要がない場所をつねに選んできた。少数民族などその国の被差別集団の出身であっても外国人に対してプライドを保持しながら率直に話せるのは、彼女たちのほとんどが学者や芸術家など少数エリートだからである。しかし、多数派の被差別者が自己のアイデンティティを隠したいわけではない。偽れば嘘が出て

6　長山靖生『帝国化する日本——明治の教育スキャンダル』ちくま新書、2018年、230頁。多木浩二『天皇の肖像』岩波現代文庫、2002年、4章「御真影」の誕生、112頁。
7　池谷薫『蟻の兵隊——日本兵2600人山西省残留の真相』新潮文庫、2010年、102頁。
8　猪瀬直樹・田原総一朗『戦争・天皇・国家　近代化150年を問い直す』角川新書、2015年、229頁。
9　藤野豊・黒川みどり『差別の日本近代史　包摂と排除のはざまで』岩波現代全書、2015年、93頁。
10　同上、105頁。

苦しむことになる。私はまずそれを避けたい。

日本の「皇民」つくりの政策は、遊郭で働く女性たちにも及んでいた。「慰安所」という言葉が創られたのは1932年だが、日清・日露戦争の時代にすでに原型があった。「居留地遊郭」、「占領地遊郭」（「特別料理店」1904年設置）、「植民地遊郭」（金富子命名）である。「韓国併合」の1910年後、「貸座敷娼妓取締規則」（1916年）から、韓国の主要都市に「貸座席指定地域」＝「遊郭」がつくられた。1910年に朝鮮にいた日本人女性の48.2％（4093人）が「芸娼妓酌婦」だったという。また、1920年代のソウルの買春客の95％は日本人男性だったという[11]。

日本の遊郭の歴史は古いが、明治期においては、1900年に娼妓の居住地と貸座敷の営業地域を同一区域とし、この指定された公娼街が俗に「遊郭」と呼ばれた。

吉見義明も『買春する帝国——日本軍「慰安婦」問題の基底』において、台湾における芸妓・娼妓・酌婦の数が、1901年の渡航日本人男性13.5人に対して性売女性1人の割合だったこと、またその大方が日本人女性だったと述べている。これは軍用の性売施設でも同様で、現地の台湾の女性よりも日本人女性のほうが身体的に「安全」だと考えられていたからだという。また、当時は朝鮮から中国本土に渡る芸娼妓・酌婦の大方が日本人女性だったという[12]。

そして日本は1922年に「婦人及児童の売買禁止に関する国際条約」を批准したのだが、その対象を日本人女性にかぎり、植民地の女性たち、朝鮮人女性を除外した。むろん女性の信仰や宗教は問わなかった。

3　近代天皇制国家とキリスト教

では、このような近代天皇制とキリスト教はどのように関係していたのだろうか。

明治以降の天皇制は、きわめて強い宗教性を帯びたシステムであった。明治政府は当初、神道の国教化を図った。神仏分離令と廃仏毀釈により、全国の仏教寺院や仏像などの仏教文化が破壊された。しかし神道の国教化は成らず、代わりに神社神道を含めて仏教やキリスト教など個別の宗教を超えるものとしての「国家神道」の体制を創った。この国家神道にしたがう限りでの個別の宗教の自由がうたわれたが、国家神道と神社神道の区別は曖昧であった。

天皇制は諸宗教の機能を故意に曖昧化、弱体化させ、天皇は国家神道と結びつくことで帝国日本のトップとなった。このような諸宗教間の曖昧性、つまり個人の信仰の曖昧化、集団化は今日に続いている。総じて「日本宗教」（Japanese Religion）と呼ばれる。「私は無宗教だ」という人も、祭りで神社に参り、法事で僧侶に読経を頼むこと、宗教的な行事に参列することを「宗教的」だとは考えていないが、「日本宗教」の信者だといえよう。

一方、日本の近代化のモデルとなったのが西欧、およびキリスト教文化だった。近代国家の建設にあたってキリスト教的父権制の一夫一婦制を確立しようという傾向は官・民の双方にあった。しかし、一夫一婦制の確立は難産をきわめた。1880年代に成立した刑法で重婚の禁止は規定したが、皇室典範、民法の諸規定などによって実質的な一夫一婦制の確立はできなかった。これが両性の性的にアンバランスな関係をいっそう深めることになっ

---

11 金富子・金栄著『植民地遊郭——日本の軍隊と朝鮮半島』吉川弘文館、2018年、金富子「第14回ほっこりマダン」（2019年10月6日）での講演、「たかつきプリム通信」28号。
12 吉見義明『買春する帝国——日本軍「慰安婦」問題の基底』岩波書店、2019年、59、198-199頁。

たといえる。「無窮の国体」を保証する究極の武器として天皇の侍妃制が再編されたためである[13]。

では、一夫一婦制の日本のキリスト教会は天皇制と対立したのかというとそうではない。

ローマ・カトリック教会では女性は司祭になれない。シュスラー＝フィオレンツァは「秘跡による司祭職をもつ教会が、女性を司祭職に叙階することに最も強く反対しているということは偶然ではないと思われる。キリスト教の秘跡はすべて生命を伝える儀式である。洗礼は新しい永遠の生命への再生であり、聖体拝領は『生命のパン』であり〔…〕それゆえに、女性こそが理想的な秘跡を行なう者ではないかと考えられるのだ」「秘跡と司祭職とが呪術的見地で理解されている限り、それは育て、可能性を与え、奉仕する制度ではなく、キリスト者の精神生活を支配する男性の力をあらわすものである」とキリスト教の家父長制の理由を述べている[14]が、女性のほうが司祭職に相応しいからこそ排除されているのである。

同様な理由により、新憲法下でも女性は天皇になれない。天皇になるための秘儀である大嘗祭において新天皇は神と生命の交わりを行うとされる。皇室の私的な宗教だからという理由により天皇職からの女性排除は容認されているが、憲法の前文と第一章第１条とは矛盾するといえる。また、これが日本の政治、社会、教育で家父長制が現在も続く大きな理由であろう。

では、天皇制下の日本のキリスト教の特徴とは何か。私の調査によれば、日本の植民地下にあった韓国を含めてアジアの国々において宣教の対象になったのは多数派の民衆女性だったが、日本ではこの層の女性たちの多くは民衆宗教（「新宗教」）に入っている。明治の女性教祖による天理教、大本、ここから生まれた新・新宗教、また日蓮宗系の新宗教である。中には、キリスト教徒になる民衆女性もいたが、多くは結婚すると教会を離れた。

例えば、製糸産業で栄えた長野県岡谷の場合、キリスト教信徒になった女工は結婚して村へ帰ると教会との縁を切る。あるいは諏訪大社の七年に一度の御柱祭への参加を禁じられて教会に来なくなる。しかし、彼女らは結婚して教会を離れても、キリスト教の教えによって女性としての個人の自由や苦しみから救われた経験を生涯大事にしているのである[15]。彼女たちの信仰は複合的なのだ。

一方、沖縄の女性は、本土とは異なり、身体を伴った民族的心性をキリスト教信仰において維持していた[16]。川満信一は「小共同体と天皇制——沖縄と日本の断層」において、「明治国家による琉球処分以降においては、洞窟前の社寺のつくり方も日本の神社と同じものになり、鳥居がつくられて、普天間権現として、かなり性格の不明瞭な神社となっている。そして戦後は、至るところにキリスト教会が建立された。」と記している[17]。天皇は大和一族の社稷(土地の神)司祭者に過ぎなかったという。

13　早川紀代『近代天皇制国家とジェンダー——成立期のひとつのロジック』青木書店、1998、3頁及び第三章。

14　E・フィオレンザ「エキュメニズムとフェミニスト」『女性解放とキリスト教』キャロル・クライスト／ジュディス・プラスカウ編、奥田暁子／岩田澄江共訳、164-165頁。

15　拙論「公開講演　女性キリスト教徒の性とスピリチュアリティ——日本とインドの信徒の比較考察から」『研究年報』第38号、2005年3月、宮城学院女子大学附属キリスト教文化研究所、12、13頁

16　同上15、16頁。

17　川満信一「小共同体と天皇制——沖縄と日本の断層」『沖縄にとって天皇制とは何か』沖縄タイムス編、タイムス選書3、1976年、79頁。

民衆がキリスト教よりも新宗教に入った本土の場合、キリスト教女性の多くは教育を受けた都市の中産階層であった。前項でもみたように、皇国化し、言挙げをしない「神ながらの道」、国民精神総動員体制にしっかりと寄り添ったといえる。「宗教ではない宗教」のイデオロギー（国家神道）を受け入れ、自身の信心でも曖昧をよしとし、そして主体的ではない戦争を行ったのである。この「裏」にイエのために売られた娘子軍、日本軍「慰安婦」にされた女性たちがいた[18]。

岡谷の製糸工場にも実は多くの沖縄の少女たちが働いていた。しかし、都市から工場の調査に行った時も、キリスト教団体の知的女性たちはそれをとらえることができなかった。「天皇が見えても、死ととなりあわせに生きている人が見えなかったということ」である[19]。

問題は、なぜ日本のキリスト教女性は闘えなかったのか、であろう。

奥田暁子によれば[20]、15年戦争下のミッションスクールはキリスト教教育に代えて国家主義的教育を実践した。学則から「キリスト教主義」という言葉を削除し、宗教教育を廃止し、「御真影」を拝礼したが、「それは見事な転身」であり、当初の妥協の姿勢から積極的な国策協力への転身であった。政府が国体明徴声明を出した1935年頃から私立の学校にも神棚を祀り、「御真影」の奉戴が強要されるようになった。

例えば、神戸女学院（1937年12月に奉戴式）は院長のデフォレストが「法律が公布されないうちに諸学校が自発的に奉戴するほうが無難である」という意見に従って奉戴を決意したのだという。まさに縦割りの同調圧力に従ったのだが、それは今日の日本社会でも変わっていない。

しかし、日本軍性奴隷制は天皇制国家の性の政治を抜きにしては存在しなかった。「慰安婦」は単なる「裏」存在だったのではない。妻（主婦）、妾、娼妓は、夫婦同姓を義務づけられた家制度下でのジェンダー規範による女の分断であった[21]。「慰安婦」被害者たちは、個々人の意識と発話がどのようであれ、当初より「国民」や「国家」から排除されていた。

まして植民地や占領地で日本軍の暴力によって「慰安婦」＝「性奴隷」にされた女性たちの現実は、被害者の李玉善の言葉どおりに「若い少女の屠殺場だった」[22]。日本軍により最後の決戦場とされた沖縄において慰安所は「天皇陛下の御下賜品」とされた[23]。

4　日本のフェミニズムと「国体」からの解放

日本軍のための「慰安婦」（性奴隷）とされた女性たちについて、マイノリティの視点からの女性解放、フェミニズムについて考えたい。

鄭瑛惠は『〈民が代〉斉唱　アイデンティティ・国民国家・ジェンダー』において、「日本人」フェミニストが拠って立っている基盤、つまり「日本人」がもつ特権構造である戸籍法・

18　拙論　「宗教・ナショナリズム・性暴力の関係——日本とインドの場合の比較から」『富坂キリスト教センター紀要』第7号、2017年3月、15頁。

19　大嶋果織「東海林路得子の遺したもの——日本人キリスト者の社会倫理の土台を探る」『沖縄にみる性暴力と軍事主義』富坂キリスト教センター編、宮城晴美・高里鈴代・安次嶺美代子・山城紀子・川田文子・秋林こずえ・鄭瑛惠・大嶋果織・山下明子著、御茶の水書房、2017年、169頁。

20　奥田暁子「戦時下のミッションスクール」『女性キリスト者と戦争』富坂キリスト教センター編、行路社、2002年、61-69頁。

21　拙論「宗教的ナショナリズムと性暴力」『沖縄にみる性暴力と軍事主義』188頁。

22　同上、189頁。

23　同上、194頁。

国籍法・国籍条項などの諸制度と、日本語・日本文化至上主義そのものを正面から打破しようとする動きは、「日本人」フェミニストの中にどれほどあるのだろうかと問い、私たちは、男性社会や国家を批判する段階から、新しい構造／メカニズムを自ら創る＝脱構築する段階に来ている、と厳しく指摘している[24]。

鄭暎惠の〈マイノリティ〉のフェミニズムとは、フェミニズムの一部分でも枝葉でも応用でもない。それはフェミニズムを超えて、いかなるドミナントな中心の存在も許さずに、シスターフッドをもってあらゆる抑圧と闘っていく、女たちの日々の実践——終着点のない実践——なのである[25]。

このようなジェンダー平等のための実践、闘いを暴力的かつ政治的に阻んできたのは、藤岡信勝が唱えた「自由主義史観」研究会や「日本会議」など「国体」主義のグループである。日本軍「慰安婦」問題についての記述を義務教育のすべての教科書から消去させた政治勢力である。

日本会議がめざすのは「美しい伝統の国柄を明日の日本へ」である。神道界の理論的指導者である葦津珍彦等の神社擁護論は、皇室祭祀・皇室神道を「宗教」「神道」としては捉えない、政教分離原則のしばりをうけないというものである。さらに靖国神社や伊勢神宮の国家的地位を確保しようとする。これは明治憲法への復帰を意味している。皇室を中心に、同じ歴史、文化、伝統を共有しているという歴史認識こそが、「同じ日本人だ」という同胞感を育み、社会の安定を導き、ひいては国の

力を大きくする原動力になるという[26]。

「新しい歴史教科書をつくる会」理事の杉田水脈衆議院議員は2020年9月25日の自民党合同会議で、韓国の「慰安婦」問題について「女性はいくらでも嘘をつけますから」と発言した。また、2016年に「中国人慰安婦問題に関する基礎調査」を発表した西岡力らは、「強制連行はなかった」「加害行為は軍紀を逸脱した一部兵士の仕業」として日本軍の性犯罪を否定している。これらに対して被害者の万愛花（わんあいふぁ）は、2013年8月、亡くなる9日前に、「解決を得られるまで闘いを放棄しないで。みなさん頑張って。決して諦めないで」と日本からの訪問者に思いを託したという[27]。

日本一国主義の天皇制家族国家のイデオロギーは、〈マイノリティ〉のフェミニズムとは相反する。在日外国人を差別しながら、言語と文化では日本への同化をせまるものだからである。しかし、本稿2でも「朝鮮人」としてのプライドを否定されることへの拒絶についてみたように、ミャンマー、フィリピン、その他の国々から日本に働きにきている女性たちが、例えば「私はフィリピン人、それを認めてほしい」と願うのは当然であろう。

日本軍「慰安婦」問題は、戦場での性処理のためには「慰安婦」は必要だったという「お国のため」論、つまり公然の家父長制の主張と、暴力を振るわれた被害者個々人の証言とで対立している。しかし、これは「慰安婦」問題の本質ではない。「慰安婦」にも自由意志で行った人がいたことを日本政府の免責のように語る人が絶えないからである。北原みのりが指

24 鄭暎惠 『〈民が代〉斉唱——アイデンティティ・国民国家・ジェンダー』岩波書店、2003年、68頁。
25 同上、63-64頁。
26 藤生明 『ドキュメント日本会議』ちくま新書、2017年、61、79頁。
27 「大娘たちの尊厳を守るために——西岡力氏らの『中国人慰安婦問題に関する基礎調査』」を批判する」山西省における日本軍性暴力の実態を明らかにし、大娘たちと共に歩む会（山西省・明らかにする会）、2020年9月、1頁。

摘するように、「日本の軍と政府が、女性に対して暴力を振るい続けたことが『慰安婦』問題の本質」なのである[28]。

被害者は名乗り出るのに何十年もかかった。それほど苦痛と困難を伴う語りには、聴く側の姿勢こそが問われるのである。被害女性は日本、朝鮮、中国、広くアジアの日本軍の侵略地に及んでいる。そして、現在の風俗やアダルトビデオは、かつての「慰安所」システムの進化形である[29]。

吉見義明が「性売買」という用語に問題提起をして「性買売」を使っているように、天皇制と女性と性買売のつながりを日本のフェミニズムは解体しなければならない。

おわりに
――日本軍「慰安婦」問題の解決のために

1992年の末に東京で「日本の戦後補償に関する国際会議」が開催された。中国で日本軍による性暴力がとくに酷かった山西省から参加したのが、先にもふれた万愛花である。中国人「慰安婦」の調査とドキュメンタリー映画で国際的に著名な班忠義（ばんちゅんい）は、この時に万愛花と出会ったことで、1995年から彼女をはじめとする被害女性たちを訪ね、20年以上も映像を撮り続けた。そして『太陽がほしい――「慰安婦」と呼ばれた中国女性たちの人生の記録』（2015年、劇場版2018年）などの映画を完成させた。

しかし中国でも「慰安婦」問題をはじめとする日本軍による戦時性暴力の被害が公になったのは1990年代に入ってからだという[30]。2000年の「法廷」を準備した松井やよりは、「慰安婦」問題を民族や国境をこえたジェンダー差別の問題だと考えた。一方、松井と「法廷」を共同主宰した韓国の尹貞玉には、慰安婦問題を民族差別の問題とする意識があっただろう。そして「私は『慰安婦』ではなかった」（すなわち、私は「兵隊を慰安するための女」ではなかった）という万愛花をはじめ、中国の性暴力被害女性たちの苦痛に満ちた叫びには、この両方が出ている。

日本軍「慰安婦」制度＝日本軍性奴隷制度は、本稿でみてきたように、明治以降の天皇制国家の性の政治を抜きに存在しなかったといえる。日本のキリスト教も関係していた。キリスト教主義の学校教育において、また、「信仰を守るために」である。

キリスト教フェミニズムは今日も形を変えて続いている「慰安所」のシステムとも向き合う必要があるだろう。そこに多くの外国人女性たちが、日本人女性も含めて、強制的に働かされている。一見は無関係に見えるが、ここに「聖なるもの」としての日本国天皇の意味世界と「穢れ」としての国民の関係性が見えるからである[31]。

1995年および2011年の大震災以降、女性皇族を中心に皇室は被害者を見舞う姿勢によって国民にはソフト化を見せているが、「聖なる」天皇制のナショナリズムは変わらない。この下で保守政権は南西諸島の軍事要塞化、軍備強化を進めている。

日本国憲法9条の「戦争放棄」の維持は、長引いてはいても日本軍「慰安婦」問題解決のための必須条件だといえる。

28　佐藤優・北原みのり（対談）『性と国家』河出書房新社、2016年、34頁。

29　同上、192頁。

30　班忠義『曽おばさんの海』学芸みらい社、2020年、16頁。

31　C・ダグラス・ラミス『ガンジーの危険な平和憲法案』集英社新書、2009年、178頁。

フェミニスト神学
——私の授業・講座での学び合い

山口里子

はじめに

　日本においてフェミニスト神学は、神学校・大学の授業でも一般人向けの連続公開講座でも、「解放の神学」の一部として少し紹介はされても、これに焦点を当て続けるような学びはあまり持たれていない。そこでこの論考では、私の授業・公開講座でのフェミニスト神学の学びを紹介する。

　私は専門が聖書学なのでこれを中心に講義するが、そのフェミニスト神学・聖書解釈は、伝統的神学と大きく異なる。そこで私が学んだ聖書学の情報を共有することで、参加者と学び合おうと願ってきた。

　私が七年以上継続してきた授業・講座（十数年継続したものも含む）は、恵泉女学園大学、聖心女子大学、日本聖書神学校、聖公会神学院、農村伝道神学校の授業と、恵泉女学園大学公開講座、日本クリスチャンアカデミー・早稲田奉仕園共催講座、東京 YWCA エルピサ講座である。それより期間が少し短い講座は、カトリック真生会館講座、シスター養成講座で、この他にも東京以外の地域での連続講演会などがある。参加者は性別・年齢・国籍・教派などもさまざまである。授業形態は、学生グループ発表（テキスト要約・異なる情報提供・自分たちの考え・質疑応答）が中心。公開講座は「講義」と「質疑応答・話し合い」を約半分ずつの時間配分。どれも終わりに各自「応答」を提出して、次回の始めに私が質問に応え、意見の一部を共有する。

　以下において、まず私が関わるフェミニスト神学の基本姿勢を、これまでの神学・歴史・聖書の捉え直しとして述べる。そのうえで私の講義の具体例を三つ挙げ、後半では私も共に学ばされた参加者たちの応答を紹介する[1]。

1　私は40歳過ぎて仕事を辞め、米国留学して約10年後に帰国し、フェミニスト神学を専門に始めた。私が担当した授業（2001-2018年）は、大学では1クラス約50-150人、神学校では数人-約30人。連続公開講座（2008年-現在）では1期約10-50人で、2020年にコロナ禍で閉鎖された講座があるが、他はオンラインで継続し、それまでは会場に来ることができなかった病気を持つ人々や遠方（日本国内外）の参加者が増えて、大きい講座では約80人が参加している。だが、会場で直接会い、有志の二次会なども含めて、率直な疑問や個人的な辛い経験などを分かち合って話し合うことが、オンラインでは困難になった。今後、変化する社会状況で新しい色々な工夫が必要と痛感する。

　参加者の中には、ノンクリスチャンやフェミニスト神学を知らない人が多いので、テキストは私の著書を中心にすることが多い。特に公開講座では仕事などで時々欠席の人々がいるため、テキストで基本的な情報共有がされるので便利である。そして著書の背後に多くの研究・資料があるので、司祭・牧師・教授のような人々の専門的な質問にも応答しやすい。

I. 私のフェミニスト神学の基本姿勢
—— 神学・歴史・聖書の捉え直し

フェミニスト神学には多様性があるが、基本的にそれは人間を根本から解放することを目指す解放の神学の一つである。20世紀後半に、それまで価値観中立とされてきた伝統的神学に抵抗して、「人が何を見るかは、どこに立つかに拠る」という洞察をもって「客観性」を根底から問い直す意識向上が呼びかけられた。これにつながって、種々の解放の神学が広がり始めた。フェミニスト神学、ポストコロニアル神学、クィア神学、障碍の神学、環境の神学など。これらは、それぞれ特定性を持ちつつ、社会における種々の差別・偏見・痛みの経験を基に、そこから新しい未来を拓こうとする姿勢を共有する神学である。私はそれらにつながりを持って関わる。

神と人の関係を中心に置く神学は、正義・平和・幸福に仕える倫理的責任を持つものと考える。だが伝統的学問は、父権制（男中心タテ構造）におけるエリート男性視点で行われてき

た影響で、特に女性たちの間では権威的・抑圧的なイメージで距離感を持たれてきた。しかし意識する・しないにかかわらず、学問とは高度に政治的なものであり、知識は差別・支配の手段にも解放・自由への手段にもなる力である。

学問によって私たちは、複雑な多重層の抑圧構造を再生産する父権制の価値観が、私たちの無意識下にも染みこんでいることに気づかされる。それゆえに個人の精神・価値観においても、世界規模の構造・システムにおいても、根本的に解放への道を拓くために、社会的な活動と学問的な活動の連携は必要不可欠と言える。

キリスト教の「正典」である聖書は、「神の言葉」として絶対化されてきたが、人間の歴史の中でさまざまな変遷を経て人間によって作られた信仰遺産の一つである。古代世界では人々は読み書きとほぼ無縁で、多様な口頭伝承があった。それらの伝承が何世代・何世紀も後になってエリート層によって収集・選

主なテキスト：山口里子『マルタとマリア——イエスの世界の女性たち』（新教出版社、2004）、『虹は私たちの間に——性と生の正義に向けて』（新教出版社、2008）、『新しい聖書の学び』（新教出版社、2009）、『いのちの糧の分かち合い——いま、教会の原点から学ぶ』（新教出版社、2013）、『イエスの譬え話①ガリラヤの民衆が聞いたメッセージを探る』（新教出版社、2014）、『イエスの譬え話②いのちをかけて語りかけたメッセージは?』（新教出版社、2017）、『食べて味わう聖書の話』（オリエンス宗教研究所、2018）、『マルコ福音書をジックリと読む——そして拓かれる未来の道へ』（ヨベル社、2023）。エリザベス・シュスラー・フィオレンツァ『彼女を記念して——フェミニスト神学によるキリスト教起源の再構築』（山口里子訳、日本基督教団出版局、1990）、『石ではなくパンを——フェミニスト視点による聖書解釈』（山口里子訳、新教出版社、1992）、『知恵なる神の開かれた家』（山口里子翻訳監修・共訳、新教出版社、2005）。エリザベス・シュスラー・フィオレンツァ編『聖典の探索へ：フェミニスト聖書注解』（絹川久子・山口里子共同監修・共訳、日本基督教団出版局、2002）など。

参考書として紹介したものは多数だが、複数回使用の本・論文は以下の通り：山口里子「キリスト教」（『ジェンダーで学ぶ宗教学』田中雅一・川橋範子編、世界思想社、2007）、「キリスト教の『核心』を受け入れなくて『クリスチャン』と言えるか?」（『日本フェミニスト神学・宣教センター通信』no.120、2019）。Satoko Yamaguchi, "Re-Membering Jesus: A Postcolonial Feminist Remembering" (*Post-Christian Feminisms: A Critical Approach,* Eds., Lisa Isherwood & Kathleen McPhillips, England: Ashgate, 2008)。堀江有里『「レズビアン」という生き方——キリスト教の異性愛主義を問う』（新教出版社、2006）、『レズビアン・アイデンティティーズ』（洛北出版、2015）。その他『福音と世界』諸論文、*Journal of Feminist Studies in Religion* 諸論文。なお、この論考は、基本的にテキストとして使った私の著書を基にしているので、字数削減のため参考文献を省略する。

ちなみに、七つの宗派・教派の友人たちから得られた情報では、2000年代から常時ではないが「フェミニスト」より「女性」「ジェンダー」の言葉が使われた神学を学ぶ授業のようなものが幾つかの神学校・大学神学部等で持たれ始めた。こんな状況でとても早くから長期間実施されたのは日本聖公会神学院の「女性神学セミナー」（授業でなく有志の学生セミナーや講演会形式で、呼びかけ人：山野繁子、小林幸子、松浦順子、打田茉莉。1991-2010）である。

択・記述・編集されて、4世紀末に政治的影響下で「正典」が制定された。また、聖書の言語（ヘブル語・ギリシャ語）は「古代男性中心言語」で、「標準形＝男性形」「派生形＝女性形」である。こうして人間の標準は男性というイメージが強化されると共に、女性が不可視化されてきた。

　このような歴史的背景を考慮して、フェミニスト神学は、聖書を「アーケタイプ（絶対的・不変的原型）」でなく、「プロトタイプ（相対的・歴史的原型）」として捉え直し、「絶対化」から「尊重・批判・創造的継承」へと変革した。それと同時に、「声なき声」にされた庶民「女／他者」たちの「声」を聞き出すために、学際的な情報を得て「歴史的想像力」を広げ、「女／他者」たちの生活現場を理解する努力を行なう。さらにエリート男性著者たちの価値観やレトリック（話術）などを分析して、「行間を読む」批判的な「疑いの解釈学」も実践する。

　こうして信仰の先達たちの神・人間・歴史理解を、「歴史の勝者」たちの視点だけから学ぶのでなく、忘却の彼方に置き去りにされてきた圧倒的多数の信仰先達たちの多様な理解も回復するようにして、主体的に学ぶ姿勢を持つ。これは、人が作ったものを絶対化せず、神聖なものと信じられてきたものの中に染み込んでいる「見たくないものを見る」勇気を持って、「思考停止」から脱出し、真実を希求する神学・聖書の捉え直しである。こうしたフェミニスト神学理解のもとで、私は授業・講座を持ってきた。具体例を三つ紹介する。

II.　フェミニスト神学の情報共有

A.「処女降誕」物語？

　伝統的神学では、イエス誕生を「処女降誕」として教えてきた。しかし福音書では「処女」が出産したとは書かれていない。この問題を、時代背景と口頭伝承・記述物語に注意を向けて学ぶ。

　1世紀のユダヤ人たちは、巨大なローマ帝国植民地支配下で生活しており、庶民の間では貧困・病気・飢えが蔓延していた。そのような社会で、庶民（ことに女性たち）は、日常生活で経済的にも性的にもさまざまな暴力に晒された。その状況を考慮すると、マリアはレイプされた可能性が高く、噂が小さな村ですぐに広がり、イエスは「父不明の非嫡出子」の「汚名」として「マリアの子」（マルコ 6:3）と呼ばれて育った。

　その後、イエスが有名になり噂がさらに広がる中で、おそらくイエスの伝道活動に参加していた女性たちが、「たとえ世間で蔑まれる婚外妊娠の子であっても、私たちはイエスと素晴らしい出会いを持ち、母マリアは責められる汚れた女性ではなく、苦境の中で聖霊によって導かれた」と、口頭伝承を生み出したと思われる。そういう女性たちの中にも、似たような苦しみを持つ経験があった可能性は高い。

　1世紀後期、マリアの妊娠に関するさまざまな中傷への対応として、福音書著者たちは嘘をつかずに、ヨセフはイエスの生理的な父でないと示しつつ、聖霊の働きを強調する誕生物語を創作した。だが3世紀に教父が、「『インマヌエル』（神、共にいます）の母マリアには、男との性交による妊娠よりも、純潔の処女の奇跡による妊娠の方がふさわしい」と述べ、これが展開されて「処女降誕」が教義にされた。この根底には現実女性の「生と性」を蔑視する考え方があり、女性たちの最初期伝承と正反対の神理解・人間理解である。

　女性たちが語ったのは、たとえ色々な事情で「非合法」の性交に陥れられようと、女性も子どもも卑下されるべきではないというこ

とであった。そんなメッセージの回復は、現代の私たちをも、父権制的な「全能」の「父」「主」なる神イメージから解放し、失われてきた女性たちの闘いの歴史にもつなげられるのではないか。

B. イエスの生き方

キリスト教の原点と言える「歴史のイエス」と、聖書に書かれている「イエス・キリスト」と、その後のキリスト教「教義」などの間には大きなギャップがある。そこで多くの講座で私はまず、聖書学を通して学んできたイエスの生き方に注意を向ける。

イエスがガリラヤ地方で伝道活動を始めると「民間の癒し人」として評判が広がった。当時、多くの人々がさまざまな障碍や病気を持つことで二重に苦しんでいた。体の不具合・苦痛そのものだけでなく、神の罰として見下されたからだ。そうした中でイエスは、体の障碍・病気も不幸な出来事・災難も、神の罰ではないと語る。例えば、見えない人は誰の罪のゆえかと尋ねられた時、イエスは、それは誰の罪でもなく「神の業がこの人に現れるだろう」（ヨハネ9:3）と言う。障碍の有無にかかわらず、人々が共感共苦を持って共に生きようとする時に、幸せな人生で神の働きが実感される。このように、神理解が語られること（預言）によって、人々は（「医師」による「治療」でなく）「癒し」を経験し新しい「自分」を与えられた。

この「癒し」と「預言」は、「共食」（共に分かち合う食事）につながっていた。身分・性別の違う人が一緒に食事をしない慣習があった当時の社会で、そうした境界線を越える「共食」は、満足な食事を取れない貧乏人だけでなく、さまざまな事情で「家庭」を失った人々にとっても、芯から温められる「居場所」となっただろう。それは分断支配の父権制社会の只中で闘いつつ、誰もが「神の子どもたち」として平等に共生しようとする実践であり、死後の「神の国」を待ち望むだけでなく、「今ここで」部分的にでも「神の国」を体感し合って（ルカ17:21）サバイバルする生き方だったと言える。

イエスについての最古の民間伝承では、イエスがイスラエルの「知恵なる神」から遣わされた預言者だと思われていた。当時の「聖書」であるヘブル語聖書にはさまざまな神観があり、女性イメージの一つである「知恵なる神」は包含的・解放的で、罪の贖いのための奉献を要求せず、誰でもそのまま自分の所に来るように招く神だった。「重荷を負って疲れた人は誰でも私の所に来なさい、食べて飲んで休みなさい、そして、真実の知恵を持って幸せに生きるのです」（マタイ11:25-30、知恵書11:23-26等）。こうした中でイエスは、貧しさゆえに律法を守れず「汚れた罪人」とされていた人々に、神を信じて共に生きようと呼びかけた。そうしてイエスは「知恵なる神」の預言者と理解されたようだ[2]。

---

2 福音書に書かれた「主の祈り」（ルカ11:2-4）では、イエスは神を「父なる神」と呼ぶ。当時のローマ帝国では皇帝が「天の父」なる「神の子」・（国民の）「父」と呼ばれて神格化されていた。このような状況で、自分たちの先祖からの神を「天の父」として祈り、地上の誰をも「父」と呼ばないということは、帝国支配への霊的・政治的抵抗姿勢だった（マルコ10:42-43等）。さらにイエスは、「父」の下で形成される父権制的家族観に抵抗する生き方は、家族との間に葛藤を生むだろうという覚悟を示唆する言葉も述べている（マタイ10:34-35等）。だがキリスト教の歴史の中で「父なる神」表現は、父権制への抵抗ではなく強化に使われた。神イメージは無意識に内面化され、神理解や人間世界の価値観に影響を及ぼす。このことに対して自己批判的な意識を持つことは、信仰共同体の重要な課題であろう。

イエスの話はパラブル（譬え話）が多かった。それは「弱者の武器」という語り方で、答えを提示せず、聞き手にハッとする問いかけを残して「意識向上」を促す。まさに「目からウロコ」の「メタノイア」（「悔い改め」と翻訳されているが、もともとは「思考・生き方の根底からの方向転換」）の語り方であった。

その中で、生身のイエスの声を最も強く感じられると言われるのが「パン焼き女性」のパラブル（ルカ 13:20-21）である。社会の底辺で生きる奴隷や貧しい庶民女性が日常的に担うパン作りの労働が、神自身の働きの象徴として語られる。そして「神の国」に、当時の文化では三重のマイナス・イメージを負っていた「パン種・女性・隠す」が使われる。「パン種」はパン生地の一部を腐らせて作った腐敗のイメージ。「女性」も不浄と弱さのイメージ。「隠す」も、正々堂々と男らしい行為の対極にある悪のイメージ。そこで問いかけられたのは、「何が聖・正で何が不浄・悪だろうか？弱者にされた人々のつながりこそが神の国の実現に不可欠で、全体を変質させて共同体みんなが共食して満たされるようになるのではないか？　私たちはたとえ弱く不浄な者たちであっても、自分らしくそのような生き方に招かれているのでは？」ということだった。

こうして生きたイエスが死の危険を感じた時、ベタニアに滞在した。ベタニアは「不浄の病」と見られた人々が多く住む所で、イエスは人生の最期の時をそれらの人々の路地にある家で食事を共にした。そこである女性が、イエスは「キリスト」（油注がれた者＝王）だと最初に認識して、彼の頭に香油を注いだ（マコ 14:3-9）。この女性「預言者」は、「権力構造のトップではない、この人こそ神から遣わされた真の指導者キリストだ。彼はその生き方ゆえに権力による死の危険が迫っている」と察知して、キリスト指名の象徴行為をした。イエスはこの女性の真実を受けとめて彼女が記憶されることを願ったと、庶民の間で広く語り伝えられたが、キリスト教はそれを無視してきた[3]。

イエスの死について伝統的神学で教えられてきたのは、父なる神の独り子イエス・キリストは、神の御心に従い、全人類の罪の贖いと救いのために代理の受苦と死を負ったという贖罪論である。だがイエスと共に生きた人々にとってイエスの処刑死は、神の意思に沿って生きようとする者に対する、この世の権力による暴力に他ならなかった。

イエス逮捕の時、男性たちは皆逃亡し、最後まで踏み留まったのはマグダラのマリアと女性たちだけだった。女性たちは危険を覚悟で遠くから見守り、犯罪人の墓に行って「復活」のイエスに最初に出会い、この出来事の最初の証人として「使わされた」（「使徒」の語源）。こうして女性たちは、「イエスは死んだ。けれども今も確かに私たちと共に生きている。神

3　古代イスラエルでは、王の任命式で預言者が王の頭に香油を注ぐ。「油注がれた者」（ヘブル語「メシア」、ギリシャ語「クリストス」）は、神から選ばれた「王」の意味。
　　なお、日本語訳聖書で以前は「らい病」、今は「既定の病」と訳された言葉は、現代の「ハンセン病」とは異なる。聖書ではヘブル語「ツァーラート」がギリシャ語「レプラ」と訳された。「ツァーラート」（レビ 13-14章）は主に皮膚病の症状とみられるが、その判断は医者でなく祭司によってなされた。つまりこれは「祭儀的不浄」であり、「癒される」「治る」ではなく、「清くなる」「清められる」と祭儀的表現が使われる。そして「ツァーラート」は、人間だけでなく物に対しても使われていた。そのような社会で、「祭儀的不浄」とみなされた人々は、指定された地域に住むようにされた。ベタニアはエルサレムに近く、神殿を汚さないために、そのような地域が他の町よりも広かった。ただし完全な隔離場所ではなく、まとまって住む「路地」だった（この点は、20世紀日本での完全隔離の収容所とはまったく異なる）。

はイエスを死の中から新しいいのちに起こしてくださり、イエスの生き方が正しいと立証してくださった」と希望を与えられた。そしてイエスこそ真実の啓示者・指導者「キリスト」であると、イエス運動を継承した。当時、数々の抵抗運動で指導者の処刑後に継続できたのはイエス運動だけで、まさに比類のない奇跡と言われる[4]。

C. 最初期エクレシアから父権制的教会へ

　最初期クリスチャンたちは抵抗意識を持って、ローマ皇帝の称号「神の子」「救世者」を、帝国権力で処刑されたイエスに対して使ったと思われる。そして仲間たちの小さな家に集まり、「エクレシア」（神によって呼び出された者たち）としてイエス運動を継承した。その基本的なアイデンティティ（自己理解）を示すのが「洗礼宣言」（ガラ 3:26-28）である。

　そこでは、父権制社会で人々を分断していた民族・身分・性の三つの境界線すべてを越えて、平等主義の共同体形成を目指している。その上、「男と女もありません」はその直前の二つ（「〜も〜もありません」）とはパターンを壊しており、私たちは「男と女」の一対として生きる常識に縛られず、自分らしく生きようとする姿勢を示している。この宣言によって父権制的な結婚を望まなかった女性たちや、いわゆ

る「性的少数者」のような人々など多くの人々が解放されただろう。

　ところが 1 世紀後半から、まずパウロが父権制的な教えを入れる。パウロはもともとイエス運動の熱烈な迫害者だったが、「回心」によってクリスチャン伝道者になり、「神―キリスト―男―女」の父権制的タテ関係が神の前に正しいあり方だとキリストの名によって命じた。イエス運動の人々も最初期クリスチャンたちも身分が低く、ほとんどが読み書きができなかったが、パウロは高度な教育を受けたエリート男性であり、相手の行動も言葉も歪曲・攻撃する巧妙な「弁論術」も学んでおり、父権制的な教えを数々書いて、後に権威化されていった。これにより「イエス・キリスト」の名による教えは、イエス運動の平等主義の神理解・人間理解とは真逆と言えるほど大きく変わり始めた[5]。

　ちなみにパウロは当時のエリート男性の性交観を持ち、「男・理性・支配」対「女・感性・服従」が「天与」のあり方で、性交の際にも男は感情的にならず所有物を「使用」するのが正しいと教える（ロマ 1:26-27。日本語では「使用」を「関係」と翻訳）。この性理解は、相手との「関係」を築くのでなく相手を「使用」するとし、深い愛情に満ちた相互的な関係による性愛・性交を否定するものである（20 世紀になって「同

4　このような「抵抗の生き方」と「権力による暴力的な死」と、「神の正義によって起こされた復活」の体験の記憶は、人々が激しい抑圧状況でも主体的に生きる希望を支えられる、（権力にとっては）「危険な記憶」と呼ばれる。そしてマグダラのマリアの生き方も、指導者を男性だけにしようとしていたキリスト教界にとって「危険な記憶」であり、4 世紀に彼女は「悔い改めた娼婦」像に変えられた。20 世紀にようやくフェミニスト神学によって彼女の指導者としての歴史が回復された。

5　パウロによってキリスト教はピラミッド構造になっていった。ただしパウロも引用した、クリスチャンたちの間でよく歌われていた「マラナタ」（主よ、来たりませ）の「主」は、神（アドナイ）でなく人（マラ）のアラム語表現（1 コリ 16:22。黙 22:20）であり、イエス・キリストは疑いもなく自分たちと同じ人間と理解されて歌われていたことがわかる。そしてパウロ自身、「神を信仰する人」としてイエスを述べている。彼が多く書いた「イエス・キリストの信仰（ピスティス）」という表現は、日本語聖書では「イエス・キリストへの信仰」と訳されてきた。「キリストは神だから、神が神を信仰するのは変だ」という意図的な誤訳である。2018 年出版の聖書協会共同訳聖書では、パウロなどが十数回も使っているこの言葉の翻訳が文法的にあまりに不適切だと問題にされて、「イエス・キリストの真実」と変更された。これも「イエス・キリストは神」という自分たちの信仰を優先させた「誤訳」に他ならない。実際、「イエス・キリストは神」と制定されたのは、キリスト教がローマ帝国国教に定められた時期と同様に、4 世紀末である。

性愛断罪」だけに利用されることになった）。

その後、ローマ帝国に順応した教会が勢力を強め、女性指導者の教会と活動が非難・攻撃されて、4世紀末に父権制的キリスト教が「正統」としてローマ帝国の国教にされた。そこで平等主義のキリスト教は「異端」とされて、帝国軍隊発動で凄まじい迫害を受けることになった。そして国家の後ろ盾により父権制的な編集による聖書「正典」が「神の言葉」として作られ、それを基盤とするという名目でさまざまな教義が作られて、後のキリスト教の歴史において絶大な影響力を持つことになった。

こうして、弱者の抵抗から始まったキリスト教は、強者の論理に変遷されて父権制的社会・精神構造を根底から支えるようになった。私たちは、過去の歴史を捉え直して、現代世界にどう向き合い、未来への道をどう拓こうとするのか、問われているのではないか？

III. 参加者たちの応答

応答は実に多様で山ほどあるが、私が関わってきた20年以上の時が経つ中で、キリスト教・聖書に関する応答には大きな変化はなく、「こんなこと聞いたことない」という感想が続いている。一方で女子大生と神学生、そして公開講座参加者たちの間には違いがあった。そこでまずは学生たちの応答を紹介したい。その上でジェンダーを越えたさまざまな講座での応答、特に「女性」に関連する似たような声や共感が多かった声のごく一部を紹介する[6]。

＊女子大生たちと神学生たちのギャップ

女子大生たちには（カトリックもプロテスタントも）、キリスト教に疑問を持つ人が多く、私の聖書解釈は割と歓迎された。そして毎年のように共通して言われたことが二つある。一つは、「非現実的な『処女降誕』を信じる宗教なんてカルト宗教と疑っていた。もしもキリスト教が、最初期の女性たちの伝承を伝えてくれていたら、私たちはキリスト教にどんなに魅かれただろうか。それに、世界中のどれほど多くの女性たちが救われてきただろうか」。もう一つは、「同性愛は罪と信じ込まされてきたけど、そうでなかったと初めて学んだ。自分の性・体に疑問・不安を持ってきたけど率直な思いを話し合えて、自分は一人じゃないし、このままで良いんだと安心感を持てた」という声だ。そして「里子さん、この授業を続けて！後輩に声かけするから」などと言われた。他には人生相談が圧倒的に多かった[7]。

一方、神学校では肯定的な応答もあったが、聴講生たちは別として神学生（特に牧師志望者）たちには、否定的な応答が少なくなかった。「自分は聖書で慰められ生かされてきた。それを批判されるのは嫌だ」といった声や、「これまで教えられてきた神学と真逆のようなことが続いて、これでは牧師に成る教師試験に落第しそう。それに、牧師になれてもこんな解釈を教会でどれだけ言えるか？　ゴチャゴチャの思い」というような声など。

---

6 学生たちの応答は毎年のように繰り返し出された声をまとめて紹介する。公開講座などでの応答は貴重な具体的な話が多かったが、簡略化して紹介し、当人に連絡できて承諾されたものを無記名で少し引用する。

7 学生たちから「里子さん」と呼ばれるのは、私が出来る限りどこでも名前で呼ばれ・呼ぶようにしているから。20歳代に北海道でアイヌ民族差別に闘う人々と被差別部落解放運動の人々とつながりを持った時、日本の戸籍制度が差別の下支えになっていると聞いた。それをきっかけに、戸籍制度の変革には時間がかかるだろうから、せめて家制度の元になる苗字ではなく個人としての名前を日常的に使うことにした。また、「親」から与えられた名前が嫌いで苦しむ人々もいるから、自分が呼ばれたい「名前」「ニックネーム」を授業・講座では使うようにした。

＊「フェミニスト神学」に関して

次に、さまざまな公開講座での応答を紹介したい。最初期の講座では、「ここは悪魔の巣！」と怒鳴って去った人がいた。あるいは「こんなところにはもう来ない！」と怒った人々もいた。そんな中で嬉しかったのは、「ひとまず一学期は来続けたら？」との参加者たちの声かけがきっかけで、長年続けて来た人々や死の直前まで通った人々がいたことだ。その他は、反感・無関心で黙って去った人々もいるだろう。そのため、以下に紹介するのは基本的に関心を持った人々の声である。

私の講座に初めて参加したクリスチャンたちには、ショックを受ける人々が多かった。そんな様子を見てノンクリスチャンたちの中からは、「こういう学びでクリスチャンたちがショックを受けることこそショック。信仰とは何なのかと恐怖さえ感じる」というような声も出されてきた。

一方、特に喜ばれてきたのは、①講師に質問だけでなく反論も次々と出され笑い合っているのに驚いたし楽しい、②いろいろな背景の方の経験や現場の話が聞けて充実感を味わう、③フェミニスト神学は、女性だけを尊重するのではなくすべての人が自分らしく生きられる社会を目指すのだと知り共感する、など。

また、教会に通い続けて素朴な信仰を持っていると思っていたのに、実は古い神学の教えが無意識レベルに染み込まれていたことに気づいたという人々も少なくない。そして教会の「説教中心主義」に疑問を持ったり、自分たちはキリスト教の何を大切にして何を変革していくべきかというような議論もなされた。また、性暴力、職場差別、在日、出自、基地、被爆、公害などさまざまな経験の分かち合いで、それらが自分のこととつながっていると

話し合われた。

そんな中で、「長年探し求めてきたものと出会い、それが思いもかけずフェミニスト神学だった」という中高年の人々もおり、こういう学びの機会がまったくないのは教会でも情報操作が起きているのかと疑問も出された。それに対して私は、キリスト教の再構築や教会の変革を求めるには、牧師だけでなく教会員たちも神学を学んで分かち合いをしていくのが大切ではないかと呼びかけてきた。ただ、そのような分かち合いを求めた結果、教会を出ざるを得なくなった人々もいて、難しい現状を痛感する。

＊聖書に関して

聖書に矛盾・疑問を感じることは不信仰だと思って、教会で声を出せずにモヤモヤを抱えていた人々は少なくない。この講座で解放感と希望を与えられたとも言われる。それと同時に、現代の贖罪論も原罪論も三位一体論も教えられるまま信じるのが信仰だと思い込んでいたが、それらも、また閉鎖的な「聖餐式」についても、聖書には書かれていないと気づいて、歴史的背景を学びたいという声も出された。そのような中で、「聖書や教義の捉え方が変わっても、神は変わらない」という私の言葉に共感する人が多かった。

また、聖書は古代エリート男性の視点で書かれたと知ったが、それにもかかわらず書き手が意図しなかった、底辺に置かれた人々の生き方や信仰をそこから読み取れたりする学びに驚かされたという声もある。そして、これまで自分が言葉にできなかったことが言語化されて、自分もしっかり学びたいという声も出された。

一方、マグダラのマリアが「最初の使徒」で

「キリスト教誕生」の恩人なのに、「弟子」も「使徒」もすべて男性で、「イエスからパウロへ」とキリスト教が教えられてきたことが悔しいと思い、前に進むために過去の歴史を学ぶ大切さがよくわかったとの声も。他にも「女性の解放は私自身の解放に通じると実感」「人々への抑圧がもっとも効果的に働くのは、被抑圧者たちが抑圧者の世界観を内面化した時、それも神の名によって教えられる時だと認識した。聖書を批判的に読みグダグダ話し合う自由を持つことが大切」といった声もあった。

＊新しい聖書解釈の具体例に関して

創造物語で「ふさわしい助け手」と訳された言葉は、もとは「向かい合う同伴者」であり、人が「性」を与えられた時に大切にされたのは「性別」や「生殖」よりも「関係の質」だと話した時、「こういうことをもっと早くに知りたかった」という声は多かった。また、「出エジプト」は、ファラオへの「娘」たちの抵抗で始まり、ミリアムも指導者だったこと、さらに社会的弱者が泣き寝入りするより「トリックスター（策略者）」としてサバイバルすることを神が支持されたという伝承がいろいろあったと話した時には、「そんなことは初めて知り、驚きと勇気を与えられた」との声も多かった。

マリアの妊娠の話をした時にはショックを受けた人々が多くいたが、納得の声も多かった。そこで出された代表的な応答は以下のようなものだ。「『マリアの賛歌』でマリアとエリサベトの絆を感じる。『神は（性的）辱めを顧みてくださった』というマリアの言葉が、『身分の低い』と訳されたのは悔しい。エリサベトは、マリアに温かくしっかり向き合った。たった一人でも誰か寄り添う人がいれば、人は生きていくことができる。凄まじい辱めを受けた日本軍「性奴隷制」被害者のハルモニが、その痛み・苦しみを力に変えて前向きに生きる姿が、マリアが堂々と歌った姿と重なる。また、『性犯罪に、もう黙らない。＃ MeToo ！』の声を上げ始めた女性たちの姿も重なる。共に沈黙を破ることの大切さを思う」。

性暴力問題につながって、教会では「罪の赦し」という概念のために加害者は許されやすく、被害者の抵抗は責められやすい現実があるということは、聖書学でも大きな問題にされていると私が話した時、こういう教会のあり方や、人権意識を深く吟味する必要があり、それと共に、問題が起きた時に個人的なことに縮小せず背後の社会構造を考えるべきだという話し合いがされた。そして出された声は、「『共に喜び共に悲しむ』対『甘えるな！自己責任』。『自立支援』は、1人で頑張らせることではない！」。

また、マルタとマリアが協力して伝道活動をしていた民間伝承が、「女げんか」に逆転の編集をされたことは他の話にもつながり、こういう「聖書の教え」の積み重ねによって女性蔑視・自己否定の感覚が再生産されていないかと私が話した時、自分たち自身が父権制社会に加担しないよう、見えなくされ歪められた女性たちの歴史発掘・再構築の意識を持ってキリスト教文書を読み直していきたいとの声も出された。

聖書に記されたイエスの「奇跡」は大半が「癒し」であるという話をした時に、さまざまなつらい体験談が分かち合われた。例えば目が見えない人々や顔と体に劣等感を持ってきた人々が、自分はこのままでよいのだとわかって、本当に救われたと応答された。また「イエスがしたのは治療でなく癒しと聞いて、とても納得。

場合によって治療は大切だけど、心の傷・痛みも、価値観の転換によって解放されるのがピッタリ」「病気や障碍を持つ人をそうでない状態にするのがよいというのは差別の再生産ということに同感。それでは自己肯定が得られない。ハンセン病療養所の中でそういう人に何人も出会ったのを思い出した」といった声もあった。さらにこうした声を聞く中で、自分は障碍者を弱者として助ける姿勢で関わってきたと気づかされて、自分のほうが道を遮る「障碍」者であり、もっと意識を高めていろいろな工夫を広げたいといった話し合いもされた。

また、福音書に書かれる前の、イエス自身が語った「パラブル」と聖書学で解釈されるものを学ぶ中で、特に活発に出された声は以下のようなものである。

「十人の乙女たち」の話：「私は『愚かな乙女』にならないようにと教えられてきたけれど、問われているのは『賢い乙女』や『主人』のあり方であると気づかされた。特に聖書と信仰に関することでは、『自分の頭で考えること』を奪われていると痛感」。「牧師の私は、父権制的な二元論に基づく差別・排除の体制の下支えをする所に立っていたのではないかと、悔やんでいます。キリスト教の起源の歴史を担った最初期の女性たちの『声なき声』を聴くことから始めていきたい。いまの時代を生きる私・私たちにとっての福音を受けとめ直したい。歴史を振り返り、また私たち自身の経験に基づいて、神と人間の関係を主体的に理解していく学びをしつつ、そういう歩みに連なり続けたい」。

「パン焼き女性」の話：「イエスの譬え話で描かれる神の国は、社会で腐敗したパン種のように見られた人々の間でこそ始まるという指摘から連想したのがアディクション・グループ。そこでは、ダメな人間と烙印を押された人たちが社会の中でお互いにつながって生き残っていこうとすることと、腐敗した悪いものであるパン種がふわふわしたパンを作るには欠かせないこととが、どこかで通じているように思う。幾重にも硬直し閉塞した関係性を突破していく可能性を感じた」。

「裁判官と寡婦」の話：「数十年も、『裁判官＝神』のメタファーと『寡婦への祈りの勧め』がしっくりこなかった。今回の学びで、ようやく雲が晴れて光が射した。もしかしたらイエスも、『2000年経ってやっと私が意図したメッセージを受け取ってくれる人たちが現れた。嬉しい！』と？」「『めんどうなヤツで在り続ける』。この言葉が一番の収穫！」。

そして、「聖書によれば同性愛は罪」とは言えないという話を私がした時、「性的少数者」の人々から、レビ記とパウロの教えで苦しめられ続けてきたが、これからは教えられた聖書の読み方を絶対化しないとの声も出された。また、「性的少数者」の人々のさまざまなつらい経験を聴かされて、自分はどの立場で連帯する・友となるのか、決して容易なことではないが自分自身を変えて共に歩みたいという話し合いもされた。「娘がレズビアンと言った時、娘をそのまま受け入れたけれど、誰にも言えなかった。この学びで心から解放された。もっと多くの人に知ってもらいたい」という声もあった。

また、コリント書の解釈で、パウロが当時のエリート男性の弁論術で現場を歪めて相手を非難するような語り方をしていたことを私が話した時、自分たちは「パウロは正しく、コリント女性たちが悪い」と教え込まれて

きたと驚かれた。そして、こういう現実は今も続いていると、不当な労働搾取への闘いやホームレスにされた女性たちを支援する中での現場体験が語られた。また、パウロの言葉・教えにいつも違和感を持ちつつ、教えられ染み込まされてきて、「愛の賛歌」で自分自身に沈黙・断念・服従を命じてきたのかもしれないと気づき、これからは自分らしく誇りを持って新しく生きたいというような声は、数々あった。「離婚して在日女性として誇りを持って生きていく！」というような声も。

さらに、社会問題には意識を高く持っているのに、聖書の教えには思考停止だったという声も次々に出された。「緑の地球を守るというタテマエで実際は少数民族の持続可能な自然共存生活を破壊している企業の話や、基地反対の市民の非暴力運動に別の暴力的写真を使って情報操作された話。そういうことは公文書でどう記録・削除されているのか？ 私たちはキリスト教文書にもこういう意識を持たなければ、結局は無自覚に加害者側にいるのではないか？」という声もあった[8]。

こうした中で、単身でも子どもなしでも離婚経験者でも同性同士でも、どんな少数者であっても自分らしくいられる教会が増えることを心から願うというような声が、多くの人々に共感された。このことに、自分たちがどうコミットしていくのかが大事な問いだと思われる。

おわりに

20世紀後半に女性が神学を学問的に学べるようになり、フェミニスト神学を含めてさまざまな解放の神学が展開され、キリスト教の歴史・聖書・教義が根底から問われ出した。だが残念なことに日本では、神学校も教会も父権制的体制の根本的変革が真剣に問われておらず、結果的に新しい神学の道は遮られている。

今こそ私たちは、歴史の「記憶」から排除されてきたさまざまな先達の闘いから学び、多様性を尊重しつつ共に考え行動していくのが必須ではないか。そして宗教の境界線も越えて、地球規模の解放への闘い・虹の連合に向かって、希望・知恵・共働で明日を拓いていくことを願う。

---

8 さまざまな問題がある中で、特に地球環境問題はまさに先送りせず真剣に取り組むことが必須だと思う。これは社会構造・システムと、経済格差・被差別少数者の問題に直結する。今後、このような領域に関する多様な神学とつながり合って、フェミニスト神学がさらに展開されることが重要だと思う。

結婚式式文
——家父長制キリスト教の強固な砦

大嶋果織

はじめに

日本のプロテスタント・キリスト教会で最多の会員数を有する日本基督教団は、1990年に教会の礼拝ならびに儀式で用いられる式文集『新しい式文——試案と解説』(『試案と解説』)を信仰職制委員会編で発行した。1959年初版発行の『日本基督教団口語式文』(『口語式文』)から31年ぶりのことである。実務を担った式文改訂小委員会は、これまでの『口語式文』に手を加えて改訂するのではなく、基本的な研究に取り組んだ上で、新しい式文を作ることを目指したという(「序」)。そして、広く意見を聞いた上で完成させるために、個々の式文に「解説」を付け、「試案」としたのである。それから16年後の2006年、同教団は同じく信仰職制委員会編で『日本基督教団式文(試用版)主日礼拝式・結婚式・葬儀諸式』(『試用版』)を、2009年に『日本基督教団式文(試用版II)洗礼式ならびに入信諸式、転入会式・転会式、正教師按手式・補教師准允式、教会諸式、個人の信仰生活に関する諸式』を発行した。この式文集は、先の『試案と解説』を検討した結果、「全く新しく式文を改訂する必要がある」として新たに作成したものである(「序」)。この式文集も諸教会からの意見を参考にして完成を

めざすことにしたため、「試用版」となった。

本稿では、上記二つの式文集の「結婚式」の項作成の過程で起こった一連の出来事に注目したい。それは1986年に『口語式文』における結婚式式文の性差別を指摘する女たちの異議申し立てから始まり、2004年にこれ以上の議論はしないと女たちに言わせて終わったものである。いったい結婚式式文改訂の過程で何があったのか、女たちは何を主張したのか、その主張はどう扱われ、その結果どうなったのかを2002年に廃止された日本基督教団性差別問題特別委員会が残した『資料集 「結婚式」式文問題をめぐって』ならびに関連文書を用いて辿ってみよう。そして、今後の課題を検討したい。これは日本基督教団という特定の教団の中で起こったことであるが、日本のキリスト教界を横断する重要な課題を提起していると考えるからである。

1. [1986〜87年]
差別的文言を削除してください

(1) 要望書提出

1986年末に超教派の女性グループ「女性と神学」の会有志から、続いて1987年2月に日本基督教団神奈川教区宣教部婦人委員会婦人

問題小委員会（以下、婦人問題小委員会）から、日本基督教団総会議長あてに「結婚式式文に関する要望書」が送付された。文面は同じで、趣旨は【資料1】からわかるように、日本基督教団『口語式文』の結婚式式文中の差別的文言を削除してほしいという要望である。同文書には削除すべき箇所が明示されていないが、後の話し合いの記録から以下の五点であったことがわかる（以下、『口語式文』に従って聖書の引用は日本聖書協会口語訳による）[1]。

【資料1】 「結婚式式文に関する要望書」
（1987年2月12日）より

　日本基督教団出版局発行の現行「日本基督教団式文」（一九五九年）中、結婚式の項には、これまでの歴史のなかで形成された女性に対する偏見にもとづく差別的文言が多くあります。もとより教団式文は「絶対不変の規範ではなくだいたいの基準を示すもの」（同序文）で、また結婚式は聖礼典ではありませんが、当式文は第10回教団総会で承認された公式の文書であり、その内容の一切について教団が責任を負うべきものです。殊に結婚式の項は必ずしも教会内に限らず、日常的に使用される頻度も高いので、現行のまま放置すればこのような旧態依然とした結婚観をキリスト教のものとして公認し、結婚式をとおして社会にひろく誤解と差別を再生産することになります。

　昨今特にキリスト教式増加の傾向により、利用される機会も多くなっています。現行式文の結婚式式文中、性差別的誤解を生むおそれのある箇所を相当部分削除していただきたく、試案を添えて要望いたします。

①結婚式の冒頭で選んで読むように提案された四つの聖書箇所の内、詩篇128篇。
②「夫婦の務めに関する聖書の教え」として選択して読むように提案された「夫に対する教え」と「妻に対する教え」。聖書箇所は

エペソ5章25-32、コロサイ3章19、ペテロI3章7、エペソ5章22-24、コロサイ3章18、ペテロI3章1-6。
③式辞の中の「もともと結婚は、人類が創造された当初から神によって定められたものでありまして、キリストとその教会との間に存在する奥義を示しているもの」という文言。
④式辞の中の「キリストは正しい結婚のありかたを示して、これを祝福し、使徒たちもまた結婚を重んじなければならないことを教えています」という文言。
⑤祈祷の中の「慈愛の父」「父・子・聖霊なる神」という表現。

（2）削除を求めた理由

　なぜ女たちはこれらの文言の削除を求めたのか。二つの要望書の原案を起草した依田康子の報告から[2]、その理由をまとめておこう。

　①の詩篇128篇は、「あなたは自分の手で勤労の実を食べ、幸福で、かつ安らかであろう。あなたの妻は家の奥にいて、多くの実を結ぶぶどうの木のようであり、あなたの子供たちは食卓を囲んで、オリブの若木のようである」（2-3節）と、神の祝福のかたちが「男は仕事、女は家庭」という性別役割分業で表現されていて、現代の結婚式にふさわしくない。

　②で挙げられている聖書箇所は、「女は自分よりも弱い器である」「妻たる者よ。主に仕えるように、自分の夫に仕えなさい」「キリストが教会のかしら」であるように「夫は妻のかしら」等、夫と妻の関係に上下関係を持ち込んだり、「うやうやしく清い行い」を妻だけに求めたりしていて、明らかに差別的である。

1　『資料集　「結婚式」式文問題をめぐって』日本基督教団性差別問題特別委員会、2002年（以下『資料集』）10-14頁。
2　『教会と女性　第2集』日本基督教団神奈川教区婦人問題小委員会、1988年、10-14頁。

③の式辞は、人間がつくり出した社会制度を神による絶対秩序のように位置づけている。この言葉を聞いて、独身者や離婚経験者はどう思うだろうか。また、「奥義」という難解な言葉は聞くものを混乱させる。「キリストは教会のかしら、男は女のかしら」（コリントⅠ 11章3）を媒介にすると、ここから「夫は妻のかしら」につながっていくのだろう。

④の文章は、「キリスト」や「使徒たち」を持ち出して結婚を権威づけようとしているが、不正確な断定だ。使徒たちが結婚を重んじるように教えた事実はない。パウロは結婚に積極的でなかった。また、イエスはマルコ福音書10章で結婚について語っているが、それは離婚の是非について質問したパリサイ人への応答であって、結婚一般についてではない。

⑤は神の呼称の問題である。父権制的な呼称ではなく、中性の呼称に直してほしい。

2. [1988年]
使用の際には十分に配慮しよう

要望書を受け取った日本基督教団議長はこの件を「礼拝、礼典および諸儀式に関する事項」を取り扱う信仰職制委員会に付託した。同委員会は女たちと三回にわたって意見交換し、要望の①②については、削除は権限を越えるからできないが、使用にあたってのコメントを『口語式文』の「序」に付記することにした。一方、③④⑤については、判断そのものが委員会の権限を越えるので討議にとどめることにした[3]。ここでは1988年7月22日付のコメントの結論部分【資料2】を見ておこう[4]。読んでわかるように、このコメントは、女たちの指摘した

【資料2】「現行口語式文使用についてのコメント」（1988年7月22日）より

　結婚式式文中の聖書の引用には、女性差別を容認するもののように受け取られる部分がありますので、使用の際には十分な配慮を加えてください。

　当面以下の点をご留意ください。

　詩篇一二八篇は家庭における男女の役割を固定化し、とくに女性の役割を限定するものと理解される可能性があり、この場合引用は適当でないと思われる。

　「夫に対する教え」「妻に対する教え」を用いないで、司式者が独自に式辞又は説教において取上げることが望ましい。

箇所を差別と認めているわけではなく、差別していると受け取られる可能性があるので気を付けようという注意喚起である。「使用の際には十分な配慮を加えてください」「引用は適当でないと思われる」「説教においてとりあげることが望ましい」等、いちいち玉虫色の文章だが、女たちは少なくとも委員会に陪席して意見を述べることができたこと、削除は実現しなかったがコメント付記という成果を引き出せたこと、機関紙『教団新報』で問題を訴えることができたこと等、評価できる点が多々あったと感じたようだ。前述の依田康子は「最終的にはまだわからないが」と保留しつつ、「教団で女性の声を制度に取り入れた最初ではないかと、私達も気をよくしている」と述べている[5]。ちなみに、コメントは『口語式文』第20版に別刷りで挟み込まれ、第21版からは「序」に書き加えられて現在に至っている。

こうして女たちの問題提起は、文言の削除および③④⑤（信仰職制委員会の表現によれば「式

3　『資料集』12-13頁。

4　『資料集』 13、 19頁。

5　『教会と女性　第2集』12頁。

辞にある結婚とキリスト論・教会論に関わる問題及び三位一体論的表現の問題」）に関する教団の最終的判断を得られないままいったん終了することになった。

3. ［1990年］
結婚式は「神前の誓い」ではない

さて、女たちとの話し合いが続けられていた87年から88年、信仰職制委員会は『試案と解説』出版にむけて最終作業に取り組んでいたのである。式文の本文確定や解説の分担執筆を進めていたのである。それは、1970年から続けられてきた作業の最終段階であった。

同委員会が女たちの要望に一定の理解を示したのは、式文集作成の過程で、「現代の言語感覚」や「人権感覚」に敏感になっていたからだろう[6]。また、結婚式の項を担当した岸本羊一は、「男女の関係について非常に権威主義的な表現と、教会だけに通じる独善的な表現は問い直さなければならない」[7]と考えていた。岸本のそのような姿勢は委員会でも共有され、承認されていたはずである。こうしたことが、『口語式文』へのコメント付記につながったと思われる。なお、婦人問題小委員会は、新しい式文集を発行する前に現行式文を削除するべきとの申し入れを行っていたようだ[8]。しかしそれは叶わず、1990年7月、信仰職制委員会編による『試案と解説』が出版されたのであった。

この式文集の特徴は、キリスト教結婚式の神学的意義を歴史的経過を踏まえて考えようとした点にある。【資料3】は「第二部　解説」

> 【資料3】『新しい式文——試案と解説』（1990年）より
>
> この経過からわかるように、教会が結婚式に積極的な関与をするようになって、式順、式文にある程度のかたちができてくるのは、中世なのであるが、その場合に、それに影響をあたえるのは中世ヨーロッパの習俗的な基盤であるローマ習俗である。家庭祭事としてローマの結婚習俗がすでにひろく行われていたものを、教会が若干のキリスト教的要素を加味して採り入れたのである。
> （230頁）

からの引用であるが、ここではキリスト教の結婚式が中世ヨーロッパの封建制社会の中で、ローマの結婚習俗をもとに発展していったものであることが簡単にまとめられている。つまり、結婚契約はもともとキリスト教とは関係のない家庭儀礼であったが、教会が民衆管理の役割を担うようになったことにより、次第に教会の儀式の中に取り込まれていったというのである。教会が加味した「若干のキリスト教的要素」とは、9世紀半ばの資料によれば、通常ミサの聖餐祈祷文と聖餐式、そして陪餐のあとの祝福の祈りである。結婚式が独立した儀式になっていくのは15世紀後半頃からであるが、宗教改革者たちはこうした結婚式のかたちを継承しつつ、一方で結婚契約の秘義化は退け、それを私的な契約として、教会は「結婚の祝福についてだけ責任を負う」という立場をとったのだという[9]。

こうした歴史を踏まえ、試案は「結婚の誓約は、結婚当事者たちが証人の前で相互に交わすものであって、『神前の誓い』ではな」く、

6　資料2のコメントの前半で、現代の言語感覚や人権意識の重要性に言及している。

7　『教会と女性　第二集』8-9頁。婦人問題小委員会は、1988年11月に信仰職制委員会式文改訂小委員会から結婚式の解説を担当した岸本羊一を招いて学習会を開催した。岸本はこの時の講演で、「新しい式文」の考え方について紹介している。

8　『資料集』145頁。

9　『新しい式文——試案と解説』日本基督教団信仰職制委員会編、日本基督教団出版局、1990年、229-232頁。

プロテスタントの結婚式の神学的意義は「会衆的な祝福にある」という基礎的理解に立って作成された[10]。

4. ［1990年］
結婚式の項を削除してください

『試案と解説』の発行から四か月後、1990年11月に開催された第26回教団総会で女たちは次の行動を起こした。1988年の第25回総会で設置が決まった性差別問題特別委員会の委員長・大下幸恵が提案者となり、女性議員10名が賛同して、「現行『日本基督教団口語式文』の中の「結婚式」の項の削除を求める件」を議案として提出したのである[11]。議案第50号だ。今回の要望は文言の削除ではなく、結婚式の項そのものの削除であった。四つの提案理由をまとめてみよう。

① 聖書の中の父権制的男女観や性差別的表現をそのまま取り入れた式文を使い続けることは、性差別を補強するばかりでなく、現代社会にある父権的価値観を公認することになる。それは、教団の宣教姿勢に反することだ。

②『口語式文』は1958年の総会の承認を経たものであるから、総会に責任がある。

③『口語式文』は教会外でも広く用いられており、公共性がある。拘束性はないからと放置していてよい問題ではない。

④すでに本年7月に『新しい式文——試案と解説』が発行されている。それなのに、口語式文をそのままにしておくのは差別の放置だ。

また、文末には差別箇所について短い説明

【資料4】 議案第50号（1990年）より

［資料］現行結婚式式文の差別箇所について

1. 詩篇128篇
祝福された家庭のモデルとして男女の役割が強調されています。現代社会でも夫と妻の伝統的役割分担が性差別を再生産していると考えます。

2. 式辞
(1) 創世記による「創造の秩序」、エペソ人への手紙による「キリストと教会の関係における奥義」と「夫と妻の関係」を結びつけて結婚を権威づけています。

(2) この式辞は状況によっては律法的に聞かれる危険があります。

(3) 「使徒たちもまた結婚を重んじなければならないことを教えています」。初代教会の使徒が特に結婚に言及した事実はありません。使徒の権威で制度的結婚をさらに意味づけることになります。

3. 夫婦の務めに関する聖書の教え
夫と妻に異なる教え（性差別につながる）が示され、特に女性を弱い性、従い仕える役割、子を産むことで救われる存在などと規定していることは女性差別です。

が付記された。それが【資料4】である。大下らはこの問題は前総会期に信仰職制委員会で討議され、教団議長に戻されているのだから総会で優先的に審議すべきと主張したが、時間切れにより議案は常議員会付託となった。

5. ［1996年、1998年］
棚上げ・塩漬け・放置はやめて！

議案50号の審議を付託された常議員会は、1991年に開催した最初の三回でこの件を議題として審議した。【資料5】は常議員会における議員発言の一部である[12]。会議に陪席した依

---

10 『新しい式文』233頁。

11 『資料集』16頁。

12 『資料集』17、22頁。なお、発言者名は削除した。

【資料5】　第26回総会期第1回、第3回常議員議事録（1991年）の議員発言より抜粋

「確かに口語式文に問題があるが、結婚についての聖書解釈についての議論を十分してからすべきだと思う」

「削除するのに賛成だ。しかし削除した後のことも考えねばならない」

「原則的には削除に賛成だが、結果的に聖書の削除になることにはおそれをもっている。信仰職制委員会の経過説明を聞きたい」

「問題の理解が十分できていないので軽々にはできない。理解できる形にして十分論議し、次回総会に常議員会案として提出できるまでにしたらどうか」

「現行の式文では、女性が結婚式においてどれだけ屈辱を感じているか考えて議論してほしい」

「例えば、バージンロードは処女性を象徴するのであろうが、その対極には、性の売買を強制される女性がいるわけで、そういう問題を含めて、結婚式のあり方を根本的に考えてほしい」

「教団総会で討論してから決議したほうがいいというのが、信仰職制委員会の意見である」

田は、プロセスのおさらいと粗末な審議しかできず、実りがなかったとこれらの会議を振り返っている。議案はその後、「棚上げにされ」「塩漬けにされたまま放置」された[13]。

それから6年が経過した1996年、第30回総会において再び大下幸恵が提案者となり、男性を含む6名の議員が同意して、「現行『日本基督教団口語式文』中の「結婚式」の項について常議員会に早急に取り扱いを求める件」が提出された[14]。建議第3号である。内容は、放置されている議案第50号の推進を求めるもの

だ。この議案も常議員会付託となったが、やはりそのまま放置された。

大下らはめげずに1998年の第31回総会でも、「現行『日本基督教団口語式文』中の「結婚式」の項について常議員会に早急に取り扱いを求める件」を提案する。追加議案第3号である。文面は前回の議案と同じであった[15]。

この議案の扱いはこれまでとは異なって、総会で常議員会に付託された後、第1回常議員会で信仰職制委員会への回付が提案された。なぜ、信仰職制委員会に戻すのか？　大下らは反対した。もともと同委員会が職務の権限を越えるとして総会議長に戻したものなのだから、常議員会が責任をもって討議すべきだと。しかし、賛成多数で提案は可決された[16]。

ここで注目したいのは、削除議案の審議が棚上げになっていた間に、信仰職制委員会の方針が大きく変わっていたことである。すなわち、1992年11月の総会で、「諸教会に問題点と内容が理解され、徹底されることが望ましいので、常議員会ではなく教団総会で審議されるべき」との見解を示していた同委員会は、1994年には「『新しい式文』の結婚式式文試案を検討しつつ、新たな結婚式式文を作成することを考え〔…〕今期は結婚式式文の資料を収集した」、1996年には「今後は『結婚式式文に関する件』を『「式文」および「新しい式文」に関する件』の審議の中で取り扱う」、1998年には「『新しい式文』を改訂して、教会で実際に用いることができるものにするための具体的な作業をする小委員会を設置する」と考え

---

13 『資料集』145頁。

14 『資料集』77頁。建議第3号の標題は、提出時は「現行『日本基督教団口語式文』中の「結婚式」の項の削除と共に「キリスト教結婚式」として行われている結婚についての歴史的、かつ抜本的な検討、および式文（結婚式の項）改訂の作業を早急に進める件」であったが、建議請願委員会により標題および本文の一部の改訂案が示され承認され、表記の標題になった（『資料集』6-7頁、78頁）。

15 『資料集』29頁。

16 『資料集』30、94、146頁。

を変えていったのである[17]。

こうして、追加議案第3号は信仰職制委員会に回付され、さらに同委員会の下に新たに設置された式文改訂小委員会で扱われることになった。

6. 当時の社会状況

ここで結婚式をめぐる当時の社会状況に目を向けておこう。

結婚式の研究によると、日本でもかつて結婚式は非宗教的な家庭儀礼だった。したがって、戦後しばらくの間、結婚式の多くは自宅で行われていた。しかし1950年代から神社での挙式が増加しはじめ、60年代になると専門の結婚式場が建てられるようになっていく[18]。【資料6】は戦後の挙式様式の変化を追ったものだが、60年代後半には神社もしくは専門式場にしつらえた神殿での神前結婚式が8割を超えているのに対し、キリスト教式はごくわずかにすぎない。しかし、その後次第にキリスト教式が増えはじめ、90年代後半には神道式を上回り、多数派になっていくのである[19]。

理由の分析はその分野の研究に譲るとして、ここで注目したいのは、日本基督教団において結婚式式文削除の声があがった時期は、ちょうどキリスト教式結婚式が急増する時期にあたっていることだ。そして、【資料7】で指摘

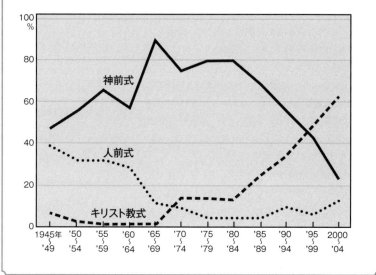

【資料6】 挙式形式の推移（『結婚式 幸せを創る儀式』36頁）

神前式
人前式
キリスト教式

1945年 '50 '55 '60 '65 '70 '75 '80 '85 '90 '95 2000
'49 '54 '59 '64 '69 '74 '79 '84 '89 '94 '99 '04

【資料7】 建議第3号（1996年）、追加議案第3号（1998年）より提案理由②

② 「キリスト教結婚式」と呼ばれる形態は多くの結婚式場（ブライダル産業）でも採り入れられ、現行の結婚式式文がそのまま使われている例が多くみられます。これは式文の差別箇所をそのままにしている教団の責任です。

されているように、ホテルや専門式場のチャペルでは多くの場合、日本基督教団の式文が使用されていた[20]。だからこそ、女たちは最初の要望書提出以来ずっと、教会の社会的責任を指摘してきたのである。

案の定、1997年には『週刊金曜日』（株式会社金曜日）5月30日号に、プロテスタント教会の結婚式に参列したという人の投書が掲載された。内容は、結婚式で「夫婦の務めに関す

---

17 『資料集』23-26頁。
18 五十嵐太郎『「結婚式教会」の誕生』春秋社、2007年、23-24頁。
19 石井研士『結婚式 幸せを創る儀式』日本放送出版協会、2005年、37頁。なお、ここで「キリスト教式」とは教会で行われるものとホテルや結婚式場のチャペルで行われるものの両方を含める。
20 石井58頁。また、7年間で1000組以上の結婚式の司式アルバイトをしたという林巖雄は、式次第は式場によって異なるが、「おおむね日本基督教団口語式文を無批判に受け入れ、それを適宜変更して用いているよう」だと述べている（『福音と世界』2004年2月号、新教出版社、26頁）。

る教え」が読まれるのを聞いて、「このように
公然と社会の真理に対抗する『教え』が唱え
られている場がこんなに身近にあったのだと
改めて驚いた」というものだった。この投書
を目にした依田康子は『教団新報』4388号(1997
年7月19日)「窓」の欄で内容を紹介し、いつ
までこの式文を放置しておくのかと抗議の投
稿をしている[21]。キリスト教結婚式の流行の中
で、問題はさらに切実なものになっていった
と言えよう。

7. [2000年]
新しい式文を作ってみました

さて、もう一度教団の状況にもどろう。

1998年総会の追加議案第3号を回付された
信仰職制委員会は、2000年7月の常議員会に
おいて中間報告を行った。そして、結婚式式
文の削除を求めた議案第50号に「応答する形」
で作業を進めた結果、結婚式に関する新しい
解説と式文例を作成したとして、「日本キリス
ト教団・結婚式への指針と解説(案)」を発表
したのである[22]。その冒頭部分が【資料8】で
ある。

ここでは口語式文と同じく、結婚が「創造論」
や「キリストと教会の関係」によって権威づ
けられ、さらに、「自分を他者のために無限に
与える愛の宣言」「新生の体験」「新しい共同人
格」など、新しい言葉と概念の導入が見られる。
果たしてこの中間報告はどう受け止められた
のか。

【資料8】 「日本キリスト教団・結婚式への
指針と解説(案)」より(2000年7月)

結婚式は、われわれの教会においては聖礼
典ではないが、キリスト教信仰における創造論に
たてば(創世記1:27)、神が祝福される家族の
成立を公的に表示し、また、主イエス・キリストに
よってなしとげられた和解の契約にたいして応答
することにおいて結婚の誓約は成立する。教会
はこれを重要視し、慎重に行うべきものである。キ
リスト教会において行われる結婚式の前提とな
るのは、神の前において男と女は平等であり、結
婚の約束には契約の精神が反映されるべきもの
という理解である(エフェソ5:21)。結婚における
契約は、キリストと教会との関係にならって、自分
を他者のために無限に与える愛の宣言にたつ。
二人が一体となる(創世記2:24)ことにより、
各々が相手を通し、相手と共に新しい生命へと
導かれる神の摂理に生きるのである。結婚は単
なる人生の節目ではなく新生の体験を意味する。
もはや二人ではなく一体であり、新しい共同人格
として歩み始める。その新生はキリストにあって
成就されるという信仰が求められ、そこに至るま
での、そして、そこから続く歩みへの感謝と祈りがな
ければならない。〔以下略〕

8. [2000～2001年]
結婚の神聖化はやめて!

この中間報告に最初に抗議したのは、性差別
問題特別委員会である。委員会は四か月後の
11月に開催された第32回総会で「『結婚』式
文についての意見表明」を配布し、今回の中間
報告作成にあたっては、性差別問題特別委員
会からの陪席要請に対してなんの回答のない
まま一方的に討議が進められたことに抗議し、
中間報告の白紙撤回を信仰職制委員会に求め、
総会出席者に問題意識の共有を呼びかけた[23]。

21『資料集』76頁。なお、依田の投稿に対しては信徒から反論の投稿がなされている(同4391号、1997年8月30日)。それは次の
　ように締めくくられていた。「主に仕えるように夫に仕えた女を、キリストは自分に仕えたように祝福されるでしょう」。
22『資料集』31-42頁。
23『資料集』44-45頁。

この意見表明に添付された「異議申し立て」[24]は下記のようにこの問題に切り込んでいる。4点に絞ってまとめてみよう。

①常議員会は「議案の『たらいまわし』の挙句、議案そのものの要求する内容の議論を避けたまま、一方的に新しい『代替案』を作成する方向に問題を逸らせつつある」。「現行式文には誰が見ても自明の差別文言があることを承知しつつ、男性中心社会である教団の組織防衛のために、責任を回避してきたのではないか。それこそ教団の性差別的体質のあらわれであり、猛省を促すものである」。

②信仰職制委員会は1990年に「結婚式を礼拝とせず、個人の契約への祝福式」と位置づける『新しい式文——試案と解説』を出版した。ところが今回の中間報告では、「結婚は単なる個人の出来事ではなく『共同体のできごと』であり、『イエス・キリストによる和解の契約への応答』であり、『新生の体験』である」とされている。教団の「結婚の神学」が多様なのはやむを得ないが、中間報告ではこれまでの議論経過も、また、なぜこれほど異なる見解が出されるかなど、何の説明もない。『試案と解説』は「異なる意見を予想し、議論を積み重ねるために出されたはず」だ。それを軽視する委員会は「改訂を委ねるにふさわしいとは思えない」。

③中間報告の式文例は男女の平等をうたい、「夫婦の務めに関する教え」を採用せず、「父なる神」の呼称を避けるなど、第2案に詩編128編が入っている点を除けば、文言上は評価できる。しかし、結婚を神やキリスト、使徒などによって権威づけ、特別なものとして神聖化することの問題性について、中間報告はまったく理解していない。現実の結婚制度の下で女性は「しばしば一方的に男性(或いは男性中心社会)への従属をやむなくされ」てきた。結婚の神聖化は、「現実にある夫婦の関係の歪みを隠蔽したまま、離婚を『罪』視し、弱い立場の女性に我慢を強いる機能」を果たす。だからこそ、式文削除を求める議案は結婚の権威づけや神聖化に反対してきたのである。このことが今回の「指針と解説(案)」にはまったく反映されていない。

④結婚を「キリストと教会の秘義」、結婚における男女の関係を「神の創造の秩序」と見る神学は、性的少数者を疎外することになりかねないし、個人の多様なライフスタイルの選択への偏見を温存する危険がある。

> 【資料9】「結婚式式文に関する要望書」
> (日本基督教団兵庫教区　総会議長原野和雄、2001年6月19日)より
>
> 　兵庫教区は第54回兵庫教区定期総会において議案第18号「セクシュアル・マイノリティ差別問題を兵庫教区の宣教の課題とする件」(提案者:常置委員会)を可決していますが、現行「結婚式文」は従来行われてきた「女」と「男」の性にのみ固定した「結婚」のための式文であり、そうした「結婚」にこれまで負わせてきた意味づけとそのありようの検討も教団においては何ら行われていません。
>
> 　〔…〕教団に対して「結婚式」のありようを検討しつつ、現行『日本基督教団口語式文』から「結婚式」の項を削除するよう強く求めます。

24　『資料集』46-48頁。正式文書名「第26回総会議案50号『現行「日本基督教団口語式文」の中の「結婚式」の項の削除を求める件』及び、1998年第31回総会の議案『現行「日本基督教団口語式文」中の「結婚式」の項の削除について常議員会において早急に取扱を求める件』の取扱いならびに、上記議案に関して、信仰職制委員会(委員長内藤留幸)から常議員会に報告された『中間報告』(2000.7.)についての異議申し立て」

以上のうち、④は新しく加わった論点だ。堀江の論考（論考6）で詳しく取り上げられているように、日本基督教団では1998年に同性愛者差別事件が起こり、それに対する異議申し立て運動が性差別問題に取り組んできた女たちを中心に展開されるようになる。その中で、結婚という制度が異性愛を前提にしてきたことも指摘されるようになっていくのである。【資料9】は兵庫教区による要望書の一部であるが、ここにはその認識が明確に示されている[25]。

9. ［2001〜2002年］
耐え難い痛みだが‥‥

こうした中、2001年10月に開催された常議員会で、教団議長・小島誠志より追加議案第3号に対する以下のような修正議案が提出された[26]。

「『日本基督教団口語式文』の中の『結婚式』の項を改訂する。改訂の時期は常議員会において改訂式文『結婚式』が採択された時とする」。理由は、おおよそ次のようなものであった。

追加議案第3号が推進を求めている議案第50号（90年の議案）は第30総会期第4回常議員会（1998年1月）ですでに廃案となっているため、議案として成立しない。しかし、そのことが総会議場で審議されないまま追加議案第3号は常議員会付託となってしまった。そこでその趣旨を生かすために修正議案を提案する。

女たちにとっては青天の霹靂であった。最初の議案第50号が廃案になっているって、どういうこと？ 今までそれを前提にして議論してきたのではなかったのか？ しかし、実際に女たちが当該常議員会議事録を確認したところ、確かに議案第50号は「廃案とすべき議案」、建議第3号は「審議すべき議案」として可決されていたのであった[27]。

思いがけない事態に議場は騒然とし、協議の場の設定が要求されたが、修正議案は継続審議となる[28]。

翌2002年1月15日、神奈川教区性差別問題特別委員会（旧婦人問題小委員会）から総会議長と常議員会あてに公開質問状が提出された[29]。7頁にわたる質問状の中で同特別委員会は事実経過を丁寧に追った後、以下の三点について質問ならびに質問理由をまとめている。以下はその要点である。

① 1998年1月の常議員会で議案整理委員会が堆積していた議案整理を行った。その際1990年の議案第50号を廃案にして、1996年の建議第3号を残した。しかし、建議第3号は議案第50号の推進を求める議案だ。元議案が廃棄されてしまっては、議案として成り立たない。なぜ、第50号を廃案にしたのか。内容を確認せず、古い議案は整理し新しい議案は残すという建前だけで粗雑な審議を行ったのではないか。

② 1998年11月の総会の追加議案第3号は、

---

25 『資料集』53頁。中間報告に対しては兵庫教区の他、京都教区性差別問題特設委員会も「抗議と要望」を提出（51頁）。性差別問題特別委員会は2001年7月に委員長・有森和可奈から「要望と質問」を提出（50頁）。8月には「『結婚式』式文問題をめぐって」をテーマに第13回性差別問題全国連絡会議を開催（139-166頁）、公開協議会の開催などを求める「要望書」を提出した。なお、京都教区と性差別問題特別委員会は『口語式文』の出版差し止めを求めた。

26 『資料集』83頁。

27 『資料集』81頁。

28 修正議案に対しては、事前に性差別問題特別委員会委員長・有森和可奈より抗議文が（『資料集』85頁）、さらに1月には協議会開催等を求める要望書等（90-91頁）が提出されている。また、この常議員会では、性差別問題特別委員会から式文削除を求めるメッセージ集「集めよう！届けよう！みんなの声『結婚式』式文問題をめぐって」（86-89頁）が議員に配布された。

29 『資料集』92-98頁。

すでに廃案とされた議案第50号の推進議案であるから、議案として成立しないことは初めから明らかである。それがなぜ議案になったのか。また、この議案は常議員会に付託され、常議員会は議案として取り上げたあげく信仰職制委員会に回付し、信仰職制委員会はそれを受けて「改訂結婚式文案」を作り、中間報告をした。これらすべての過程を追っていくと、「(50号議案の廃案を)知りつつ故意になされたものとは到底思われず、議案についての関心の薄さからか、議事法への無知からか、或いは議事に対する怠慢からか、議案を取り扱う事務局責任者を含め、三役、常議員会の誰一人、第50号議案を廃案にしたことを思い出すこともなく、注意喚起もせず、ただ、表層的なやりとりの繰り返しの中で、三年間も議事を進めてきたのである。その議事運営の杜撰さは言語道断というほかはなく、まさに、日本基督教団の重要な議事を信任されている常議員会の背任行為というべきだろう」。

③この度、小島議長は無効になっている追加議案第3号の趣旨を生かすためとして修正案を提案してきたが、なにを根拠にそのようなことができるのか。無効の議案は無効として審議は打ち切りにし、この間の経緯を明らかにして、三役と常議員会は総会で陳謝すべきである。議長の修正議案は自らの過ちを誤魔化し、過ちの結果生まれた「中間報告」の無難な着地点を確保するための間に合わせに過ぎない。そもそも修正案の内容は、元の議案の主旨とは似て非なるものである。「性差別問題」への視点がないのだから。

公開質問状は、「結婚式の式文問題に関する

【資料10】 公開質問状（2002年1月15日）より

教団の指導体制は圧倒的に男性優位であり、従って、女性たちは僅かな機会を用いて問題を提起し、その審議を男性たちに委任しなければならない状況にある。女性たちはあくまで、公正な手続きをふみ、忍耐強く時間をかけて、自分たちの声を届かせようと努力してきた。その貴重な議案が、このようなお粗末な取り扱いを受けたことは、返す返すも残念でならない。

議案のすべての無効を認めることによって、今この審議をゼロにすることは、耐えがたい痛みである」と述べつつ、「中途半端な譲歩と引換えに、自らの大きな過ちを隠蔽するような議事を容認できない」とし、「誤った議案処理から発したすべての議事は無効とすべきである」と結論づけた。【資料10】は公開質問状の締めくくりの言葉である。事柄は違っても、教派を問わず、同じような経験をした女たちは多いのではないだろうか。

この公開質問状は2月の常議員会で同委員会委員長・尾毛佳靖子によって読み上げられ、小島議長は非を認めてその場で修正議案を取り下げた。

10. [2004年]
続ける価値なし

こうして1990年以来、女たちが中心になって進めてきた『口語式文』における「結婚式」の項の削除要求に関する議案はすべて廃案になった。その上、この間、この問題を中心になって担ってきた性差別問題特別委員会も委員会活動の赤字を理由に2002年10月の第33回総会において廃止されてしまう。結婚式文問題以外にも、セクシュアル・マイノリティ差別問題、セクシュアルハラスメント問題、日本軍「慰安

婦」問題等、教会内外の幅広い問題を担って
きた性差別問題特別委員会の廃止は、まさに
取り組みをつぶそうという「上からの暴力」(「性
差別問題特別委員会の再設置をめざす会　NEWS第
1号」より、2003年4月6日）以外の何ものでも
なかった。

　結婚式式文に関しては、2002年12月の常議
員会で山北宣久議長から「結婚式文を信仰職制
委員会より提出された改定案により改訂する」
という内容の議案が提出された。それに対し
て、常議員である福原啓子ならびに神奈川教
区からそれぞれ「現行『日本基督教団口語式
文』の中の『結婚式』の項を削除し、改めて
『結婚式式文』について性差別の視点から十分
に議論を尽くす件」が提案されたが、2003年
7月の常議員会であっさりと否決される。常議
員会はあくまでも削除を拒否したのだった。神
奈川教区性差別問題特別委員会は残った議長
提案に対して「意見書」を提出したが、回答
を引き延ばされた挙句に提示された2004年12
月の議長見解にあきれて、もはやこれ以上の
議論はできないという結論に達せざるをえな
かった。意見書の全文とその後の経過は、同
委員会発行『教会と女性』第16集〜第18集
に詳しいが、ここでは割愛する。【資料11】は
これ以上の議論はしないという方向を示した
福原啓子の文章の一部である[30]。

　こうして総会ならびに常議員会あるいは信
仰職制委員会を場とした結婚式式文削除に関
する公の議論は終了したのであった。

11.　[2004年]
「結婚」と「結婚式」そのものを問う

　この最後の時期に三つの論考が発表された。
一つは『福音と世界』2004年2月号（新教出版

社）に掲載された本多香織「結婚も、結婚式も、
ほんとうに必要なのか」、もう一つは同誌同号
の堀江有里「パートナーシップ――"結婚"の
問題」、三つ目は竹内富久恵「Ⅳ　国家と教会
のことがらとして――『結婚』による管理」で
ある。竹内の論考は2004年4月に兵庫教区社
会部委員会が編集発行した冊子『結婚？教会』
の第4章にあたる。

　これらの論考は、上記の経験ならびに同時並
行で起こっていた同性愛者差別事件の経験を
経て獲得した新しい視点から書かれたもので、
「結婚」や「結婚式」そのものを問う内容になっ
ている。ここではそれらを見ておこう。

　まず、「牧師という仕事」という特集テーマ
に寄稿した本多は、教団の状況を分析しなが
ら、「改訂」は受け入れられても「削除」を受
け入れられないのは、「結婚式ありき」「結婚あ
りき」だからだと述べ、「なぜ『結婚式』は前
提とされてしまうのでしょうか」と問う。そし
て、自身の経験を振り返りながら、「結婚」は
国家が「『婚（夫婦）』を中心に据えて人間を徹
底的に管理しようとするもの」であり、それ
がいかに「差別と排除を生じさせる装置」と
して機能してきたかを説明する。そんな本多

30　『教会と女性』第18集、69頁。

は「よりよい結婚式」などイメージできないし、そもそもなぜ差別制度である結婚式の司式が「牧師の仕事」なのか、わからないと述べる。

次の堀江の論考は、自身の連載「レズビアンという生き方」の19回目にあたる。堀江はそこで同性間パートナーシップの法的承認を求める動きと欧米における議論を紹介しながら、「同性婚の承認を求めていく手法は、異性愛規範にとって『正しい』とされている形を、そのままスライドさせて模倣するような『同性愛規範』を生み出し、強化していくことと繋がるのではないだろうか」と懸念を示す。新たな規範は新たな排除を生み出すからだ。とすれば、もはや「婚姻」という規範の〈解体〉しか選択肢はないのではないか。とりわけ「天皇制というシステムを持つ日本で、戸籍制度を問いながら、様々な『平等』を求めていくのであれば」、と堀江は言う。

最後の竹内は、住民基本台帳ネットワークシステムの整備や少子化対策基本法制定等、「個人を戸籍に基づいた家族レベルで把握し、子産みに関する法を定めて、家庭の枠組みを再設定していこうとするこの流れ」の中で教会が問うべきは、「結婚式はよい伝道の機会」という言説ではないかと問いかける。なぜなら、中世ヨーロッパの封建領主と手を組んだ教会が、むりやりキリスト教的に意味づけした結婚と結婚式には、人間を「支配する側と支配される側」に分ける仕組みが内包されているからだ。竹内は、「家庭」を国家の末端最小単位として侵略戦争に利用した日本の過去を振り返りながら、「かつて来た道」を再び歩まないためには、一夫一婦制結婚ならびに結婚式が「国家にとっ

【資料12】 『結婚？教会』（兵庫教区社会部委員会編　2004年4月）「はじめに」より

私たち兵庫教区社会部は、この間、結婚式式文問題をめぐっての論議を続けてきました。そして、論議を重ねる中で、実は、結婚式式文の性差別的内容だけが問題なのではなく、「結婚」「結婚式」そのものについての問いや、日本基督教団の教会性への問いが示されているのではないかと気付かされたのです。

てどのような役割を担うのか、それがどういった結果につながっていくのか」、しっかり考えていく必要があると呼びかける。

【資料12】は竹内の論考が収録された冊子『結婚？教会』の前書きの一部である。ここからわかることは、結婚や結婚式そのものを問うというラディカルな方向性が、上記3人の女たちにとどまらず、広く共有されようとしていたことである。もちろん、神奈川教区婦人問題小委員会／性差別問題特別委員会が2004年3月に開催した集会のように、よりよい（ましな？）結婚式台本を考えようとする取組みがなかったわけではない[31]。しかし、教団総会・常議員会・信仰職制委員会による長期にわたる式文問題への不誠実な対応は、女たち並びに女たちの問題提起に真摯に応えようとした人々をして、結婚と結婚式そのものがもつ差別性に気づかせることになったのであった。これが18年間の取り組みの一番の成果だったのではないか。

ちなみに【資料12】の最後の部分、兵庫教区社会部が持つようになったという「日本基督教団の教会性への問い」とは、たとえ「絶対不変の規範ではなく、大体の基準を示す参考」であったとしても、「心理的拘束力」が働

31　神奈川教区性差別問題特別委員会は2003年7月の「男性と女性の共生を目指す集い」第19回を「結婚・結婚式を見直す──聖書から・現場から」というテーマで、2004年3月の第20回を「続　結婚・結婚式を見直す──こんな結婚式はいかが？」というテーマで開催し、第20回では「新しいモデルによる模擬結婚式台本」を検討した（『教会と女性　第17集』2003年）。

く式文を公式に制定するべきではなかったのではないかという『口語式文』そのものへの問いである。諸教派（諸教会）の連合体である日本基督教団内には多様な神学的立場があり、したがって「統一式文」を持つことなど不可能なのだから。そこで、兵庫教区社会部は教区内の教会に向かって結婚や結婚式そのもの、そして式文を持つということそのものについて考えようと、学びの資料として『結婚？教会』を作成し教区内の教会に配布したのだった。

むすび——私たちの課題

それから18年。今、結婚式式文はどうなっているだろうか。

問題の『口語式文』はいまだに版を重ねて出版され続けており（現在26版）、削除要求の対象となった「結婚式」の項は健在である。結婚式を歴史的に相対化した点で評価された1990年の『試案と解説』は[32]、2008年頃に品切れとなったまま再販されていない。『口語式文』よりさらに差別性が強まったと批判された2000年の中間報告「結婚式への指針と解説（案）」は、ほぼそのまま『試用版』に収録され、2006年に出版されて現在に至っている[33]。その『試用版』には、「近年の世界の礼拝刷新運動」は言及されているが、女たちの問題提起はあたかもなかったかのように一言も触れられていない。これはまったく不当なことだ。

なぜ、女たちの要望はこれほどまでに無視され、軽んじられ、愚弄され続けるのか。それ

は2004年の三つの論考が明らかにしているように、結婚と結婚式が権力者にとって——フェミニズムの言葉を使えば、家父長制社会にとって——都合のよい支配と管理のシステムであるからだ。それが総会や常議員会の場で意識されていたかどうかは別にして、結婚式式文削除要求はまさにそのシステムの核心に触れたために、男性中心の教会政治の中で徹底的に避けられ、疎んじられ、卑怯なやり方で潰されたのであろう。

とすれば、私たちの課題は、①まずは葬り去られようとしているこの出来事を記憶することだ。そして、②そこから生まれてきた「結婚と結婚式そのものを問う」という姿勢を受け継いでいくことだろう。それは、③中世ヨーロッパどころか現代日本においても、教会は結婚式を通して家父長制社会を支える側に立っていることに気づくことであり、④結婚式とその式文を「家父長制社会のシステムを守るキリスト教の強固な砦」として捉え直すことである。⑤そうすることによって、私たちはようやく、砦とその先にあるシステムをどうしたら攻略していけるのか、考え始めることができるのだ。

上記①以外は、日本基督教団だけでなく、結婚式を重要な儀式として執行しているすべてのキリスト教会を横断する課題であろう。それぞれの教会で結婚式がどう位置づけられているかを振り返りつつ、自らの課題について考えてみてほしい。

32　とはいえ、兵庫教区社会部委員会編『結婚？教会』は、『試案と解説』が結婚契約を私的なものとしながら、教会の権威でその契約に介入しようとしていること等、本書への批判を展開している（9-16頁）。

33　ただし、式文例にはかなり改訂が加えられている。

異性愛規範に抵抗する〈女たち〉の連帯

論考 6

——日本基督教団「同性愛者差別事件」と課題の交差

堀江有里

1. 性的マイノリティの可視化と
キリスト教ネットワーク

(1) 1980年代からの日本の社会状況の変化

　日本において性的マイノリティをめぐる課題が人権問題として可視化してきたのは、1980年代後半である。それ以前にもさまざまな活動やネットワークは存在したが、この時期に大きく変化したのは、性的マイノリティ当事者たちが集合行動として社会のなかで声をあげはじめた点である。

　たとえば、1987年3月に閣議決定された「エイズ（後天性免疫不全症候群）予防法案」への同性愛者による反対運動が開始された。当時、ゲイ男性がHIV感染の「ハイリスク・グループ」とされ、社会的排除や偏見の対象とされたことに対し、その状況を問題化する動きが生み出されたのである。法案は結果的に成立したが（「後天性免疫不全症候群の予防に関する法律」1989年2月17日、後に1998年の感染症法制定により1999年に廃止）、同性愛者の集合行動は、性的指向がたんなる個々人のライフスタイルを指すのではなく、政治的課題として取り組むべき事柄として認識されるきっかけともなった［風間1997］。そのような経験を踏まえて、1991年には、東京都の宿泊施設の利用を拒否された同性愛

者の団体（動くゲイとレズビアンの会）が訴訟を起こし、日本の司法で初めて「同性愛者の人権」が書き込まれるなど、大きな転換期を迎えることとなった（1994年東京地裁判決、1997年東京高裁判決とも原告が勝訴）。同団体は裁判闘争と並行して、『広辞苑』などの事辞典や政府文書の差別的表現・記述についても交渉の結果、書き換えを実現した［風間・河口2010］。

　このような社会での動きに影響を受け、キリスト教のなかにもネットワークの必要性を実感する人びとの動きが生まれることとなった。

(2) キリスト教のなかでの性的マイノリティの
動き

　キリスト教内の動きで記録に残る最初期のものとしては「ゲイ・クリスチャンの集い」を挙げることができる（1991年3月29日／於・東京）。主催は「ICEBERGプロジェクト」で、協賛団体としてILGA日本（国際レズビアン・ゲイ連盟日本支部）、「動くゲイとレズビアンの会」裁判闘争本部会、同クリスチャン・チームが名を連ねる。市民運動で出会ったゲイ男性たちがネットワークを生かしてキリスト教について語る場を実現したのである。

　1994年10月には、エイズ・アクティヴィズ

ムに従事する人びとが機関紙『キリストの風』の発行を開始した（第10号〔1996年3月10日〕まで発行）。キリスト教のなかの性的マイノリティたちの声や合州国の運動・教育の情報が掲載され、京都と東京の連絡先と集会も呼びかけられた[1]。当時、性的マイノリティに関する肯定的な情報がほとんどなかった日本のキリスト教界のなかで、京都と東京の2拠点から恒常的なコミュニティがかたちづくられていくこととなった。

　これらの流れのなかでネットワークを育み、レズビアンやトランスジェンダーであると表明している牧師たちも複数存在していた。1970年代以降、性的マイノリティの牧師按手の可否が大きく問題化されていった欧米のプロテスタント教会の状況とは異なり、日本のほとんどの教派は性自認や性的指向にかかわる規定をもたず、かれらが「問題」とされることはなかったからだ。しかし、あらたな局面を迎えるのは日本基督教団（以下、教団）において1998年に「同性愛者差別事件」が起こってからである。つぎにこの「事件」についてみていきたい。

2. 日本基督教団における「同性愛者差別事件」

（1）「事件」の勃発と展開[2]

　1998年1月、日本基督教団常議員会（総会閉会時の政治議決機関）で、同性愛者であると公表しているゲイ男性が教師（牧師）検定を受験するとの情報から、「簡単に認めるべきではない」との発言が起こった。さらにその年の総会（1998年11月）には、同趣旨の文書が議場で配布される事態を迎えた。以下、これらを「差別事件」として問題化した動きのなかで使われてきたように「伊藤発言」「大住文書」と表現する。

　当該のゲイ男性はその後、検定試験に合格して牧師となったが、問題はそこで終わったわけではなかった。すでに起こってしまった「差別事件」に対し、常議員会や総会において、発言や文書の撤回や、問題の所在を検討する協議会の開催が要求されつづけたからである。これらの「差別事件」に対する抗議は教団執行部にほとんど聞き入れられることはなく、後に全国的な抵抗運動として展開されていくこととなった。以下、概要を追っておく。

　まず、「伊藤発言」について。第30（合同後第15[3]）総会期・第4回常議員会（1998年1月20−21日）で、議事「1998年度春季教師検定試験合格者承認に関する件」が上程され、伊藤瑞男常議員が「ホモセクシャル（議事録のマ

1　東京：生島嗣（ぷれいす東京）、京都：榎本てる子（京都YWCA PAN）。榎本てる子（1962〜2018）の宣教活動における実践や思想については［榎本2019a；2019b］を参照のこと。なお、この機関誌は、その後、東京で継続して開催されることとなった「キリストの風」集会とは名称は同じであるが運営主体や参加資格は異なる。「キリストの風」集会は参加者を原則として性的マイノリティに限定している。

2　以下、所属や役割は当時のものである。また「事件」の詳細は［堀江2006a：第2部］に記している。

3　日本基督教団は、二度の「合同」を経ている。一度目は、戦時体制の国策の一環として制定された「宗教団体法」（1939年）により34教派が合同した（1941年）。しかし、日本の敗戦とともに台湾、満州、朝鮮半島、沖縄の諸教会を登記から抹消した。その結果、沖縄では独自の教会形成をはじめざるをえず、後に「沖縄キリスト教団」を形成するに至る。米軍統治から日本政府への施政権「返還」前、教団は「沖縄キリスト教団」との合同をおこなった。これが二度目の「合同」（1969年）である。しかし、この「合同」は対等な関係ではなく、「吸収合併」であったとの反省から1981年に「合同のとらえなおし」の議論が開始された（2002年に開催された第33回〔合同後第18回〕総会ですべて廃案となり、沖縄教区はその後、教団と「距離を置く」決断をし、歴史の振り返りと今後の教会形成についての協議を重ねている）。二度目の「合同」を記憶しつづけるため、煩雑に映るかもしれないが、総会期数を併記する。

マ）なビヘイビアをもって居られる方が受けられるのではないかと聞きおよんでいる」が「簡単に承認しないでいただきたい」と発言した。理由は「聖書では否定している」からとのことであった[4]。この発言に対しては、即座にその場にいた人びとから「差別である」という指摘や撤回を求める声があがったが、結論は出されなかった。常議員会直後に、京都教区性差別問題特設委員会が伊藤常議員宛に「抗議と公開質問状」を送付した。さらに、教団のメディアである『教団新報』で報道された後、30通以上の抗議文・要望書が教団総会議長、常議員会、伊藤常議員本人へと送られることとなった。

　教師検定試験は予定通り実施され、その後、教師検定委員会は合格者の決定と同時に、「性的少数者、特に同性愛者の教師検定試験についてのコメント」（1998年4月1日付）を発表した。この「コメント」は「性指向を変えることはきわめて困難」であるとし、キリスト教のこれまでの歴史は同性愛を「神の戒めに背く罪であるとすることが多く」あったが、「現在の科学的知見によればそのような考えは訂正される必要がある」と述べている。

　さらに「コメント」はつぎの4点に言及している。

①同性愛者に対する敵意は西欧の教会の歴史において中世のある時点から始まったのであり、そのことは少数者に対する不寛容という一般的傾向と関連していたと思われる。
②現在の科学的知見は同性愛を病気の徴候とは

見ていない[5]。
③聖書については読み方を再検討する必要がある。
④異なる意見を非難攻撃するのではなく、互いに謙虚になって相手の意見を聞くことが大切である。

　そして、これらを踏まえて、同性愛者への理解を深めること、「今日の課題」を共有することが必要であるとしている。
　第30（合同後、第15）総会期・第5回常議員会（1998年7月15－17日）では、当初「問題」とされた受験者を含む春季教師検定試験の合格者が公表され、一括承認された。しかし、同年10月に開催された第31回（合同後第16回）教団総会（1998年11月17－19日）では「東京教区　大住雄一」との署名が入った文書が議場に配布された。この文書は教団内で議論が拮抗しているいくつかの課題をとりあげたものである。そのなかに「同性愛者の教師資格について」と題するものが含まれており、同性愛者が教師になることを「職業の適性の問題」として問題化している。同性愛者は「教師としてふさわしくないのであって、教会はそこまで受け入れる必要はないし、教師として受け入れを拒否しても人権をそこなったことにはならない」などと主張するものであった。この文書に対して議場から「差別文書であるので回収すべき」との声があがったが、山北宣久総会議長ら教団執行部はそれらの声を一切聞き入れることはなかった[6]。
　翌年、第31（合同後第16）総会期・第1回常

4　ただ、その後も含めて具体的な聖書箇所が明示されることはなかった。聖書解釈については断定的な読みは否定されるとわかっていたからではないだろうか。
5　世界保健機関（WHO）は1993年に「同性愛はいかなる理由でも治療の対象とならない」と宣言し、精神疾患のリストから外した。
6　このときに発言を認められなかった議員たちや発言権のない傍聴者たち（東京教区が総会議員を出した1994年以降、傍聴方式が採用されたがそれまでは陪席者として発言権があった）は議長団に直談判するという方法をとった。議長団は、①常議員会で

議員会（1999年1月27－28日）には、「伊藤発言」の問題性を認識し、真摯に協議すべきとの旨から常議員提案によって「ホモセクシャルへの発言に関する件」（提案者・谷口ひとみ）が提案され、議案化された[7]。第31（合同後第16）総会期・第2回常議員会（1999年7月11－13日）では「ホモセクシュアルの人が教師となることに関する日本基督教団の問題をめぐって」と題した協議会が設定されていたが、①抗議側からの要望と提案を一切受け入れない三役の姿勢が問われたこと、②すでに指摘されてきた「差別」という具体的な問題に焦点化したテーマではなかったこと、③発題者として伊藤・大住が立てられており、「差別の再生産になる」との抗議が相次いだために開催できなかった。翌年の第31（合同後第16）総会期・第5回常議員会（2000年7月11－13日）では、執行部提案により協議会が設定された。この会も、抗議側の要求は一切受け入れられなかった。この協議会では抗議側（谷口ひとみ常議員）と「伊藤発言」「大住文書」支持側（張田眞性差別問題特別委員会・委員[8]）の双方から発題者が立てられたが、結論は出ず、協議も平行線を辿った。議長は継続して話し合うとして会を閉じることとなった。しかし、その後、協議会が実現することはなかった。

第32回（合同後第17回）総会（2000年11月14－17日）には、関連議案（京都教区と兵庫教区常置委員会が提出した議案2号、建議案1号の計3号）が提出された。しかしながら協議する時間はなく、議場への説明や承認もないまま、総会終了後に「審議未了廃案」として処理されることとなった。それ以降は常議員会では協議されることなく、第32（合同後第17回）総会期・第3回常議員会（2001年10月29－30日）では、議事「ホモセクシャルへの発言に関する件」の取り扱いについて総務幹事がつぎのように説明した。この議事は、①「第30総会期第6回常議員会に限定されたものである」ということ、②すでに議事としては有効ではないので廃案にすべきであり、必要であれば再提案することが望ましいこと。時限付きの議案という唐突な解釈に対する抗議が相次いで出されたが、強行採決の結果、終了が承認された。つづく第32（合同後第17）総会期・第4回常議員会（2002年2月4－5日）では「『同性愛者差別』の解決に向けて取り組む件」（提案者・谷口ひとみ）が提出された。しかし、執行部は内容が「具体的ではない」という理由で議事とすることを拒否し、終了した。

2002年10月29－31日には、第33回（合同後第18回）総会が開催された。関連議案（兵庫教区と九州教区の定期総会から提出された議案2号、京都教区常置委員会提出議案1号の計3号）は、前回同様、議場への説明もないまま、後日に公表された「議決メモ」により、「審議未了廃案」

協議すること、②問題を認識するための協議会を開催すること、③問題が解決するまで抗議した側の数名に常議員会の陪席を要請することを「約束」し、その場を収めた。その後、抗議を申し入れた側は、有志による意見と抗議および議長団の「約束」を記載した文書（「大住差別文書を許さない!!──痛みの声を議長団はなぜ伝えない!!」）を作成し、議場配布することとなった。しかし、その後、議長団の「約束」は果たされることはなかった。

7　この奇妙な議案名は「ホモセクシャル」という表記を議事録から引用した"妥協の産物"であった。抗議側や提案者は「差別発言」として問題化すべきことを強調したが、執行部は「差別かどうかはまだ決まっていない」とくりかえし、このような議案名となったのである。

8　この時期、すでに差別問題を扱う委員会の活動を「停滞」させることを目的として、執行部側の委員が送り込まれる状況にあった。張田はそのひとりである。性差別問題特別委員会は第33回（合同後第18回）で廃止され（2002年10月）、翌年1月には「性差別問題特別委員会の再設置をめざす会」が立ち上げられた。第34回（合同後第19回）総会に再設置を求める議案が提出されたが否決され、その後、「日本基督教団性差別問題連絡会」が有志団体として活動を継続している。

とすることが説明された。

その後も、いくつかの波及した出来事は起こっている。

第34（合同後第19）総会期・第2回常議員会（2005年2月）には、前年の教団総会から常議員会に付託された京都・九州・兵庫の各教区定期総会からの提出議案が審議されるべきであったが、議論が俎上にのる以前に拮抗した状況を憂慮した人びとがそれとは異なる展開を生み出し、渡辺正男常議員（奥羽教区）から「同性愛者などセクシュアル・マイノリティに関する件」が提案された［堀江2006b］。「問題解決」のためには妥協が必要だとする渡辺は、ひとまずは話し合いの場を求めることをその議案の提案理由とした。これは「差別かどうかはまだ決まっていない」と主張する執行部側の路線に則った議案であり、そもそも「差別は差別」としてきた抗議側からみると、到底受け入れられるものではなかった。

また、2006年10月に実施された第35回（合同後第20回）総会では、京都教区と兵庫教区の各総会から問題解決を提案する議案が提出されたが、京都教区提出議案の審議中、東北教区選出の信徒議員から同性愛者を「牧師として招聘するわけにはいかない」という発言があった。東北教区常置委員会はこの件に関して2007年1月に差別問題と取り組むための意思表明の文書を提示している［堀江2011］。

（2）抗議行動から抵抗運動へ

抗議行動は、「伊藤発言」直後、京都教区性差別問題特設委員会が声をあげたことが発端であったように、おもに各地の性差別問題を担う女性たち――この運動に関わった女性たちの連なりを〈女たち〉と表現したい――が中心となり、進んでいった。同委員会が1998年3月に主催した「性差別問題一泊合宿」は「『同性愛者は牧師になれない』のか？――伊藤発言をめぐって」をテーマとし、東京や九州など全国各地から関心をもつ人びとが集った。同委員会は翌年以降も同様のテーマで年一回の「一泊合宿」を開催しつづけた。1999年の「一泊合宿」では「日本基督教団　伊藤発言・大住文書に表われた同性愛者をはじめとするセクシュアル・マイノリティ差別と闘うネットワーク会議」（以下、ネットワーク会議）が参加者によって結成され、同年4月には各教区総会に向けての参加呼びかけ文が出された[9]。この動きの影響を受けて、2000年には教団性差別問題特別委員会主催「性差別問題全国連絡会議」や、超教派の集まりである「教会女性会議」も「同性愛者差別事件」をテーマとしてとりあげることとなった。関連する集会とテーマは次ページの表のとおりである。

さて、「ネットワーク会議」の文書から整理すると、抗議側が「伊藤発言」「大住文書」を問題とする根拠はつぎの4点である。
① 教師検定「基準」の問題
②「教師とは何か」という根本的な問い
③「伊藤発言」「大住文書」の背後にある〈権威〉の問題

9　この「ネットワーク会議」は兵庫教区社会部、大阪教区社会部、京都教区性差別問題特設委員会が事務担当を担うほか、中部教区性差別問題委員会、東中国教区社会委員会、西中国教区社会部が呼びかけ団体として名を連ねている。ここに委員会名を連ねたことで、教団執行部と立場性を共有する人びとが覇権をもつ中部教区では性差別問題委員会・川瀬陽子委員長への嫌がらせが常態化していた。教区常置委員会でも権力をもつ側が男性牧師たちであり、委員会の責任を担う女性信徒である川瀬への嫌がらせは、教会における権力構造（「牧師－信徒」、「男性－女性」というカテゴリーのうち、前者に権威を集中させる構造）を表してもいるのではないだろうか。なお、中部教区性差別問題委員会も後に廃止されている。

表：日本基督教団「同性愛者差別事件」を取り上げた集会

日程	集会名	テーマ	発題	主催者	場所
1999. 8.27-28	教団・第11回 性差別問題 全国会議	「セクシュアリティー」をめぐって──知ってるつもり？[10]	福原啓子 百田ローズマリー	教団性差別問題 特別委員会	戸山サンライズ
1999. 8.28-29	教団・第2回 反差別合同 協議会[11]	「同性愛者差別」について	池田久美子 谷口ひとみ	同実行委員会	戸山サンライズ
2000. 8.25-26	教団・第12回 性差別問題 全国会議	それぞれの取組をつなぐために ─女性／セクシュアル・マイノリティー／教会[12]	依田康子 上田律子 堀江有里	教団性差別問題 特別委員会	六甲YMCA研修 センター
2000. 9.14-16	教会女性会議 2000 in 東京	「教会は活きる、わたしによって」めざめよ、こころよ ──性・教会・国家	谷口ひとみ 堀江有里 中尾貢三子	同実行委員会	戸山サンライズ
2001. 10.8-9	教会女性会議 2001 in びわこ	「教会は動く、わたしによって」あたらしいかたちを求めて ──脱家族	ジェンダー・セクシャリティクライシスセンター 本多香織 今給黎眞弓	同実行委員会	同志社リトリート センター

＊発題者の下線は「同性愛者差別」をテーマとしたもの、あるいは言及したもの。

④同性愛者に対する無理解の問題

　ここでは④について補足しておきたい。抗議側は「同性愛者が牧師になることを認めるべきではない」という発言に対し、「異性愛者であることを前提として誤った判断に導く危険性がある。その意味で両者（「伊藤発言」「大住文書」──引用者）は、『権威』を利用した悪質な差別である」と指摘した。「大住文書」は「（同性愛が──引用者）病気であるのかどうかはまだ明らかにされていない」と表現するようにそこには「意図的な誤解」があった。

　抗議側は、執行部側が主張するような他国の事柄ではなく、教団というみずからの足下で具体的に起こった出来事をとりあげ、同性愛者やそのほかの性的マイノリティが置かれている状況、とくに社会で被っている不利益について、ひとまず、知識や経験を共有した話し合いを求めつづけることとなった。しかしながら、そもそも「差別」として問題化されたにもかかわらず、執行部はその抗議の声を聞き入れる気配はまったくない。そのようなプロセスのなかで抗議行動は、より根源的

10　この会では主催委員会のなかで合意を得ることができず、「同性愛者差別事件」について取り扱うことが回避された。ただ、当日の全体協議にて問題化され、教団総会議長小島誠志および常議員会宛に「参加者有志」として「抗議と要望」が採択されている。

11　日本基督教団部落解放センターが中心となり、差別問題を領域横断的に考えていこうとした協議会。当時、差別問題にかかわる諸委員会は存続が危惧されるなか、同センターは外部団体との関係もあり、教団執行部からはそのターゲットとはならなかった。「同性愛者差別事件」をめぐっては、闘いを担う〈女たち〉と角樋平一主事との対話の積み重ねのなか、このようなテーマでの実施となった。しかしながら角樋主事の急逝後（2004年）、課題継承は困難となった。

12　性的マイノリティ差別と性差別をつなぐためのテーマ設定ではあったものの、この時点では依田は性的マイノリティへの差別と性差別は「連帯することを否定するわけではない」と前提しつつも、「もともと別種の差別なので、両者の理論をしっかり整理しておかないと、たとえば反対者を説得出来ず、逆に足をすくわれるおそれもある」とした（報告書、23頁）。この発言をめぐっては議論が噴出し、翌月の「教会女性会議」でも継続した。第13回（2001年）は、当時、抵抗運動とは距離を置いていた神奈川教区で開催されたため、結婚式文についてをテーマとし、同性愛者差別事件についての協議は継承されなかった（於・紅葉坂教会）。

な問題を問う営為——抵抗運動——へと変化していったといえる。

その後も教区総会からの議案も提出されてきたが、「伊藤発言」「大住文書」自体の問題は現在も解決には至っていない。

3. なぜ、〈女たち〉は抵抗したのか——課題の交差

「同性愛者差別事件」の抗議行動の中心となった〈女たち〉のうち、圧倒的多数は同性愛者ではなかった。性差別問題に関わる委員会・団体、個人を中心に各地で抗議行動が展開されはじめたのである。しかし教団執行部は、それらの声に正面から向き合うことはなかった。そのため、公的な場での協議という方法で「対話」を模索することは困難となり、執行部の責任が不在のまま、実質、抵抗運動の側面を持つようになる。

わたしは抵抗運動の担い手となった〈女たち〉の出発点は大きく分けて2通りあるとみてきた。①性差別（＝女性差別）との共通点をみいだしたこと、②〈レズビアン存在〉の再認識と共闘可能性である［堀江2004］。抵抗運動は具体的な担い手がいないとかたちづくられることはない。何よりも、これらの動きがそれまでの全国的な取り組みのもとに共有され、協働が生み出されていったことを強調しておきたい。

出来事から四半世紀を経て、性差別問題との共通点をふりかえれば、つぎのように表現できるのではないだろうか。すなわち、そこに共通点としてみいだされたのは、教団という一教派のみならず、広くキリスト教に横たわっているホモソーシャリティの問題である。ホモソーシャリティとは、ミソジニー（女性嫌

悪）を伴い駆動する男性同士の紐帯を意味する。先にとりあげた「ネットワーク会議」は、「伊藤発言」「大住文書」について、〈権威〉の問題をあげていた。この〈権威〉をホモソーシャリティの表出として考えることができるのではないだろうか。

これまでにも各個教会レベルで同性愛者が排除されることは少なくはなかった。たとえば、同性愛者当事者が牧師や信徒など教会の構成員にカミングアウトした際、同性愛を「治すべき」ものとして扱われたり、実際に病院の精神科やカウンセリングに連れて行かれたりするケースはかつてもいまも後を絶たない。しかし、とくに「伊藤発言」「大住文書」が教団内外で大きな問題となったのは最高議決機関に端を発していたためである。同時に、「伊藤発言」は、①教師検定合格承認を行なう権限を持つ場で起こったこと、②常議員から発言されたこと、また、「大住文書」は教団教師養成機関である東京神学大学教授の署名で配布されたことが、〈権威〉として機能する可能性を持つ。すなわち、誰がどこで発話するかによって、その発話のもつ力は変化するのだ。「ネットワーク会議」は、この〈権威〉の問題をつぎのように表現している。

> そのような人物（常議員や神学大学教授、また同時に牧師という立場の人物——引用者）が常議員会や教団総会といった公式の場で意見を表明すれば、「権威」が独り歩きし、「そのような立場の人の意見なら正しいのかもしれない」という印象を与え、「権力機構」の場での発言であること自体が、当事者を深く傷つける働きをしている[13]。

---

13 「ネットワーク会議」の呼びかけ文（1999年）より。

ここに横たわっているのは、性差別問題に取り組む〈女たち〉が問題化してきた教会の権力構造そのものである。「牧師‐信徒」、「男性‐女性」というカテゴリーが存在し、それぞれ前者に権力を付与し、その構造を再生産・維持してきたあり方自体が、ここでも問われることになったといえる。

4．何を継承していくべきか
——人と人とのつながりのなかで

　本章では、日本基督教団における「同性愛者差別事件」の概要と、それに対する〈女たち〉の連帯をみてきた。最終的には、シンプルなところに立ち返らざるをえないと、いま、わたしは考えている。〈女たち〉の抵抗運動の広がりは「人と人とのつながり」が何よりも大きかったということだ。

　「同性愛者は牧師になるべきではない」という主旨の発言がなされたとき、その場に居合わせた人びとが「同性愛者」という言葉から具体的に思い浮かべたいくつかの顔。性がテーマとなる発言が正面から取り上げられることなく流されていく光景への既視感。そこから想起されるそれぞれの経験。それらが織り重なった先に抵抗運動という集合行動は起こり、そして波及していくこととなった。なぜ、「同性愛者」に対する「差別事件」への抵抗運動が〈女たち〉によって担われたのか。なぜ、「同性愛者」というターゲットとなった属性をもつ人びとが集合行動を起こせなかったのか。こう考えることもできるのではないだろうか。「同性愛者」という属性を共有する人びとは、当時はまだ集合行動を生み出すほどには相互の信頼関係を構築するに至っていなかった。だからこそ、「同性愛者」としての主体を立てた集合行動はなしえなかったのだ、と。

　1998年の段階では、日本基督教団常議員として谷口ひとみがいて、起こった事柄を持ち帰る先として、すでに同性愛者差別問題について議論を重ねてきた京都教区性差別問題特設委員会があった。京都ではすでに「信仰とセクシュアリティを考えるキリスト者の会」が活動していた。ときに言葉にならない状態で語られるいくつもの「差別の実態」について、すでに取り組まれている諸課題との連関のなかで、そこにいる誰かが心を動かし、「宣教課題」がかたちづくられていく。

　京都教区では、そのように教区内での議論が進められていったが、いち早く、教区全体での取り組みが表明されたのは第52回兵庫教区定期総会であった（1998年5月）。この教区総会で提出された建議案を起草したのは、当時、兵庫教区常置委員を担っていた上田律子であった（建議3号「伊藤瑞男常議員によるセクシュアル・マイノリティへの差別発言事件に対して真摯な取り組みを求める件」）。

　また、同年秋に教団総会議場で「大住文書」を受け取った人びとの衝撃のなかに、「異性愛者」としてどのような主体を立てうるかという傍聴席での瞬時の戸惑いも横たわっていた。その戸惑いを基点として、当初、兵庫教区では竹内富久恵が、九州教区では本多香織が、言葉を紡ぎながら、所属する委員会等で周囲の人びととの協働を生み出し、議案をつくっていくこととなった。そして、性差別問題への取り組みのネットワークのなかでの教団総会への議案提出や教区総会での決議は、兵庫・九州・京都教区のほか、北海、大阪、東中国、西中国へと広がっていった。沖縄教区からは第33回（合同後第18回）教団総会において冒頭に「性的マイノリティ差別問題の議案を先議するように」との連帯発言がなされている[14]。

「教会女性会議」にかかわってきた人たちにとっては、会議で出会ってきた人たちの"生死にかかわる問題"としての迫りに、ときに反発しながらも、あげられた声を聞かざるをえない状況が生み出され、そして共有されていった。「教会女性会議」で教団の問題が初めて取り上げられたのは先にみたように2000年のことである。実行委員会では、北村恵子や八木かおりがこの課題を受け止め、提起していくこととなった。

ここに挙げた名前は一部に過ぎないが、日本基督教団性差別問題特別委員会の設置が提起された準備段階に1988年の「教会女性会議」があり、その中心を担ってきた人びとや、1990年代以降に参加した次世代の人びとがいる。直接的に課題を共有し、バトンを受け取ってきた女性たちが、この抵抗運動の中心を担うこととなったことも書き留めておきたい。このような積み重なりのなかで、〈女たち〉の抵抗運動は生み出されてきた。わたしたちは、ときにぶつかりあいながら、対話をくりかえし、協働を生み出してきたのだ。

この〈女たち〉のなかでは、わたしたちは「フェミニスト」である、あるいはわたしたちがやっていることは「フェミニズム」だと名乗る人たちはいなかった。少なくとも、わたしの知っている限りでは。それは1990年代から2000年代という時代背景もあっただろう。すでにキリスト教界の「フェミニズム」では学問的な議論が進んでいたし、留学経験者たちも少なくはなかった。しかし、教会や教団の〈現場〉で途方もないエネルギーを消耗するわたしたちにとって、英語圏の議論が〈いま－ここ〉に通用するなどとも思ってもみなかった。だ

からこそ、ヨコモジの「フェミニズム」は遠い存在だったのだ。

わたしは、「伊藤発言」「大住文書」への抵抗運動のなかで"ことば"を探すために社会学の研究へと入っていった。そのなかで、理論研究が〈現場〉への力を生み出すことが多くあることを知り、フェミニズムと出会っていった。

クィア理論やフェミニズム理論の研究者である清水晶子は、フェミニズムとは「何よりもまず、変革を志向し、生み出す力」であると述べる［清水 2022：3］。とくに興味深いのは、その著書に収録されているいくつかの対談をふりかえるつぎのような言葉である。

　　自分のフェミニズムを他の方のフェミニズムと向き合わせ、その両者がぴったり合うところがあれば嬉しくなり、ズレがあれば少し注意して自分の輪郭を確認しなおしつつ、自分のフェミニズムが少しずつ形を変え少しずつ広がるのを実感する［清水 2022：250］。

出会いのなかで誰かと共振を起こしていく経験がここには表現されているような気がするのだ。つまりはそこにも「人と人とのつながり」が存在している、ということである。

この四半世紀で日本社会における性の多様性の認識は大きく変化した。しかし他方で、2020年代に入ってから性的マイノリティを包摂しようとする流れへのバックラッシュが起こっている現状もある。あらたな排除や差別が生み出され、そして再生産されていく。

本章でとりあげた〈女たち〉の抵抗運動は、過去の出来事にすぎないのかもしれない。し

14　性差別問題への取り組みを重ねてきた神奈川教区は、この課題については当初協力関係にはなかった。別の活動については大嶋論考（論考5）を参照のこと。

かし、その闘いのなかにあった、男性牧師主導型の教会における権力構造を問い、マジョリティ規範を問う作業は、あらたに生み出され、再生産されつづける排除や差別を根底的に読みなおす作業でもあったはずだ。とすれば、過去の出来事を何度もふりかえり、そこからなにがしかを学ぶこともできるのではないだろうか。

■文献

榎本てる子、　2019a、『愛し、愛される中で──出会いを生きる神学』日本基督教団出版局。
　　　　　　2019b、『愛の余韻──榎本てる子・命の仕事』（青木理恵子編）いのちのことば社。
本多香織、　2004、「結婚も、結婚式も、ほんとうに必要なのか」『福音と世界』59（2）：16-23。
　　　　　　2007、「第35回日本基督教団総会についての雑感」『福音と世界』62（2）：47-51。
堀江有里、　2004、「レズビアンの不可視性──日本基督教団を事例として」日本解放社会学会『解放社会学研究』18：39-60。
　　　　　　2006a、『「レズビアン」という生き方──キリスト教の異性愛主義を問う』新教出版社。
　　　　　　2006b、「差別問題をめぐる〈包摂〉論の限界性──日本基督教団を事例に」『人権教育研究』14。
　　　　　　2009、「キリスト教における当事者運動の可能性──同性愛（者）嫌悪への対抗言説の構築に向けて」『宗教と社会』15：107-117。
　　　　　　2011、「『差別事件』をめぐる『責任』回避の構造──日本基督教団東北教区を事例に」『人権教育研究』19：148-172。
　　　　　　2015、『レズビアン・アイデンティティーズ』洛北出版。
風間孝、　1997、「エイズのゲイ化と同性愛者たちの政治化」『現代思想』25（6）：405-421。
風間孝・河口和也、2010、『同性愛と異性愛』岩波新書。
清水晶子、　2022、『フェミニズムってなんですか？』文春新書。
竹内富久恵、2007、「イエスはひとりで十字架についた」『福音と世界』62（1）：45-53。
ヴィンセント、キース・風間孝・河口和也、1997、『ゲイ・スタディーズ』青土社。

■参考資料

教会女性会議2000 in 東京・実行委員会、2001、『女のことば集』第13巻（テーマ：「教会は活きる、わたしによって」めざめよ、こころよ──性・教会・国家）。
教会女性会議2001 in びわこ・実行委員会、2002、『女のことば集』第14巻（テーマ：「教会は動く、わたしによって」あたらしいかたちを求めて──脱家族）。
信仰とセクシュアリティを考えるキリスト者の会（ECQA）、1995～2021、『ECQAニュースレター』1～94。
日本基督教団京都教区性差別問題特設委員会、『聖書はおもしろい』第1～11巻。
日本基督教団性差別問題特別委員会、2000、『第11回性差別問題全国連絡会議（1999年）報告書』。
　　　　　　　　　　　　　　　　　　2001、『第12回性差別問題全国連絡会議（2000年）報告書』。
日本基督教団反差別合同協議会開催実行委員会、2000、『第2回反差別合同協議会報告書（1999年）』。

第1部年表参考資料

1. キリスト教・宗教関係

◇ 運動関係発行物
- 『キリスト教女性センター ニューズレター』通巻第6〜106号（1997〜2022年継続中）
- 『「キリストの風」ニューズレター』第1〜10号（1994〜1996年）
- 教会女性会議報告書『女のことば集』No.1〜15（1988〜2002年）
- 在日・日・韓 女性神学フォーラム報告書、第1〜20回（1988〜2011年）、在日・日・韓 女性神学フォーラム再開第1回（通算第21回）〜再開第4回（通算第24回）（趣意書および当日配布資料、2017〜2020年）
- 女性と宗教を語る会編『フェミニズムと宗教をめざして』女性と宗教を語る会、1984年
- 女性と宗教を語る会編『女性と宗教 第二集 歴史的地平から』女性と宗教を語る会、1985年
- 女性と神学の会研修会報告書等（1985〜1988年）
- 信仰とセクシュアリティを考えるキリスト者の会『ECQA News letter』創刊号〜第95号（1998〜2022年継続中）
- 性と人権 キリスト教全国連絡会議資料（趣意書および当日配布資料、2012、2016、2018年）、性と人権 キリスト教全国連絡会議事務局『情報交換冊子「性と人権──それぞれの取組み」』2012年10月
- 『日本フェミニスト神学・宣教センター 通信』第1〜120号(2000〜2019年)
- フェミニズム・宗教・平和の会『Womansprit』No.1〜34(1986〜2002年)

◇ 教会関係発行物
〈性差別に関連するもの〉
- 日本基督教団神奈川教区性差別問題特別委員会『教会と女性』第1〜35集（1988〜2022年継続中）
- 日本基督教団京都教区性差別問題特設委員会「聖書を読み直す会」報告書『聖書はおもしろい』創刊号〜第11巻（1997〜2022年継続中）
- 日本基督教団性差別問題連絡会『日本基督教団 性差別問題連絡会NEWS』第1〜56号（2003〜2022年継続中）
- 日本基督教団兵庫教区クリスチャンセンターフィーリー記念委員会『フィーリー・デー報告書』第1〜29号（1992〜2022年継続中）
- 日本聖公会女性の司祭按手20年感謝プログラム実行委員会『新しい歌を 主に向かってうたおう 日本聖公会 女性の司祭按手20年感謝プログラム記念誌』日本聖公会女性の司祭按手20年感謝プログラム実行委員会、女性に関する課題の担当者、正義と平和委員会ジェンダープロジェクト発行、2019年
- 日本聖公会正義と平和委員会・ジェンダープロジェクト『タリタ・クム』第1〜41号（2004〜2022年継続中）
- 日本バプテスト連盟宣教部編『ひらかれる教会──女性の牧師の招聘に向けて』日本バプテスト連盟、2018年

〈教団・教派の歴史に関連するもの〉
- 李清一『在日大韓基督教会宣教100年史──1908〜2008』かんよう出版、2015年
- 徳善義和『宣教百年の歩み──日本福音ルーテル教会宣教百年略史（1893-1993）』日本福音ルーテル教会宣教百年記念事業室、1993年
- 徳善義和『日本福音ルーテル教会百年史』日本福音ルーテル教会、2004年
- 日本バプテスト宣教100年史編集委員会編『日本バプテスト宣教100年史』日本バプテスト同盟、1973年
- 日本バプテスト130年史編纂委員会編『日本バプテスト同盟に至る日本バプテスト史年表 1860-2005』日本バプテスト同盟、2013年
- 日本バプテスト連盟七十年史編纂委員会編『日本バプテスト連盟七十年史』日本バプテスト連盟、2018年

◇団体関係発行物
- 全国キリスト教学校人権教育研究協議会編集・発行『全国キリスト教学校人権教育セミナー 第20回記念論集 未来に希望・現在に勇気』2009年
- 日本キリスト教協議会『NCC戦後50年を考える東京集会』1995年
- 日本キリスト教協議会『NCC主催・宣教会議 報告書』2019年
- 日本キリスト教協議会機関紙『NCCニュース』（1963〜1974年）、『オイクメネ』（1974〜1976年）
- 日本キリスト教協議会総会報告書、第25〜41回（1973〜2021年）
- 日本キリスト教協議会（NCC）女性委員会『教会が女性と連帯するエキュメニカルな10年──アンケートまとめ』1998年
- 日本キリスト教協議会（NCC）女性委員会『「教会女性10年」のつどい──報告書』1998年
- 日本キリスト教婦人矯風会『婦人新報』（1888年〜2017年）『k-peace』（2017年〜）
- 日本YWCA100年史編纂委員会編集『日本YWCA100年史 女性の自立をもとめて 年表1905-2005』財団法人日本キリスト教女子青年会、2005年
- NCC教育部歴史編纂委員会編『教会教育の歩み──日曜学校から始まるキリスト教教育史』教文館、2007年

◇**雑　誌**
・『カトリック神学』（1962～1971年）『カトリック研究』（1972年～）上智大学神学会
・『聖書と教会』（1967～1993年）日本基督教団出版局
・『布教』（1970～1984年）『福音宣教』（1985年～）オリエンス宗教研究所
・『福音と世界』（1952年～）新教出版社

◇　**年鑑・年表**
・『キリスト教年鑑』（1948年～）キリスト新聞社
・日本キリスト教歴史大事典編集委員会『日本キリスト教史年表』教文館、2006年

◇**新　聞**
・『キリスト新聞』（1946年～）キリスト新聞社
・『クリスチャン新聞』（1967年～）いのちのことば社

◇**ホームページ**
・カトリック中央協議会　　　　〈https://www.cbcj.catholic.jp/〉
・在日大韓基督教会　　　　　　〈https://kccj.jp/〉
・日本キリスト教協議会　　　　〈https://ncc-j.org/〉
・日本基督教団　　　　　　　　〈https://uccj.org/〉
・日本キリスト教婦人矯風会　　〈https://kyofukai.jp/〉
・日本バプテスト同盟　　　　　〈http://www.jbu.or.jp/〉
・日本バプテスト連盟　　　　　〈https://bapren.jp/〉
・日本福音ルーテル教会　　　　〈https://jelc.or.jp/〉
・日本ホーリネス教団　　　　　〈https://jhc.or.jp/index.html〉
・日本YWCA　　　　　　　　　〈https://www.ywca.or.jp/〉

◇**英文資料**
〈CCA関連資料〉

Antone, Hope., Longchar, Wati., Bae, Hyunju., Ho, Huang Po., Werner, Dietrich. eds. 2013. *Asian Handbook for Theological Education and Ecumenism,* Fortress Press.

Christian Conference of Asia (Women's Concerns Unit). 1986. *Reading the Bible as Asian Women: Twelve Bible Studies on Mobilizing Women in Struggles for Food, Justice and Freedom: Poems, Prayers, Songs,* Christian Conference of Asia.

---------. 1995. *Asian Women: Our Lives, Our Faith, Our God,* Christian Conference of Asia, Women's Concerns.

Chung, Hyun Kyung. 1990. *Struggle to Be the Sun Again: Introducing Asian Women's Theology,* Orbis Books.

Katoppo, Marianne. 1979. *Compassionate and Free: An Asian Woman's Theology,* World Council of Churches.

Koshy, Ninan. 2004. *A History of the Ecumenical Movement in Asia, Volume I,* World Student Christian Federation Asia-Pacific Region, Asia and Pacific Alliance of YMCAs, Christian Conference of Asia.

---------. 2004. *A History of the Ecumenical Movement in Asia, Volume II,* World Student Christian Federation Asia-Pacific Region, Asia and Pacific Alliance of YMCAs, Christian Conference of Asia.

Kwok, Puilan. 2000. *Introducing Asian Feminist Theology,* Pilgrim Press.

Rebera, Ranjini. ed. 1995. *Affirming Differences, Celebrating Wholeness: A Partnership of Equals,* Christian Conference of Asia, Women's Concerns.

〈WCC関連資料〉

Briggs, John., Oduyoye, Mercy Amba., Tsetsis, Georges. eds. 2004. *A History of the Ecumenical Movement, Volume 3, 1968-2000,* WCC Publications.

Chitando, Ezra., Chirongoma, Sophie. eds. 2012. *Redemptive Masculinities: Men, HIV and Religion,* WCC Publications.

Gill, David. ed. 1983. *Gathered for Life: Official Report, VI Assembly World Council of Churches, Vancouver, Canada, 24 July – 10 August 1983,* World Council of Churches.

Herzel, Susannah. 1981. *A Voice for Women: The Women's Department of the World Council of Churches,* World Council of Churches.

Kessler, Diane. ed. 1999. *Together on the Way: Official Report of the Eighth Assembly of the World Council of Churches,* WCC Publications.

Kinnamon, Michael. ed. 1991. *Signs of the Spirit: Official Report, Seventh Assembly, Canberra, Australia, 7-20 February 1991,* WCC Publications.

Lossky, Nicholas., Bonino, José Míguez., Pobee, John., Stransky, Tom F., Wainwright, Geoffrey., Webb, Pauline. eds. 2002. *Dictionary of the Ecumenical Movement, 2nd Edition,* WCC Publications.

Maxson, Natalie. 2016. *Journey for Justice: The Story of Women in the WCC,* WCC Publications.

Paton, David M. ed. 1975. *Breaking Barriers: Nairobi 1975: The Official Report of the Fifth Assembly of the World Council of Churches,* World Council of Churches.

Rivera-Pagán, Luis N. ed. 2007. *God, in Your Grace...: Official Report of the Ninth Assembly of the World Council of Churches,* WCC Publications.

Senturias, Erlinda N., Gill, Jr., Theodore A. 2014. *Encountering the God of Life: Report of the 10th Assembly of the World Council of Churches,* WCC Publications.

Sheerattan-Bisnauth, Patricia., Peacock, Philip Vinod. eds. 2010. *Created in God's Image: From Hegemony to Partnership: A Church Manual on Men and Partners: Promoting Positive Masculinities,* World Communion of Reformed Churches, World Council of Churches.

Wainwright, Geoffrey., McPartlan, Paul. 2021. *The Oxford Handbook of Ecumenical Studies,* Oxford University Press.

World Council of Churches. 1988. *Ecumenical Decade, 1988-1998: Churches in Solidarity with Women: Prayers and Poems, Songs and Stories,* WCC Publications.

2. 一 般

◇書 籍

・アクティブ・ミュージアム「女たちの戦争と平和資料館」編著『日本軍「慰安婦」問題 すべての疑問に答えます。』合同出版、2013年

・アクティブ・ミュージアム「女たちの戦争と平和資料館」編『ミュージアムへ行こう! 日本軍「慰安婦」博物館ガイド』アクティブ・ミュージアム「女たちの戦争と平和資料館」、2017年

・井上輝子・江原由美子編『女性のデータブック [第4版]』有斐閣、2005年

・「女と男の時空」編纂委員会編『女と男の時空——日本女性史再考（全6巻、別巻1）別巻 年表・女と男の日本史』藤原書店、1998年

・(財) 世界人権問題研究センター代表上田正昭編『人権歴史年表』山川出版社、1999年

・鈴木尚子編『現代日本女性問題年表 1975-2008』ドメス出版、2012年

◇オンラインリソース

・国立女性教育会館デジタルアーカイブスシステム「近代〜現代女性史年」〈https://w-archive.nwec.go.jp/contents/nwec/chronological.html〉

・認定特定非営利活動法人ウィメンズ アクション ネットワーク（WAN）〈https://wan.or.jp/wan〉

あとがき

　まえがきにもある通り、本書は富坂キリスト教センター研究プロジェクト「日本におけるキリスト教フェミニズム運動史研究——70年代から現在まで」研究会での3年半にわたる共同研究の成果である。

　第1回研究会は2019年4月。そこから第4回（2020年3月）までは対面で1泊2日の研究会を続けたものの、感染症の拡大により第5回目（2020年6月）から最終の第16回（2022年9月）まではオンラインでの開催となった。研究会は対面・オンラインいずれも毎回休憩を除いて最短でも5時間、最長では15時間もの時間を費やして行われた。さらに各研究会の合間には7名の研究員がそれぞれの担当となった膨大な資料にあたり、データを収集。それらを持ち寄ってひとつひとつ議論をしながら年表を作成し、時代解説やコラムを練り上げ、またそれと並行して各自でテーマ設定した論考を執筆した。

　本研究会の主事を務めた筆者も、数ヶ月にわたって大学図書館の地下書庫にこもり、キリスト教関連の年鑑や雑誌、書籍を漁って膨大な量のコピーをとり、それらを分析しつつデータにまとめた。もちろんそれは根気のいる作業であったが（首が痛かった！）、そうして集めたデータを持ち寄って、時に当時の実際の様子を聞きながら、時に今日の私たちの課題と比較しながら皆で歴史を振り返る作業は実に充実した楽しいものであり、共同研究の意義を強く感じた。

　世代や専門領域の広がりを意識して集められた研究員の間には意見の異なりも多くあり、中には繰り返し話題にのぼるトピックもあった。そのひとつが研究会名にも本書のタイトルにも入っている「フェミニズム」「フェミニスト」をめぐるものである。

　ある研究員にとって「フェミニズム」は体系的な学問思想をイメージさせ、日常の感覚から離れた「机上の空論」のように思われて、長くその言葉を好まなかったという。またある研究員からは、アジア圏などの非白人女性たちの多くが「フェミニスト」をもっぱら白人の中流階級女性を指すものと考えており、それゆえに自称としては使わないのではという指摘もなされた（このことは「フェミニスト」とは異なるものとして米国の黒人女性たちが「ウーマニスト」を名乗ったことにも端的に表れていよう）。一方である研究員は、「女性神学」という言葉では「男／女」の二元的な構造を保持するものと誤解されることが多かったため、そうではなく父権制社会を批判的に問う視点として「フェミニスト神学」という言葉を使ってきたという。そこには、日本社会で負のイメージを付されたこの言

葉をあえて使うという強い意志も込められていた（第1部第2章「座談会」も参照）。

　これらの違いを確認した上で、皆で頭を悩ませたのは、では1970年代から2022年までの運動史を辿る本書のタイトルに「フェミニスト」という言葉を用いてもよいのか否か、ということだった。年表や書籍、雑誌等を分析すると、キリスト教界で「フェミニズム」や「フェミニスト」という言葉が（なお多様なイメージを帯びつつ）ある程度定着したのは1990年代頃からであることがわかる。その意味で、特にそれ以前にキリスト教の性差別を問題にしてきた人の多くが「フェミニスト」という言葉を自称としては使っていなかったはずだ。そして前述したように、現在でもこの言葉をどのようにイメージし、定義するかは人によって大きく異なる。

　そのため「日本におけるキリスト教フェミニスト運動史」という標題のもとに自分たちの活動が括られることに抵抗を覚える方々もおられることだろう。その批判はしっかり受け止めつつ、本書での「キリスト教フェミニスト運動」が、広くさまざまな視座と方法を用いながらキリスト教界の家父長制と異性愛主義に抵抗する集合運動を指していることを記しておきたい。つまりここでの「フェミニスト」は人を指すというよりも、「『フェミニズムの』視点・運動」を意味する形容詞として用いている。また「日本の」ではなく「日本における」としたのは、ここでの「日本」があくまで地理的な意味であることを示したかったからである。

　本研究を通じて明らかになったのは、さまざまな背景を持つ女性たちが生の経験から自発的に集い、ゆるやかなつながりを作り、多様な方法で課題に取り組んできたということだ。筆者が神学校その他で教えられてきた大文字の「キリスト教史」には、こうした多様な足跡はほとんど含まれていなかった。それらは本当に一部の特権を持った男性たちの「歴史」に過ぎなかったのだ。もし読者のお手元に単に「キリスト教史」と銘打った立派な著書があれば、ぜひ巻末の索引を見てもらいたい。それらがいかに男性の名前で覆い尽くされているかがわかるはずだ。その意味で、もしそれらの本により正確な書名をつけるのであれば、「キリスト教特権的男性史」とでもすべきなのかもしれない。

　もちろん、本書にも同じような限界があることはまえがきで述べられている通りである。本書の編纂に携わった7名の研究員はそれぞれの限られた視座から「キリスト教フェミニスト運動史」を紡ごうとしてきたのだし、用いた資料も限られており、教派的・民族的・階級的な偏りも大きい。願わくは、本書が多様な背景を持つ読者からの批判を受け、加筆・改訂を繰り返しながら、さらにたくさんの糸で編まれていきますように。まえがきでも述べられている通り、本書がその「たたき台」として用いられればこれほどうれしいことはない。

　本書の編纂にあたってはお名前をあげきれないほど多くの方々にご協力をいただいた。

資料の提供や問い合わせに応じてくださった方々、本当にありがとうございました。そして研究会のインタビューに答えて生の経験をお話しくださった横田幸子さんと申英子さん、また充実した講演をしてくださった高里鈴代さんと呉寿恵さんに心からのお礼を申し上げます。最後に本書の出版を引き受けてくださった新教出版社の小林望さん、本全体のデザインと編集、装丁を手掛けてくださった Logos Design の長尾優さん、お二人の力で膨大な資料がすっきりとした形にまとまりました。感謝申し上げます。

2023 年 3 月

研究会主事

工藤万里江

執筆者略歴

山下明子(やました・あきこ)

1944年生まれ。同志社大学大学院神学研究科(修士)修了、元日本キリスト教協議会(NCC)宗教研究所研究員、元同志社女子大学他非常勤講師、現在、富坂キリスト教センター運営委員。著書に『インド・不可触民の女たち』(明石書店、1986年)、『アジアの女たちと宗教』(解放出版社、1997年)、『戦争とおんなの人権――「従軍慰安婦」の現在性』(明石書店、1997年)他、共著にキリスト教女性センター編『女・生きる――「女生神学塾」運動』(かんよう出版、2013年)、富坂キリスト教センター編『沖縄にみる性暴力と軍事主義』(御茶の水書房、2017年)他。

山口里子(やまぐち・さとこ)

1945年生まれ。エピスコパル神学校(米国ケンブリッジ)博士号取得後、ストーニーポイントセンター (ニューヨーク) 常駐神学者、ニューヨーク神学校・ニューアーク神学校の講師。帰国後、日本フェミニスト神学・宣教センター創設・共同ディレクター、諸大学・神学校・公開講座の講師。著書『虹は私たちの間に』(新教出版社、2008年)、『新しい聖書の学び』(新教出版社、2009年)他、訳書エリザベス・シュスラー・フィオレンツァ『彼女を記念して』(日本キリスト教団出版局、1990年)他。

大嶋果織(おおしま・かおり)

1957年生まれ。日本キリスト教協議会(NCC)教育部総主事(1993〜2012年)を経て、2013年から共愛学園前橋国際大学教員。共同研究の主事を務めた共編著にNCC教育部歴史編纂委員会編『教会教育の歩み――日曜学校から始まるキリスト教教育史』(教文館、2007年)、富坂キリスト教センター編『沖縄にみる性暴力と軍事主義』(御茶の水書房、2017年)。

堀江有里(ほりえ・ゆり)

1968年生まれ。同志社大学大学院神学研究科歴史神学専攻博士課程(前期)修了。大阪大学大学院人間科学研究科博士後期課程修了(博士〔人間科学〕)。長年、性的マイノリティの相談業務に従事。現在、日本基督教団京都教区巡回教師。信仰とセクシュアリティを考えるキリスト者の会(ECQA)代表。国際基督教大学ほか非常勤講師。著書に『レズビアン・アイデンティティーズ』(洛北出版、2015年)、『「レズビアン」という生き方――キリスト教の異性愛主義を問う』(新教出版社、2006年)。編著書に『クィア・スタディーズをひらく』全3巻、菊地夏野・飯野由里子と共編(晃洋書房、2019〜2023年)。

水島祥子(みずしま・しょうこ)

1977年生まれ。松山東雲学園宗教主事(本務:2015〜2019年度松山東雲短期大学、2020〜2022年度松山東雲中学・高等学校)を経て、2023年から頌栄保育学院宗教主事、頌栄短期大学助教。論文「日本におけるキリスト教教育の今日的役割」(全国大学チャプレン会、2018年)。

工藤万里江(くどう・まりえ)

1979年生まれ。Pacific School of Religion (米国) 修士課程修了、立教大学大学院キリスト教学研究科博士後期課程修了(博士〔神学〕)。長年キリスト教出版の編集者を務める。現在、立教大学ほか非常勤講師。著書に『クィア神学の挑戦――クィア、フェミニズム、キリスト教』(新教出版社、2022年)、訳書にパトリック・S・チェン『ラディカル・ラブ――クィア神学入門』(新教出版社、2014年)。

藤原佐和子(ふじわら・さわこ)

1984年生まれ。映像プロダクション勤務を経て、同志社大学大学院神学研究科博士後期課程修了(博士〔神学〕)。現在、日本ルーテル神学校、立教大学文学部キリスト教学科兼任講師。アジア・キリスト教協議会(CCA)常議員、ACTアライアンス・ジェンダー正義CoP (アジア太平洋)メンバー、日本キリスト教協議会(NCC)書記としてエキュメニカル運動に参加。2021年からNCCジェンダー正義に関するポリシー策定のためのワーキンググループのモデレーターを務める。

日本におけるキリスト教フェミニスト運動史
1970年から2022年まで

2023 年 6 月 1 日　第 1 版第 1 刷

編　　　者　富坂キリスト教センター
著　　　者　山下明子、山口里子、大嶋果織、堀江有里、
　　　　　　水島祥子、工藤万里江、藤原佐和子

装幀・組版　長尾　優（Logos Design）
発 行 者　小林　望
発 行 所　株式会社新教出版社
　　　　　　〒 162-0814　東京都新宿新小川町 9-1
　　　　　　電話（代表）03-3260-6148

印刷・製本　モリモト印刷株式会社

ISBN978-4-400-21338-3　C1016　本書の無断複写・複製・転載を禁じます。

クィア神学の挑戦
クィア、フェミニズム、キリスト教
工藤万里江著
　　　　　A5判　316頁　本体4300円

ラディカル・ラブ
クィア神学入門
P. チェン著　工藤万里江訳
　　　　　A5判　220頁　本体2300円

ケノーシス
大量消費時代と気候変動危機における祝福された生き方
S. マクフェイグ著　山下章子訳
　　　　　A5判　398頁　本体4000円

知恵なる神の開かれた家

E. シュスラー＝フィオレンツァ著　山口里子他訳
　　　　　A5判　232頁　本体2100円

女の語る神・男の語る神

E. モルトマン＝ヴェンデル／J. モルトマン著
　　　　　46判　176頁　本体1800円

教会の性差別と男性の責任
フェミニズムを必要としているのは誰か
R. ホロウェイ著　小野功生／中田元子訳
　　　　　46判　312頁　本体2800円

乳と蜜の流れる国
フェミニズム神学の展望
E. モルトマン＝ヴェンデル著　大島かおり訳
　　　　　46判　296頁　本体2800円

神を考える
現代神学入門
D. ゼレ著　三鼓秋子訳
　　　　　46判　336頁　本体3300円

性差別と神の語りかけ
フェミニスト神学の試み
R. リューサー著　小檜山ルイ訳
　　　　　46判　372頁　本体4300円

「レズビアン」という生き方
キリスト教の異性愛主義を問う
堀江有里著
　　　　　46判　263頁　本体2200円

虹は私たちの間に
性と生の正義に向けて
山口里子著
　　　　　A5判　368頁　本体3600円

カナダ合同教会の挑戦
性の多様性の中で
A. ハントリー著　R. ウィトマー他訳
　　　　　46判　272頁　本体2100円

イエスの譬え話1
ガリラヤ民衆が聞いたメッセージを探る
山口里子著
　　　　　A5判　198頁　本体2000円

イエスの譬え話2
いのちをかけて語りかけたメッセージは？
山口里子著
　　　　　A5判　245頁　本体2200円

いのちの糧の分かち合い
いま、教会の原点から学ぶ
山口里子著
　　　　　A5判　260頁　本体2200円

新しい聖書の学び

山口里子著
　　　　　A5判　203頁　本体1900円

マルタとマリア
イエスの世界の女性たち
山口里子著
　　　　　A5判　336頁　本体2800円

マグダラのマリア、第一の使徒
権威を求める闘い
A. G. ブロック著　吉谷かおる訳
　　　　　A5判　260頁　本体3800円

新教出版社